深圳改革创新丛书
SHENZHEN REFORM AND RENOVATION

新型城市化的思考与实践
——以坪山新区为例

REFLECTION AND PRACTICE ON NEW URBANIZATION

A CASE STUDY OF PINGSHAN NEW DISTRICT

主　编：杨绪松

副主编：吴德林

编　委：王晓星　陈东平　黄佳根

　　　　黄正勤　张涞临　雷卫华

　　　　刘　胜　王伟雄　刘　虹

　　　　王德明

海天出版社（中国·深圳）

图书在版编目（CIP）数据

新型城市化的思考与实践：以坪山新区为例 /
杨绪松主编. — 深圳：海天出版社，2014.2
（深圳改革创新丛书）
ISBN 978-7-5507-0997-3

Ⅰ.①新… Ⅱ.①杨… Ⅲ.①城市化—研究—深圳市
Ⅳ.①F299.276.53

中国版本图书馆CIP数据核字（2014）第021665号

新型城市化的思考与实践 ：以坪山新区为例

XINXINGCHENGSHIHUA DE SIKAOYUSHIJIAN : YI PINGSHANXINQU WEILI

出 品 人　陈新亮
责任编辑　杨五三
　　　　　李向群
装帧设计　伍金传

出版发行　海天出版社
地　　址　深圳市彩田南路海天大厦（518033）
网　　址　www.htph.com.cn
订购电话　0755-83460293（批发）0755-83460397（邮购）
内文排版　深圳市龙瀚文化传播有限公司　0755-33133493
印　　刷　深圳市佳信达印务有限公司
开　　本　787mm×1092mm　1/16
印　　张　24.75
字　　数　317千
版　　次　2014年2月第1版
印　　次　2014年2月第1次
定　　价　45.00元

总　序

改革创新是实现中华民族伟大复兴的强大动力。作为因改革而生、因改革而兴、因改革而强的经济特区，改革创新是深圳永恒的使命和追求。30多年来，在党中央、国务院的坚强领导下，深圳经济特区始终牢记使命，敢闯敢试、敢为天下先，勇于突破传统经济体制束缚，率先进行市场取向的经济体制改革，在我国实现从计划经济体制到社会主义市场经济体制的历史进程中发挥了重要作用，也使深圳从一个人口不足3万的边陲小镇，迅速发展成为一座人口超千万、GDP突破2000亿美元的现代化国际化城市，创造了世界工业化、现代化、城市化发展史上的奇迹。

党的十八届三中全会，吹响了全面深化改革的新号角，描绘了改革发展的新蓝图。当前，全国上下正深入贯彻落实十八届三中全会精神，在全面深化改革中奋勇争先，砥砺前行。在这一重大背景下，市委宣传部组织市社科联等单位编辑出版的《深圳改革创新丛书》，以历史唯物主义的视角，较为全面、系统地回顾了深圳在人事制度改革、国际化城市建设、基本公共服务均等化、土地管理政策变迁和龙岗区、坪山新区推进新型城市化等方面的探索与实践，是深圳经济特区30多年来改革创新历程的一个缩影，具有一定的理论水准和参考价值。我相信，这套丛书的出版发行，对于进一步启迪改革思维，汇集改革智慧，凝聚改革共识，燃烧改革激情，将起到积极的推动作用。

改革不停顿，创新无止境。不改革创新，就没有出路，就没有未来。深圳经济特区将深入贯彻落实十八届三中全会和习近平总书记一系列重要讲话精神，以义不容辞的责任担当和奋发有为的工作激情，坚持"深圳质量"的发展理念不动摇，牢牢把握市场化、法治化、国际化改革发展方向，以前海开发开放为突破口，把改革创新贯穿于经济社会发展各领域全过程，努力走在全面深化改革的最前列，积极推动有质量的稳定增长、可持续的全面发展，加快建设现代化国际化先进城市，早日实现"三个定位、两个率先"的目标任务，在全面深化改革的伟大历史征程中，做出经济特区新的更大贡献。

（作者系深圳市委副书记、市长）

引言: 突出改革创新的时代精神

王京生

　　在人类历史长河中, 改革创新是社会发展和历史前进的一种基本方式, 是一个国家和民族兴旺发达的决定性因素。古今中外, 国运的兴衰、地域的起落, 莫不与改革创新息息相关。无论是中国历史上的商鞅变法、王安石变法, 还是西方历史上的文艺复兴、宗教改革, 这些改革和创新都对当时的政治、经济、社会甚至人类文明都产生了深远的影响。但在实际推进中, 世界上各个国家和地区的改革创新都不是一帆风顺的, 力量的博弈、利益的冲突、思想的碰撞往往伴随着改革创新的始终。就当事者而言, 对改革创新的正误判断并不像后人在历史分析中提出的因果关系那样确定无疑。因此, 透过复杂的枝蔓, 洞察必然的主流, 坚定必胜的信念, 对一个国家和民族的改革创新来说就显得极其重要和难能可贵。

　　改革创新, 是深圳的城市标识, 是深圳的生命动力, 是深圳迎接挑战、突破困局、实现飞跃的基本途径。不改革创新就无路可走、就无以召唤。30多年来，深圳的使命就是作为改革开放的"试验田"，为改革开放探索道路。改革开放以来，历届市委、市政府以挺立潮头、敢为人先的勇气，进行了一系列大胆的探索、改革和创新，不仅使深圳占得了发展先机，而且获得了强大的发展后劲，为今后的发展奠定了坚实的基础。深圳的每一步发展都源于改革创新的推动；改革创新不仅创造了深圳经济社会和文化发展的奇迹，而且使深圳成为引领全国社会主义现代化建设的"排头兵"。

从另一个角度来看，改革创新又是深圳矢志不渝、坚定不移的命运抉择。为什么一个最初基本以加工别人产品为生计的特区，变成了一个以高新技术产业安身立命的先锋城市？为什么一个最初大学稀缺、研究院所几乎是零的地方，因自主创新而名扬天下？原因很多，但极为重要是深圳拥有以移民文化为基础，以制度文化为保障的优良文化生态，拥有崇尚改革创新的城市优良基因。来到这里的很多人，都有对过去的不满和对未来的梦想，他们骨子里流着创新的血液。许多个体汇聚起来，就会形成巨大的创新力量。可以说，深圳是一座以创新为灵魂的城市，正是移民文化造就了这座城市的创新基因。因此，在特区30多年发展历史上，创新无所不在，打破陈规司空见惯。例如，特区初建时缺乏建设资金，就通过改革开放引来了大量外资；发展中遇到瓶颈压力，就向改革创新要空间、要资源、要动力。再比如，深圳作为改革开放的探索者、先行者，在向前迈出的每一步都面临着处于十字路口的选择，不创新不突破就会迷失方向。从特区酝酿时的"建"与"不建"，到特区快速发展中的姓"社"姓"资"，从特区跨越中的"存"与"废"，到新世纪初的"特"与"不特"，每一次挑战都考验着深圳改革开放的成败进退，每一次挑战都把深圳改革创新的招牌擦得更亮。因此，多元包容的现代移民文化和敢闯敢试的城市创新氛围，成就了深圳改革开放以来最为独特的发展优势。

30多年来，深圳正是凭着坚持改革创新的赤胆忠心，在汹涌澎湃的历史潮头上劈波斩浪、勇往向前，经受住了各种风浪的袭扰和摔打，闯过了一个又一个关口，成为锲而不舍的走向社会主义市场经济和中国特色社会主义的"闯将"。从这个意义上说，深圳的价值和生命就是改革创新，改革创新是深圳的根、深圳的魂，铸造了经济特区的品格秉性、价值内涵和运动程式，成为深圳成长和发展的常态。深圳特色的"创新型文化"，让创新成为城市生命力和活力的源泉。

前不久召开的党的十八届三中全会，是我们党在新的历史起点上全面深化改革做出的新的战略决策和重要部署，必将对推动中国特色社会主义事业发展、实现民族伟大复兴的中国梦产生重大而深远的影响。深圳面临着改革创新的新使命和新征程，市委市政府打出全面深化改革组合拳，肩负起全面深化改革的历史重任。

如果说深圳前30年的创新，主要立足于"破"，可以视为打破旧规矩、挣脱旧藩篱，以破为先、破多于立，"摸着石头过河"，勇于冲破计划经济体制等束缚；那么今后深圳的改革创新，更应当着眼于"立"，"立"字为先、立法立规、守法守规，弘扬法治理念，发挥制度优势，通过立规矩、建制度，不断完善社会主义市场经济制度，推动全面深化改革，创造新的竞争优势。特别是在党的十八届三中全会后，深圳明确了以实施"三化一平台"（市场化、法治化、国际化和前海合作区战略平台）重点攻坚来牵引和带动全局改革，推动新时期的全面深化改革，实现重点领域和关键环节的率先突破；强调坚持"质量引领、创新驱动"，聚焦湾区经济，加快转型升级，打造好"深圳质量"，推动深圳在新一轮改革开放中继续干在实处、走在前列，加快建设现代化国际化先进城市。

如今，新时期的全面深化改革既展示了我们的理论自信、制度自信、道路自信，又要求我们承担起巨大的改革勇气、智慧和决心。在新的形势下，深圳如何通过改革创新实现更好更快的发展，继续当好全面深化改革的排头兵，为全国提供更多更有意义的示范和借鉴，为中国特色社会主义事业和实现民族伟大复兴的中国梦做出更大贡献，这是深圳当前和今后一段时期面临的重大理论和现实问题，需要各行业、各领域着眼于深圳全面深化改革的探索和实践，加大理论研究，强化改革思考，总结实践经验，作出科学回答，以进一步加强创新文化建设，唤起全社会推进改革的勇气、弘扬创新的精神和实现梦想的激情，形成深圳率先改革、主动改革的强大理论共识。比如，近些年深圳各行业、各领域应有什么重要的战略调整？各区、各单位在改革创新上取得什么样的成就？这些成就如何在理论上加以总结？形成怎样的制度成果？如何为未来提供一个更为明晰的思路和路径指引？等等，这些颇具现实意义的问题都需要在实践基础上进一步梳理和概括。

为了总结和推广深圳当前的重要改革创新探索成果，深圳社科理论界组织出版了《深圳改革创新丛书》，通过汇集深圳市直部门和各区（新区）、社会各行业和领域推动改革创新探索的最新总结成果，希图助力推动深圳全面深化改革事业的新发展。其编撰要求主要包括：

首先，立足于创新实践。丛书的内容主要着眼于新近的改革思维与创新实践，既突出时代色彩，侧重于眼前的实践、当下的总结，同时也兼顾基于实践的推广性以及对未来的展望与构想。那些已经产生重要影响并广为人知的经验，不再作为深入研究的对象。这并不是说那些历史经验不值得再提，而是说那些经验已经沉淀，已经得到文化形态和实践成果的转化。比如说，某些观念已经转化成某种习惯和城市文化常识，成为深圳城市气质的内容，这些内容就可不必重复阐述。因此，这套丛书更注重的是目前行业一线的创新探索，或者过去未被发现、未充分发掘但有价值的创新实践。

其次，专注于前沿探讨。丛书的选题应当来自改革实践最前沿，不是纯粹的学理探讨。作者并不限于从事社科理论研究的专家学者，还包括各行业、各领域的实际工作者。撰文要求以事实为基础，以改革创新成果为主要内容，以平实说理为叙述风格。丛书的视野甚至还包括那些为改革创新做出了重要贡献的一些个人，集中展示和汇集他们对于前沿探索的思想创新和理念创新成果。

第三，着眼于解决问题。这套丛书虽然以实践为基础，但应当注重经验的总结和理论的提炼。入选的书稿要有基本的学术要求和深入的理论思考，而非一般性的工作总结、经验汇编和材料汇集。学术研究需强调问题意识。这套丛书的选择要求针对当前面临的较为急迫的现实问题，着眼于那些来自于经济社会发展第一线的群众关心关注或深入贯彻落实科学发展观的瓶颈问题的有效解决。

事实上，古今中外有不少来源于实践的著作，为后世提供着持久的思想能量。撰著《旧时代与大革命》的法国思想家托克维尔，正是基于其深入考察美国的民主制度的实践之后，写成名著《论美国的民主》，这可视为从实践到学术的一个范例。托克维尔不是美国民主制度设计的参与者，而是旁观者，但就是这样一位旁观者，为西方政治思想留下了一份经典文献。马克思的《法兰西内战》，也是一部来源于革命实践的作品，它基于巴黎公社革命的经验，既是那个时代的见证，也是马克思主义的重要文献。这些经典著作都是我们总结和提升实践经验的可资参照的榜样。

那些关注实践的大时代的大著作，至少可以给我们这样的启示：哪怕面对的是具体的问题，也不妨拥有大视野，从具体而微的实践探索中展现宏阔远大的社会背景，并形成进一步推进实践发展的真知灼见。《深圳改革创新丛书》虽然主要还是探讨本市的政治、经济、社会、文化、生态文明建设和党的建设各个方面的实际问题，但其所体现的创新性、先进性与理论性，也能够充分反映深圳的主流价值观和城市文化精神，从而促进形成一种创新的时代气质。

（作者系中共深圳市委常委、宣传部长）

目 录
CATALOG

一样的土地，不一样的梦想

2000多年前，大哲学家亚里士多德说过："人们来到城市，是为了生活；人们居住在城市，是为了生活得更好。"这大概是人类关于城镇化梦想的最早雏形。如今，人类发展历史已经证明：城镇化是人类社会发展的客观趋势，是现代化的必由之路。

改革开放以来，我国城镇化进程明显加快，数以亿计的中国农民走出农村、离开农业，进入城镇就业、居住和生活，成为了令人向往的"城里人"。从1978年到2012年，中国城镇人口从1.7亿增加到7.1亿，城镇化率基本达到世界平均水平。国际社会也普遍肯定中国城市发生的巨大变化，视之为中国发展的奇迹。深圳仅仅用了30多年的时间就从一个南海小渔村精彩"蝶变"为人口超千万的大都市，无疑是有幸亲历并见证了这一世界城市发展史上的奇迹，也谱写了一曲悠扬恢宏的时代之歌——《春天的故事》。世界银行前高级副行长、诺贝尔经济学奖获得者约瑟夫·斯蒂格利茨教授曾这样说道："中国的城市化与美国的高科技发展将是影响21世纪人类社会发展进程的两件大事。"

党的十八大报告提出："坚持走中国特色新型工业化、信息化、城镇化、农业现代化道路，推动信息化和工业化深度融合、工业化和城镇化良性互动、城镇化和农业现代化相互协调，促进工业化、信息化、城镇化、农业现代化同步发展。"毋庸置疑，城镇化是一个宏大复杂的系统工程，涉及经济、社会、文化、生态文明建设等方方面面。当前，我国城镇化发展已经站在了新的历史起点上，既面临巨大机遇，更面临诸多难题。尤其要看到，在我们这样一个拥有13亿人口的发展中大国要实现城镇化，在人类发展史上没有先例。我们既需要明确大的方向、原则、重点、格局、规律以及如何走出一条新路等宏观战略和根本性问题，也亟待回答"人到哪里去、土地怎么用、钱从哪里来、布局如何优化、管理如何科学"等现实关键问题。这些问题最终都会具象地反映在国内一个个不同层级与规模的城市和片区的建设和发展实践中来，并不断从中去寻求现实答案。

成立于2009年6月30日的深圳市坪山新区，承担着市委市政府赋予的"两区一极"战略定位（即"科学发展示范区、综合配套改革先行区，深圳新的区域发展极"）的历史使命，如今不知不觉已经步入了第5个年头。一路走来，细细思之，也可谓是风雨兼程，只争朝夕，静心沉思，感触良多。我赴任新区工作不久，一次偶然的机会读到一本由著名经济学家、北京大学光华管理学院名誉院长厉以宁先生作序的书《一样的土地，不一样的生活》——一本概述中国城镇化的著作。之后，这个书名就始终在我心中萦绕，并一直在叩问自己：作为新区的第一代创业者，我们当如何给老百姓带来不一样的生活？如何让更高品质、更有幸福感的生活尽快在这块土地上成长？如何打造一座有品质有内涵的东部新城？这是一个关系到新区65万百姓切身利益的问题，担子很重，挑战很多，但我们无法回避。相反，这更激发我们带着一种使命感和责任感去思考，去掂量，去求索。

坪山这片168平方公里的土地，过去由于种种原因在很大程度上处于自发无序的发展状态，经济社会发展总体相对滞后，城市空间价值也没有完全得到释放。虽然深圳在2004年就将全部农村户籍人口转为了城市居民，名义上实现了100%的城市化。但在原特区外，无论是居住环境，还是配套设施都远未能让当地居民过上体面且有尊严的城市生活。很多老百姓尽管洗脚上田，住进了物业管理的小区，却依然沿袭着农村的生活方式。无序的发展并未因身份的改变而消失，一样的土地还是过着大体一样的生活。

我一直笃信，城市是生活的载体，不一样的生活，其实在于城市的经营理念，在于追求外延式还是内涵式的城市发展路径选择。一个城市的品位有多高、对人的关怀有多大，这里的百姓生活便有多美好。也正因为如此，我十分欣赏丹麦学者扬·盖尔的一本著作——《人性化的城市》。

那么，新区该如何实现新的生活？我记得，德国建筑师艾尔·德拉斯曾有一段精彩的话语："理想的城市，必须基于对人的尊重，对文化的景仰，对自然的敬畏，对心灵的体贴。"也正如广东省委常委、深圳市委书记王荣同志所强调的，要以城市发展引领现代产业和现代生活，引领各项事业发展。要通过一流的城市规划、建设和管理，形成一流的城市功能、品质、魅力，来吸引优质人才、技术、资金和信息资源，从而以高水平的城市发展实现高质量的经济发展、高质量的城市生活。深圳市市长许勤同志也指出，深圳的城市发展，已从过去的规模扩张型转向质量提升型。创造"深圳质量"，就是要全面提升经济、社会、城市、文化、生态的品质，不断提升城市化质量。保持城市的可持续发展重点不在GDP，而是城市的环境、规划、交通等以及如何让市民更幸福。

是的，要创造不一样的生活，这座城市就要追求人本发展、绿色发展、智慧发展、特色发展和协调发展。走新型城市化道路，尤其要以人为本、品质为上，以文化为源、环境为重。生活的精彩就是源于对生活的尊重，对生命的尊重。这正是坪山新区的发展之道。

其实，同在一个世界，人类追寻更舒适美好生活的脚步从未停歇，很多的城市早已破茧化蝶，实现了华丽转身。比如天津的华明镇，通过推行"宅基地换房"，从一个平凡小镇成为社会主义新农村建设的样板，并入选上海世博会城市最佳实践区；新加坡，经过40余年的精心规划建设，从建国之初杂草丛生、蚊蝇肆虐的小渔港变成了享誉世界的"花园城市"；韩国的首尔，通过对曾经臭气熏天的清溪川实施复兴工程，打造了一座现代化的"生态城市"；德国的柏林，历经"二战"近乎毁灭性的打击，最终从废墟中如凤凰般地涅槃复活，成为享誉世界的文化创意设计之都；美国的匹兹堡，从曾经的锈迹斑斑、污染严重的"钢都"精彩蝶变为"创意设计之都"和"全美最宜居"的城市。这些城市的实践都在证明，在一样的土地上，完全可以创造和实现不一样的生活。

相比深圳市区，坪山新区目前的确还相对落后，我称之为"半城市化"状态，也就是，说是城市又像农村，说是农村又像城市。但新区同时也蕴含着巨大的发展潜力，新区人有着更高远的志向。"石韫玉而山辉，水怀珠而川媚。"我也深知，罗马城不是一天建成的，不一样的生活也不是一朝一夕可达的，它总是伴随着利益格局的变革、多元期望的调整、城市空间的优化、社会形态的重塑等。但我相信，"笋因落箨方成竹，鱼为奔波始化龙"，辛勤耕耘终将会有收获。

经过4年多的艰苦创业，当前坪山新区的CBD——坪山中心区正在以"单元统筹+子单元从快开发"的土地二次开发模式全力推进城市更新升级，致力于打造产城融合、充满活力的中心片区；坪山河流域片区经过前期全面细致的综合规划，已经进入了以河流治理为核心，以土地开发为支撑，以投融资为保障，全力打造"河流治理+产业转型+低冲击开发+投融资"四位一体的河流全流域综合治理推进实施阶段。南布、沙湖、金沙等社区正在大力推进土地整备工作，以"整村统筹"的模式探索在一个社区范围内一揽子解决历史遗留问题，全面完善各项配套设施，努力使现代化的城市生活品质一步到位。同时，新区的园区建设、交通建设、社会建设、文化建设、环境建设等都在新区综合发展规划指引下稳步有序地推进和开展。

如今，厦深高铁已经开通、坪盐通道也破土动工、南坪三期稳步推进、学校医院陆续兴建、文化综合体开工建设、有轨电车项目规划建设、保障性住房项目进展顺利、坪山体育中心闪耀"大运"、国际网球中心竣工迎宾、中心公园、社区公园、图书馆、美术馆、游泳馆等各类公共设施先后建成并对市民开放……与此同时，新区还先后成为国家住房和城乡建设部和深圳市共建的"国家低碳生态示范市试验区"，国土资源部、广东省和深圳市共建的"土地管理制度改革综合试点"，住房和城乡建设部和广东省共建的"国家智慧城市"试点，民政部授予的"全国社区治理和服务创新试验区"及首批"全国社会工作服务标准化建设示范地区"等国家级试点。此外，新区还是全市社会建设"织网工程"试点和全市行政审批制度改革试点。这些都充分地说明，新区的建设和发展正稳步驶入快车道。脚踏实地、执着追求，不一样的生活其实离我们并不遥远。

2012年11月15日，新当选中共中央总书记的习近平同志在中外记者见面会上郑重指出："我们的人民热爱生活，期盼有更好的教育、更稳定的工作、更满意的收入、更可靠的社会保障、更高水平的医疗卫生服务、更舒适的居住条件、更优美的环境，期盼着孩子们能成长得更好、工作得更好、生活得更好。人民对美好生活的向往，就是我们的奋斗目标。"这无疑是中国特色新型城镇化梦想的核心要义。

党的十八届三中全会指出："坚持走中国特色新型城镇化道路，推进以人为核心的城镇化，推动大中小城市和小城镇协调发展、产业和城镇融合发展，促进城镇化和新农村建设协调推进。优化城市空间结构和管理格局，增强城市综合承载能力。"这指明了中国特色新型城镇化的未来发展方向。

2013年12月，在改革开放以来第一次召开的中央城镇化工作会议上，习近平总书记指出，"要以人为本，推进以人为核心的城镇化，提高城镇人口素质和居民生活质量，把促进有能力在城镇稳定就业和生活的常住人口有序实现市民化作为首要任务"，明确了新型城镇化的指导思想、主要目标、基本原则和重点任务。这也更加坚定了坪山新区人未来继续深化探索新型城市化道路的信念和决心。

著名诗人艾青曾在诗中这样写道："为什么我的眼里常含泪水？因为我对这土地爱得深沉……"这份无比真挚的情怀，似乎在今天我更能真切体会和找到共鸣。是的，这里曾经散发着泥土的芳香，如今更处处洋溢着新生气息和勃勃生机，让人无限期待和憧憬。徜徉在这片充满梦想的土地上，作为新一代坪山人，我内心始终激荡："纵然拥有一千次选择，我仍将投身于这片热土！"

走新型城市化道路，圆梦深圳东部新城，坪山人仍将孜孜以求，执着笃行！

是为序。

杨绪松

2014年1月3日

第一章　城镇化:"世界潮"与"中国梦"

自18世纪中叶工业革命以来,世界各国城市如雨后春笋般出现,从小到大,从少到多,从乡村到城镇,从江河到沿海,从城镇到城市群,从发达国家到发展中国家,创造了一个又一个人类城市发展奇迹和辉煌。世界潮流,浩浩荡荡。历史已经证明:城镇化是人类社会发展的客观趋势,是现代化的必由之路。

党的十八届三中全会指出:"坚持走中国特色新型城镇化道路,推进以人为核心的城镇化,推动大中小城市和小城镇协调发展、产业和城镇融合发展,促进城镇化和新农村建设协调推进。优化城市空间结构和管理格局,增强城市综合承载能力。"为我国指明了新型城镇化的未来发展方向。

实践出真知,真知指导实践。仔细梳理世界城镇化基本发展历程,从中寻出可资借鉴的先进经验和智慧十分必要。认真总结改革开放以来我国城镇化发展的历程,反思城镇化发展中的不足也同样弥足珍贵。以更加科学理性的认知和尊重客观规律的深入实践推动我国城镇化健康发展,真正以人为核心,实现人的现代化,这是我们需要持之以恒努力追寻的"新型城镇化梦想"。

第一节　世界城镇化的历史轨迹

"城镇化"一词起源于拉丁文"Urbanization"这个概念，最早出现在1867年西班牙工程师A. Serda的著作《城镇化基本理论》，被用来大致描述乡村向城市演变的过程。一百多年前，著名城市地理学家阿德纳·费林·韦伯（Adna Ferrin Weber），发表了其经典论文《19世纪的城市成长》（The Growth of Cities in the Nineteenth Century: A Study in Statistics, 1899）。他用不同国家丰富翔实的数据概括了19世纪最显著、最普遍的特点之一就是世界的城镇化。正如他所判言，在20世纪，世界城镇化进程将持续深入进行。如今人类已经进入新千年，并且在21世纪走过了13个年头，世界城镇化进程尤其是发展中国家的城镇化发展之潮仍在持续和深化行进之中。

欧美发达国家已经普遍经历过城镇化快速增长的阶段，乡村人口向城镇的迁移速度目前已经显著放慢，进入了后城镇化发展阶段。但由于地广人众的发展中国家在20世纪中后期才逐渐加入到快速城镇化的行列中来，整个世界伴随着人口爆炸而来的城镇化发展始终没有停下来的迹象。

中国作为一个拥有13.5亿人口、经济总量世界第二的大国，如今也正携着滚滚向前的发展大势迈向新型城镇化。然而，我国是一个农村人口众多、资源紧缺、环境脆弱、地区差异大的发展中大国，如何顺利和深入推进城镇化，并在这一过程中实现国家富强、民族振兴和人民幸福的"中国梦"，绝非一件轻而易举的事情，而是一项需要持之以恒的毅力和行动加以推进的庞大复杂的系统工程。正如2013年12月改革开放以来第一次召开的中央城镇化工作会议所指出的，"在我们这样一个拥有13.5亿人口的发展中大国实现城镇化，在人类发展史上没有先例"。

回顾人类发展历史，自人类从自然界分化出来以后，人类的存在一方面离不开自然，更重要的是人类还利用和改造自然以创造自己的文明。从穴居到宅居，从逐水草而居到定居，从分散的农村聚居到更为集中的城市聚居，人类经历了漫长的岁月。在这个发展过程中，"物质劳动和精神劳动的最大的一次分工，就是城市和乡村的分离。"①从这层意义上来讲，城市的产生，一直被认为是人类文明的象征。在西方，"文明"（civilization）一词就来源于拉丁语的"市民的生活"（civitas）。在中国古代，"城"主要是为了防卫，是用城墙等围起来的地域。"市"则是指进行交易的场所，"日中为市"，《管子·大匡》中有"工贾近市"，但城外也有市，如《周礼·地官·遗人》中有"五十里有市"之说，指定期集市之类。这两者都是城市最原始的形态，但严格来说，都还不是真正意义上的城市。

西方城市最早起源于公元前5世纪古希腊文化发展高峰的城邦社会。关于古代城邦的状况，法国历史学家库朗热在其经典名著《古代城邦》一书中有详细论述。根据他的研究，无论在希腊还是罗马，城邦首先是一个宗教共同体，但城邦不是由个体结合而成的，而是由团体结合而成的。在城邦形成之前，就已经有了许多拥有自己的神灵、祭坛、司法系统和所有权的部族。部族是一个封闭的政教合一的微型王国，部族首领既是宗教领袖，也是政治领袖，同时还掌管司法，所以这些都有共同的渊源即部族的神灵，部族的成员和部族的土地也是和部族神灵连在一起的。亚里士多德的《政治篇》可以说是西方城市理论研究的开端，"人们来到城市是为了生活，人们居住在城市是为了生活得更好"就是他对这个时期城市本质的精辟论述。

在我国古代典籍中，从当时当地的经济社会发展条件出发，对城和市也都有诸多记载和论述。如《管子·度地》中所记载："内

---

① 马克思, 恩格斯. 马克思恩格斯选集（第1卷）[M]. 北京: 人民出版社, 1995: 56.

为之城，外为之廓。筑城以卫君，造廓以守民。"《周礼考工记》记述了关于周代王城建设的空间布局："匠人营国，方九里，旁三门。国中九经九纬，经涂九轨。左祖右社，面朝后市。市朝一夫。"从中可以知道，中国有"城市"的历史已经数千年。据文物学家考证，商城郑州是迄今为止我国目前发现最早的城市遗址。同时在中国古代，水域孕育了中华文明，也催生了城市和城市文化。水域有利于运输、灌溉、生活、防御，往往成为城市发展的重要因素。起初由于自然环境的优越聚落而居，逐渐由自然村落发展到一定规模的城市。

透过唯物史观的视野，我们可以发现社会生产方式是制约城市形成发展的根本因素。人类社会的第一次大分工，农业和畜牧业相分离，人类开始出现定居，出现聚落；第二次社会大分工，手工业和农业相分离，出现了直接以交换为目的的商品生产，城市才随之产生；商品生产和商品交换的发展，交换地域的进一步扩大，商业和商人阶级从农业和手工业中分离出来，城市才有了较完备的职能和结构，具有相当的规模，并在地域上获得较广泛的分布。当资本主义机器大工业替代工场手工业，才产生人口向城市迅速集聚，渐次掀起了城镇化的世界浪潮，出现前所未有的工业城市和现代化大城市。随着现代信息网络产业的兴起和信息网络社会的到来，未来必将使城市在许多方面发生显著而深刻的变化。

历史沧桑变幻，城市兴衰起落。在同一个历史阶段内，城市的兴衰也受到整个社会政治、经济、文化兴衰的制约。以徘徊了两千多年的中国封建社会为例，大凡政治统一、经济繁荣的朝代，城市都得到很大的发展，且均有世界城市建设史上的光辉杰作传世。但在朝代更迭，政治上动荡、分裂，战乱频仍的时代，城市发展也处于低潮，即使有发展也是局部的，甚至连昔日都邑也衰为废墟。新中国成立64年以来，在城市发展方面虽取得了辉煌的成就，但也非一帆风顺，城镇化的过程仍始终服从于整个国家政治、经济、社会发展大局的起伏跌宕。这是世界城市和城市化发展最基本的规律，古今中外应是概莫能外。

追溯城镇化的历史，有人把城镇化过程追溯到几千年前城镇出现的年代，分古代的城镇化和现代的城镇化。另一种观点认为城镇化只是工业革命以来开始的过程。本文接受后一种看法。因为从统计数据上看，直到工业革命以后，世界城镇化才以前所未有的速度发展。1800年世界城镇人口占世界总人口的1%，1900年增加到13.6%。"二战"结束以后发展更快，1950年为28.4%，1985年已达到41%，2010年世界平均城镇化率大约为50.9%。学界普遍认为，18世纪中叶开始的工业革命是人类历史上的一个重要阶段，它实现了从工场手工业到大机器生产的飞跃。工业革命的浪潮从资产阶级革命首先获得胜利的英国起源，继而席卷欧美以至全世界。从此世界在真正意义上从农业社会开始迈入工业社会，从乡村化时代开始进入城镇化时代。

第二节　关于城镇化的认知

关于城镇化（Urbanization），《大英百科全书》的解释是：人口向城镇集中的过程。这个过程表现为两种形式：一是城镇数目的增多，二是各城市内人口规模不断扩大。并且一般认为，作为人口持续向城镇集聚的一个渐进过程，城镇化通常包括这样几个维度：即人口向城市相对集中集聚的过程，农业人口向非农业人口转变的过程，农村生活生产方式向城市生活生产方式转变的过程，以及以农业为主的传统乡村社会向以工业和服务业为主的现代城市社会逐渐转变的过程。

简单地说，城镇化就是乡村变成城镇的一种复杂过程。当然，不同研究领域的专家学者对这一过程的理解与所研究的视角息息相关，因而呈现出较大的差别。社会学者认为，城镇化是一个城市性的生活方式的发展过程，它意味着人们不断地被吸引到城镇中，并被纳入城镇的生活组织中去，而且还意味着随城镇发展而出现的城镇生活方式的不断强化。经济学者认为，城市性的生活方式是一种以非农业生产为基础的生活方式，人口向城镇集中是为了满足第二、第三产业对劳动力的需要而出现的。因此，他们把城镇化称作是由于社会分工化和经济专业化的发展和技术进步，人们离开农业经济向非农业活动转移并在城镇集聚的过程。人口学者认为，城市性的生活方式的扩大是人口向城镇集中的结果。因此，城镇化就是人口向城镇集中的过程，这种过程可能有两种方式：一是人口集中场所即城镇地区数量的增加，二是每个城镇地区人口数量的不断增加。从地理学的角度来看，第二、第三产业向城镇的集中就是非农业部门的经济区位向城镇的集中，人口向城镇的集中也是劳动力和消费区位向城镇的集中。这一过程包括农业区甚至为开发区形成新的城镇，以及已有的城镇向外围的扩展，也包括城镇内部已有的经济区位向更集约的空间配置和更高效率的结构形态发展。

当然，以上对城镇化的不同理解，不是互相抵触而是相互补充的关系。城镇化过程是一种影响极为深广的社会经济变化的过程。它是既有人口和非农业活动向城镇的转型、集中、强化和分异，以及城镇景观地域推进等人们看得见的实体的演化过程，也包括了城市的经济、社会、技术变革和城市文明在城镇等级体系中的扩散并进入乡村地区，甚至包含城市文化、生活方式、价值观念等向乡村地域扩散等较为抽象的精神生活上的变化影响过程。前者可以说是直接的城镇化过程，后者是间接的城镇化过程。

同时学界一般认为，人口从乡村向城镇转移的规模和速度受两种基本力的控制，一是城镇的吸力，一是乡村的推力。城镇的吸力主要来自：工业建设和生产规模的扩大对劳动力的需求；商业及各类服务业的发展对劳动力的需求；以及城市相对于农村在就业、收入、文化生活、发财致富机会、社会地位等物质和精神方面的优越地位所产生的不可抗拒的诱惑力。乡村的推力来源于：农业人口的自然增殖超过土地开发的速率，使人均的生产对象——土地的拥有量绝对下降；农业技术尤其是农业机械和农业服务社会化的进步，提高了农业生产率，造成农业劳动力的剩余；因种种原因造成的农村破产，迫使贫穷的农民背井离乡；随着时代的变迁并逐步开放的条件下，世代居住乡村的农民寻求理想"乐土"的精神推力。这两种力的消长往往会使得城镇化呈现出阶段性波动的特征。

从世界范围来看，城镇化发展大致可分为三个阶段：（1）1750年~1850年为发达资本主义国家城镇化的初兴阶段，城镇化起步阶段。（2）1851年~1950年为发达资本主义国家城镇化的局部发展阶段，是西方国家城镇化高速发展阶段。（3）1951年至今为世界城镇化的普及阶段，是西方国家城镇化基本成熟和发展中国家城镇化快速发展阶段。包括发达国家和战后独立的亚非拉等发展中国家和地区的城镇化速度迅猛，如日本和韩国、台湾地区、香港地区、新加坡等亚洲四小龙的"经济腾飞"和城镇化快速发展，城镇人口过度膨胀、城镇居民生活质量和环境质量下降，从而导致人口向城郊迁移，引起商业衰退，城镇人口进入饱和状态，经反思和政策调适后，发达国家城镇化进程又呈现健康理性发展的趋势，发展中国家的城镇化进程仍处于进一步发展之中，但许多新情况、新问题层出不穷，如贫民窟问题、社会两极分化严重、环境污染等都亟待解决。

从世界各国城市化发展实践来看，城市化大体遵循初始、加速和终级三个不同的历史阶段的发展过程，中国也不例外。美国城市地理学家诺瑟姆（Ray M. Northam）用一条稍被拉平的"S"型曲线描述这种渐进过程的趋势：城市化水平低于30%，属缓慢发展阶段；城市化水平为30%~70%属加速发展阶段；城市化水平高于70%属稳定发展阶段。

当今世界城市化主要呈现如下四个特点：（1）城市化进程大大加速。1950年世界城市化水平为29.2%，1980年上升到39.6%，增加10.4个百分点。2010年达到51.8%，即在世界范围内，居住在城市中的人口超过居住在乡村中的人口。（2）发展中国家成为世界城镇化主体。从20世纪70年代起，发展中国家的城市人口数开始超过发达国家，到2020年两者之比将为3.5∶1。这表明发展中国家的城市化已构成当今世界城市化的主体。（3）大城市化趋势明显，大都市带出现。当代城市化的一个重要特征是大城市化趋势明显，其后果不仅使人口和财富进一步向大城市集中，大城市数量急剧增加，而且出现了超级城市（Supercity）、巨型城市（Megacity）、城市集聚区（City Agglomeration）和大都市带（Megalopolis）等新的城市空间组织形式。（4）郊区城市化、逆城市化和再城市化。战后，若干发达国家从乡村到城市的人口迁移逐渐退居次要地位，一个全新的规模庞大的城乡人口流动的逆过程开始出现，这就是所谓的郊区城市化。20世纪50年代后，由于特大城市人口激增，市区地价不断上涨，加上生活水平改善，人们追求低密度的独立住宅，以及汽车的广泛使用，交通网络设施的现代化等原因，郊区城市化进程加速。同时以住宅郊区化为先导，引发了市区各类职能部门纷纷郊区化的连锁反应。20世纪70年代以来，一些大都市区人口外迁出现了新的动向，不仅中心市区人口继续外迁，郊区人口也向外迁移，人们迁向离城市更远的农村和小城镇，整个大都市区出现了人口负增长，国外学者将这一过程称为"逆城市化"。逆城市化首先出现在英国，美国出现逆城市化的时间稍晚。面对经济结构老化，人口减少，美国东北部一些城市在20世纪80年代积极调整产业结构，发展高科技产业和第三产业，积极开发市中心衰落区，以吸引年轻的专业人员回城居住，加上国内外移民的影响，1980年～1984年间，就有纽约、波士顿、费城、芝加哥等7个城市在市域内实现人口增长，出现了所谓的"再城市化"。

在世界经济社会发展进程中，城镇化无疑具有十分重要的积极意义。人们公认，虽然城镇化只是人类社会18世纪中叶工业革命以后兴起的产物，但可以认为是体现我们这个时代进步最明显的一个特征。城市化是现代社会发展和经济增长的重要推动力，是现代化的重要标志。工业革命以后的资本主义国家城市，特别是大城市，给人类带来了空前丰富的物质财富和精神财富，在经济社会发展中的地位日益突出且不可撼动，这正如马克思所说："资产阶级在它的不到一百年的阶级统治中所创造的生产力，比过去一切世代创造的全部生产力还要多，还要大"，其中绝大部分都发生和集中在城市。可以说，城市是现代经济中最具活力的区域。人口在城市中聚集会产生显著的规模经济效应，使私人和公共投资的平均成本和边际成本得以大幅度降低，产生更大的市场和更高的利润。世界银行2009年的研究认为，随着人口和经济活动向城市集中，市场需求将会迅速增长和多元化，这会促进专业化分工，从而进一步提高经济的效率。OECD（经合组织）2010年的研究认为，随着经济全球化的发展，许多新兴业态，特别是研究开发、现代服务业，如金融和保险业、信息和计算机服务业等，必须依托城市发展才能得到扩张。不仅如此，城市产业的繁荣和高回报吸引了更多的资本、技术和知识的流入，这些要素的整合将会进一步诱发技术创新和流动，并促进新兴产业的形成。

不仅如此，城镇化有助于普及基本公共服务，提高公共服务质量，从而促进居民教育水平和健康水平的提高。人口在城镇的集中，大大降低了公共基础设施、教育、医疗卫生等公共服务供给的平均成本。与农村相比，城市在公共服务质量上的优势也是明显的，这种优势不仅是因为城市具有良好的经济基础，还因为城市集中了优秀的人力资源。UNDP（联合国发展规划署）的统计数据显示，随着城市化水平的提高，适龄人群综合入学率和人均预期寿命也呈增长的趋势。同时城镇化还有助于促进政府治理的改善。人口的集聚推动了社会生活的组织化和分工，民意表达变得更加专业化和专职化，公众意见的传播成本大大降低，政府及其官员的行为更容易被观察和监督，因此更易于维护社会的公平正义。在城市化有助于促进社会公平发展，缩小城乡及地区差距方面，早在1776年，亚当·斯密就在《国富论》中论述：工商业都市的增加与富裕，为农村的产品提供巨大而便利的市场，促进农村土地开发，并使农村突破传统关系的制约，变得更有秩序和有个人的安全和自由。

但是正如一枚硬币的两面，虽然城镇化为人类的繁荣发展做出了巨大贡献，并且仍在持续发挥着至关重要的作用，但它同时给人类也带来了诸多麻烦，因其层出不穷的社会问题、环境问题丛生而令人困惑。有人说，城市化是以发展的不平衡为代价的，甚至是靠牺牲某些特定群体的利益换取的，这也不完全是夸大其词。一些国家和地区在工业化和城市化过程中，虽然经济得到了快速发展，但是却忽视了公共服务的供给，也缺乏对城市发展的合理规划和生态环境的保护，导致了城市贫民窟、环境污染、流行病频发、犯罪滋生等各类城市病。例如，英国在工业化和城市化初期，公共卫生状况十分糟糕，导致了城市人口死亡率明显增加，甚至高于农村。在印度、拉美、非洲等国家城市化过程中出现了大量的贫民窟。在我国一些地区，相当数量在城市化过程中失去土地的农民以及其他弱势群体，由于缺乏必要的社会保障而沦为"三无"农民（种田无地、就业无门、社保无份），往往成为城市化进程的直接受害者。

贫穷问题是当今世界最尖锐的社会问题之一，在世界城镇化浪潮中也似乎愈演愈烈。据世界银行估计，2008年全球有12.9亿极端贫困人口，他们每人每天生活费用在1.25美元以下，这相当于全球发展中国家和地区总人口的22%仍生活在极端贫困线以下。从1990至2010年，生活在撒哈拉以南非洲地区的贫困（每天生活费1.25美元）人口，从不到3亿增加到近4.25亿；而每天生活费不足2美元的人口则从3.9亿左右增长到将近6亿。尽管如此，贫困人口比例却在此期间从57%下降至49%。学者普遍认为，贫困决不仅只是一个经济概念，更关乎基本的公民权利和能力，其实质是一种权利和能力的贫困。正如诺贝尔经济学奖获得者阿马蒂亚·森教授所说："贫困不是单纯由于低收入造成的，很大程度上是因为基本能力缺失造成的"，比如与高额医疗、养老、教育、住房等民生支出，对应公民获得健康权、养老权、教育权和居住权的能力缺失。城镇化意味着越来越多的农村人口进入城市，潜在地会导致产生一个新的贫穷阶层。尽管这些新城镇人口在城镇中的打工收入可能高于在农村的务农收入，但在城镇中仍属贫困人口。而且伴随着城镇经济发展和城镇化进程的加速，城镇中农村流动人口会有增无减，相应地其中贫困人口的数量会不断上升。有研究认为，由农村流入城镇的人口其贫困发生率大致在3%以上，这就意味着人们不得不把贫困问题纳入到城镇化发展的视野里。

环境问题也一直是世界城镇化进程中挥之不去的"梦魇"，垃圾污染、大气污染、水体污染、物种急剧减少等各类污染灾害事件层出不穷。在各大中小城市和城镇，垃圾清理成了重要问题，"垃圾围城"现象日趋严重，每天千万吨的垃圾中，好多是不能焚化或腐化的，如塑料、橡胶、玻璃等人类的第一号敌人。空气污染问题也不断加剧，主要来自工厂、汽车、发电厂等放出的一氧化碳和硫化氢等，每天都有人因接触了这些污浊空气而染上呼吸器官或视觉器官的疾病，历史上也爆发了严重危害城市居民生命健康的事件，曾在世界范围内引起轰动的如伦敦的烟雾事件和洛杉矶光化学烟雾事件。在伦敦烟雾事件中，从1952年12月5日到12月9日这短短的几天里，就有4000多人被黄色烟雾夺去生命，震惊了当时的世界。1955年9月，由于大气污染和高温，洛杉矶的烟雾浓度高达0.65ppm。两天里，65岁以上的老人死亡400余人，为平时的3倍多。当时许多人眼睛痛、头痛、呼吸困难。也正因此事件，从50年代开始，洛杉矶当地政府每天向居民发出光化学烟雾预报和警报。

在洛杉矶光化学烟雾事件中，对于洛杉矶烟雾产生的原因，刚开始并不是很快就能搞清楚。最初认为是空气中二氧化硫导致洛杉矶的居民患病。但在减少各工业部门（包括石油精炼）的二氧化硫排放量后，并未收到预期效果。后来才发现，石油挥发物（碳氢化合物）同二氧化氮或空气中的其他成分一起，在阳光（紫外线）作用下，会产生一种有刺激性的有机化合物，这才是洛杉矶烟雾的罪魁祸首。面对汽车不断增多，美国政府对此感到头痛，连时任美国总统尼克松都沮丧地说"汽车是最大的大气污染源"。这最终也导致了1952年12月的光化学烟雾惨剧的发生。另外，在世界城镇化发展过程中，水污染问题也是相当严重的。1956年，在日本水俣湾附近发现了一种奇怪的病，患者由于脑中枢神经和末梢神经被侵害，轻者口齿不清、步履蹒跚、面部痴呆、手足麻痹、感觉障碍、视觉丧失、震颤、手足变形，重者神经失常，或酣睡，或兴奋，身体弯弓高叫，直至死亡。这种"怪病"就是日后轰动世界的"水俣病"，是最早出现的由于工业废水排放汞等重金属污染物造成的环境公害病。

随着市民社会的不断发育和形成，城镇化对现代社会的消极影响也愈来愈受到人们的关注。在城市化过程中，大量农村人口离开家乡进入工厂和城市，使整个社会的组织结构和体系发生了深刻变革。在这一过程中，原有的农村社会资本消失或丧失作用，社会关系和秩序被切断和瓦解，大多数城市管理者又拒绝接纳，导致了许多"半城市人"在价值观上的迷失和行为上的失范，人与人之间的社会连接变得更加脆弱，有时甚至因小的矛盾演变为对立并发展为冲突。快节奏和高压力的城市生活模式，加上社会关系上人际之间的冷漠，在城市社会中个人常感到孤立无助，脱离了"共同体"，"在'社会'上漂泊不定、与他人相互隔绝；个人之间没有坚韧的社会纽带，人人都像互不相干的'原子'，漫无目的地四处游荡"。①长期循环累积，这种状态会对城市中个体人的心理健康造成许多负面的影响，使得城市中普遍的焦虑感和抑郁症病人数量持续增加，犯罪率和自杀率不断升高。现代社会学奠基人之一的涂尔干认为，正是这种工业化、城市化引致的社会局面导致了失范和高自杀率（1951年）。因此，城市化也常常呈现出另外一副看似"怪诞"的景象：许多人追求城市的生活方式，离乡背井，千方百计进入城市谋生，而另有一些人却想方设法逃离这个"繁华世界"，试图寻找一个没有喧嚣，心灵能够得以安宁栖息的地方。

从世界范围来看，城镇化的发展也是一个世界性的难题。人口密集、交通拥挤、高房价、失业率、犯罪率、贫民窟、环境污染、种族冲突等经济、社会和政治问题都是世界城市化发展过程中沉渣泛起的诸多焦点问题，也是世界各国和地区一直以来在不遗余力地力图破解的核心议题，也在世界范围内吸引着政府官员、专家学者和社会公众的眼光。当政府决策者在决心推动经济发展时，常常强调通过城市开发来实现他们雄心勃勃的目标，当他们面对管理中出现的种种困难时，又常常想对城市发展加以种种控制，甚至不惜强行疏散城市人口和就业。正因为如此，城镇化也常常让决策者陷入"不可求全"的两难境地。

世界银行的研究报告指出：到2030年发展中国家中96%的人口增长将出现在城市。2013年4月17日，世界银行在发表的有关千年发展目标进程的半年报告中指出，未来城市的"无节制"增长和无序化发展将产生更多的贫民区、更大的污染和更多犯罪。世界银行经济学家约斯·费尔贝克认为，为了更好地利用城市化带来的经济和社会效益，必须制定有效的土地利用计划，考虑到交通、住房和其他基础设施等相关需求。在全球8.26亿生活在城市边缘区的人

---

① 马克斯·韦伯著. 新教伦理与资本主义精神[M]. 阎克文，译. 上海：上海人民出版社，2012：115.

当中，亚洲占61%、非洲占25.5%、拉美占13.4%，目前发展中国家仍有76%的穷人生活在农村地区。报告认为，只有满足交通、住房、饮用水、卫生、教育和医疗等基础需求，城市才能避免变成贫困的中心。

面对世界城市化的诸多窘境，1992年，联合国"环境与发展大会"通过的《21世纪议程》指出："人类居住工作的总目标是，改善人类居住区的社会、经济和环境质量，以及所有人（特别是城市和乡村贫民）的生活和工作环境。"1996年，第二届联合国人类住区会议探讨了两大主题："人人有适当住房"和"城市化世界中可持续的人类住区发展"，提出了纲领性文件《人居环境议程：目标和原则、承诺和全球行动计划》，并要求"在世界上建设健康、安全、公正、可持续的城市、乡镇和农村"。

如前所述，城市化肇始于欧洲，起源在英国，是工业革命的产物，是现代文明发展的主导趋势。英国城市现代化过程包括了城市定位的变化和功能的现代化，使城市从单纯工作与定居的场所，变成工作、生活与休闲的地方。通过一系列具体措施，在各大城市建设起了初步的基础设施和公共设施，使各个城市逐步具备了完整、有效的综合服务功能，从而为城市经济的增长和城市社会的进一步发展提供了基础性支撑。与英国类似，美国走的也是一条自由放任式的城市化道路，这种放任虽然在一定程度上推动了城市化的快速发展，但是也造成了严重的"城市病"，造成诸多社会问题，包括：城市基础设施匮乏、贫困问题严重、种族冲突与社会隔离加剧、污染严重、公共卫生状况糟糕、人居环境恶劣，等等。面对各方面的压力，"二战"结束以后英美政府开始积极转变管理理念，积极参与城市的发展建设，主动应对城市发展问题，逐步健全政府职能。它们在城市管理建设方面做了很多努力，也取得了较好的效果。

从已经过去两百多年的世界城镇化发展进程来看，城镇化为人类的繁荣进步和人的全面发展做出了巨大的贡献，提供了不可估量的现实和潜在机会，包括促进经济发展，提高生活水平，推动公共服务的普及以及提高公共服务质量，推动社会治理完善，促进政府职能转变，缩小城乡和地区发展差距。但是在全球化背景下，城镇化这种潜在的机会能否最终转化为现实，在很大程度上还取决于政府公共政策的导向和治理水平，以及一个国家或地区经济发展阶段、发展方式、产业结构、土地政策，以及就业、住房、社会保障、环境等公共服务的供给及公平分配等因素。

第三节　改革开放语境下的中国城镇化

发展的道路从来就不是一帆风顺，探索的过程始终充满艰辛和挑战。与世界其他国家和地区城市化类似，中国城市化发展道路也充满了曲折与复杂的过程。在改革开放以前，由于"大跃进""文化大革命"等政治因素的干扰和影响，中国城镇化发展并不顺利，甚至出现倒退，也远远慢于同期世界城市化的平均水平。改革开放以来，我国城市化进程摆脱了长期徘徊不前的局面，由高度集中的计划经济体制向社会主义市场经济体制转型，步入了一个快速发展的时期，城市也迎来了大发展的黄金时期，中国城镇化史无前例地加速发展。

改革开放30多年来，我国的城镇化发展速度很快，在世界的城市化历史上都是很少有的。从图1-1可以看出，我国城镇人口从1978年的1.72亿增加到2012年的7.12亿，城市化水平从1978年的17.92%增加到2012年的52.57%，与世界平均水平大体相当。根据城市化发展的诺瑟姆三阶段理论，我国当前的城市化发展整体处在中期加速阶段。改革开放以来，城镇化率年均提高1.02个百分点。2000年以来，城镇化率更是年均提高1.36个百分点。按照目前的发展趋势，"十二五"末期我国城镇人口将接近7.5亿，城市化水平将接近55%。著名经济学家、北京大学林毅夫教授认为，城市化是一个相当长的过程，以正常的速度推算，到2020年中国农村人口的比重至少还占40%，大约6亿人。到2050年中国人均收入可以达到中高水平，但农业人口比重至少还有15%。[①]回顾改革开放30多年来我国的城镇化进程，实际与农村发展和农业剩余劳动力逐步向城镇转移是密不可分的。随着包产到户的家庭联产承包责任制改革后，农民积极性被充分调动，农业生产率大幅提高，既为城镇化发展提供了充实的物质基础，也极大地推动了农村富余劳动力向城镇的转移；产业结构日趋合理，极大地丰富了人们的物质文化生活，便利了人们的生活；第三产业异军突起和民营、外资企业飞跃发展，大大拓展了用工需求，极大地增加了城市吸收劳动力的能力，是城市发展的活力源泉（见图1-1）。这一时期，根据与政策的互动可以将我国的城镇化发展大致分为如下四个阶段：

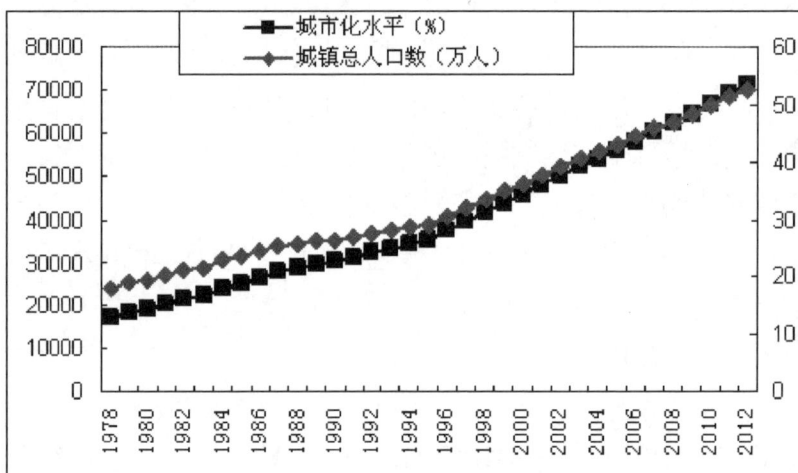

图1-1 我国城镇化水平 (1978~2012)

数据来源：中经网统计数据库。

----

① 林毅夫. 解读中国经济[M]. 北京：北京大学出版社，2012：212.

第一阶段：1978年～1986年，农村经济体制改革驱动的城镇化进程

党和国家做出改革开放的伟大决策后，十分重视农村的发展，把农业放在重要地位，并以家庭联产承包责任制作为突破口，全面推进农村经济体制改革，极大地解放了农村生产力，农业生产效率迅速提高。农村剩余劳动力现象开始显现，并逐渐向城市转移，在当时经济迅速发展和城乡户籍分离的情况下，积极发展小城镇成为了城市化的主要战略。1980年召开的全国城市规划工作会议就明确提出了"控制大城市规模，合理发展中等城市，积极发展小城市"的城市发展方针。如表1-1所示，我国地级市个数从1978年的99个增加到1985年的162个，县级市个数从1978年的91个增加到1985年的159个，市辖区数量从1978年的408个增加到1985年的620个，分别增长63.6%、74.7%和52%。可以说这是我国中小城市发展最为迅猛的时期。在中小城市吸纳大量农村富余劳动力的同时，乡镇企业获得了良好的发展，"先进城后建城"成为这个阶段城市化发展的主要特征。到1985年，我国城镇人口规模达到2.51亿，比1978年增长7800多万；城镇年末从业人员数从1978年的9514万增加到1985年的1.28亿，比1978年增加34.6%；城市化水平也达到23.71%，比1978年多5.79个百分点。

表1-1 我国城镇化发展情况（1978～1985）

（人口单位：万人）

年份	地级市个数	县级市个数	市辖区数	年底总人口数	年底城镇总人口	城市化水平（%）	年末从业人员数	城镇年末从业人员数
1978	99	91	408	96259	17245	17.92	40152	9514
1979	104	109	520	97542	18495	18.96	41024	9999
1980	107	113	511	98705	19140	19.39	42361	10525
1981	110	113	581	100072	20171	20.16	43725	11053
1982	109	133	527	101654	21480	21.13	45295	11428

续表

1983	137	141	599	103008	22274	21.62	46436	11746
1984	148	149	595	104357	24017	23.01	48197	12229
1985	162	159	620	105851	25094	23.71	49873	12808

数据来源:《新中国60年统计资料汇编》,以下同。

第二阶段: 1986年～1991年, 中小城镇异军突起驱动的城镇化进程

1986年国家有关部门修订"建市"的标准后,县级市有显著增长。从表1-2可以看出,我国这一段时期地级市个数虽然只增加了21个,但县级市从1986年的184个增加到1991年的289个。同时,沿海地区涌现了大量新兴的小城镇,中国建制镇的数量从1981年的2678个增加到1991年的12455个,增加了9777个。1988年6月,国务院颁布《中华人民共和国私营企业暂行条例》,为我国私营企业取得合法经营地位提供了法律保障。与此同时,党和政府还颁布了一系列相关的城市改革政策法规:对财政体制的"包干制"改革,对国有企业的放权让利改革,对价格体系从"行政计划"体制到市场价格的改革等。在这一系列制度改革的带动下,城市发展活力得到最大程度恢复,城市经济结构日趋合理,城市吸纳劳动力能力日益增强。这一时期我国城市化发展开始体现聚集和扩散双重效应。到1990年,我国城镇人口规模首次突破3亿大关,1991年达到3.12亿,比1986年增长4800多万,即每年城镇人口增加近1000万;城镇年末从业人员数从1986年的1.33亿增加到1991年的1.75亿,比1986年增加4172万,城市成为我国吸纳劳动力的主要区域;1991年城市化水平也达到27%,比1986年高2.4个百分点。

表1-2 我国城镇化发展情况（1986～1991）

（人口单位：万人）

年份	地级市个数	县级市个数	市辖区数	年底总人口数	年底城镇总人口数	城市化水平(%)	年末从业人员数	城镇年末从业人员数
1986	166	184	629	107507	26366	24.52	51282	13293
1987	170	208	623	109300	27674	25.32	52783	13783
1988	183	248	647	111026	28661	25.81	54334	14267
1989	185	262	648	112704	29540	26.21	55329	14390
1990	185	279	651	114333	30195	26.41	64749	17041
1991	187	289	650	115823	31203	26.94	65491	17465

第三阶段：1992年～2000年，以点带面城市膨胀驱动的城镇化进程

　　1992年，在邓小平同志南方谈话精神的指引下，党的十四大明确提出我国经济体制改革的目标是建立社会主义市场经济体制。在这一理论的指导下，我国经济发展继续高歌猛进，城市化发展也进入了全面推进的新的发展阶段。首先，城市化进程不断加快，从表1-3可以看出，我国地级市个数从1992年的191个增加到2000年的259个，县级市个数从1992年的323个增加到2000年的400个，市辖区数量从1992年的662个增加到2000年的787个，分别增长35.6%、23.8%和19%，城市化水平从1992年的27.46%增加到2000年的36.22%，年均提高1.1个百分点。其次，中小城镇发展呈现新局面，1992年，国务院再次修订小城镇建制标准，再度促进了小城镇的发展，镇级区划数量从1992年的14539个增加到2000年的20312个，中小城镇的数量及居住人口极大提高，基础设施建设也更加完善。再次，各地区普遍设立经济开发区，1992年～2000年间共设立省级开发区493个，国家级开发区200多个，经济开发区成为外商投资密集、农村剩余劳动力和城镇下岗职工就业的主要载体，区域经济增长的主要空间，在一定程度上带动了城市化的快速发展。

到1998年，我国城镇人口规模首次突破4亿大关，2000年达到4.59亿，比1992年增长1.28亿，即每年城镇人口增加近1200万；城镇年末从业人员数从1992年的1.78亿增加到2000年的2.3亿，比1992年增加4200万，城市吸纳劳动力的能力进一步增强。

表1-3 我国城镇化发展情况（1992~2000）

年份	地级市个数	县级市个数	市辖区数	年底总人口数	年底城镇总人口数	城市化水平（%）	年末从业人员数	城镇年末从业人员数
1992	191	323	662	117171	32175	27.46	66152	17861
1993	196	371	669	118517	33173	27.99	66808	18262
1994	206	413	697	119850	34169	28.51	67455	18653
1995	210	427	706	121121	35174	29.04	68065	19040
1996	218	445	717	122389	37304	30.48	68950	19922
1997	222	442	727	123626	39449	31.91	69820	20781
1998	227	437	737	124761	41608	33.35	70637	21616
1999	236	427	749	125786	43748	34.78	71394	22412
2000	259	400	787	126743	45906	36.22	72085	23151

第四阶段：2000年~2012年，对传统城镇化的反思调整时期

随着我国社会主义市场经济体制的基本确立，党和国家开始集中精力转变我国经济增长方式。2003年10月，党在十六届三中全会上提出的科学发展观，要求"坚持以人为本，树立全面、协调、可持续的发展观，促进经济社会和人的全面发展"，坚持"统筹城乡发展、统筹区域发展、统筹经济社会发展、统筹人与自然和谐发展、统筹国内发展和对外开放的要求"。在科学发展观的指导下，我国开始反思过去传统的粗放的城镇化发展模式，开始把发展战略转向为质量型城市构建。一是通过都市圈或者城市群的发展构建区域经济发展中心。由于一些具有区位、资源和产业优势的城市，经

历改革开放以来的发展，已经达到了较高的经济社会发展水平，这些城市互相融合，形成了城市发展相对集中的都市圈或城市群。其中，长江三角洲都市圈、珠江三角洲都市圈、京津冀都市圈水平较高，相对成熟；山东半岛城市群、辽中南城市群、中原城市群、武汉城市圈、海峡西岸城市群、成渝城市群和关中地区城市群等初具规模。都市圈或者城市群已经成为我国区域经济发展的龙头，城市发展体系逐渐走向成熟。从表1-4可以看出，自2001年以来，我国地级市、县级市和市辖区数量增长幅度不大，各地区主要通过城市群集聚作用、扩大城市的扩散和辐射功能带动就业和经济增长。2002年、2008年和2012年，我国城镇人口规模分别突破5亿、6亿和7亿大关，2012年达到7.12亿，比2001年增长2.52亿，即每年城镇人口增加近2200万；城镇年末从业人员数从2001年的2.39亿增加到2012年的3.71亿，比2001年增加1400多万；2012年城市化水平也达到52.6%，比2001年多15个百分点。

表1-4　我国城镇化发展情况（2001～2012）

（单位：万人）

年份	地级市个数	县级市个数	市辖区数	年底总人口数	年底城镇总人口数	城市化水平（%）	年末从业人员数	城镇年末从业人员数
2001	265	393	808	127627	48064	37.66	73025	23940
2002	275	381	830	128453	50212	39.09	73740	24780
2003	282	374	845	129227	52376	40.53	74432	25639
2004	283	374	852	129988	54283	41.76	75200	26476
2005	283	374	852	130756	56212	42.99	75825	27331
2006	283	369	856	131448	57706	43.9	76400	28310
2007	283	368	856	132129	59379	44.94	76990	29350
2008	283	368	856	132802	60667	45.68	77480	30210
2009	283	367	855	133474	62186	46.59	77995	31120
2010	283	370	853	134091	66978	49.95	76105	34687
2011	284	369	857	134735	69079	51.27	76420	35914
2012	285	368	—	135404	71182	52.6	76704	37102

二是通过加大财政支持力度，改善城市基础设施和城市投资环境。自党的"十六大"以来，我国城市建设迅猛发展，交通设施日趋完善，邮电通讯业发展迅速，绿色环保的城市生活环境正在逐步形成。在基础设施方面，加快构建城市快速路网，是大多数城市交通建设的重点；在城市新区，加强与中心城区的交通联系成为建设的重点；加快市政、公用、能源设施和环境建设，推进基础设施配套，更是多数城市共同关注的中心议题。从表1-5可以看出，我国城市用水普及率、用气普及率、污水处理率、每万人拥有道路长度和人均公共绿地面积2011年分别比2001提高34.2%、53%、129.6%、54.1%和156.5%，城市居住和休憩环境进一步优化，生活质量进一步提高。

表1-5　我国城市基础设施发展情况（2001~2011）

年份	城市用水普及率(%)	城市用气普及率(%)	城市污水处理率(%)	城市每万人拥有道路长度（公里）	人均公园绿地面积（平方米）
2001	72.3	60.4	36.43	4.9	4.6
2002	77.9	67.2	39.97	5.4	5.4
2003	86.2	76.7	42.39	6.2	6.49
2004	88.9	81.5	45.67	6.5	7.39
2005	91.1	82.1	51.95	6.9	7.89
2006	86.7	79.1	55.89	6.5	8.3
2007	93.8	87.4	62.87	6.6	8.98
2008	94.7	89.6	70.16	7	9.71
2009	96.1	91.4	75.3	7.1	10.7
2010	96.7	92.04	82.3	7.4601	11.2
2011	97.04	92.41	83.63	7.5521	11.8

三是借助于国际和国内产业转移的良好契机，不断推动城市分工和优化城市产业结构。国际产业链向中国转移，由过去转移加工制造业，到现在转移公司总部、市场营销机构、营运中心等整个产

业链，在这种背景下国内的产业转移也会加快。北京、上海等特大城市和主要的省会城市成为公司总部、产品研发中心、市场营销中心，中小城市作为加工制造业基地的趋势日益明显。同时，基于地区比较优势和集聚优势的城市分工，使得区域协调发展程度显著提高。在资本、技术和信息等各种生产要素和部分产业由东向西、由中心城市向周边地区转移扩散的同时，包括高端劳动力、研发和公司总部等则表现出进一步聚集的趋势，中心城市的积聚效应进一步加强，这对于城市的可持续发展不无裨益。

总体来看，改革开放以来，我国走过了一条快速发展的城镇化道路，城镇数量和规模不断扩大，城市群形态更加明显，长三角、珠三角、京津冀三大城市群以2.8%的国土面积集聚了18%的人口，创造了36%的国内生产总值，成为拉动我国经济快速增长和参与国际经济合作与竞争的主要平台。城市综合服务的能力明显提升，人居环境逐步改善。但也必须看到，我国城镇化质量不高的问题也越来越突出，并且主要呈现以下几个主要特点：

一是农村的支持性：农村发展和农村改革为城镇化提供支持。

随着家庭联产承包责任制在我国农村的推广，极大地调动了农民的生产积极性，农业生产极大提高，农村经济获得巨大发展。农业基础地位的巩固、农村经济的繁荣，为城市化发展提供了物质保障，大量农村富余劳动力和资本也极大地弥补了城市劳动力需求缺口和资本缺口。2012年全国统计公报显示，我国全年农民工总量为26261万人，其中外出农民工16336万人和本地农民工9925万人。广大农民工为全国城镇建设和发展做出了巨大贡献，极大地繁荣了城市生产、便利了城市居民的生活。

二是政府的主导性：由政府主导的自上而下的城镇化。

改革开放以来，市场手段逐渐取代行政手段成为我国配置资源的主要方式，但在城镇化发展过程中，政府作为决策者依然发挥着主导作用。在政府主导城镇化发展的背景下，城市发展的整体性、科学性、合理性得到了一定的保证，但受外部因素影响较大，往往表现出偏离城镇化一般规律以及波动性大的特点。同时，由于把城市建设作为考核政府绩效的重要指标，从而导致面子工程、形象工程、楼堂馆所、重复建设等现象屡禁不止。

三是产业和空间的集聚性：通过城市群（带）带动城镇化进程。

我国城镇化的推进，在大中小城市和小城镇协调发展的基础上，充分发挥中心城市的带动与辐射作用，发展一批具有世界竞争力的大城市群或大都市圈，通过其强大的集聚功能和辐射功能有效带动农村工业化和城镇化发展，实现以城市群带动城市化的跨越。当前我国长江三角洲、珠江三角洲和京津冀等十大都市圈和城市群依靠城市之间很好的基础设施建设、发达的城市高速公路网络、灵活的贸易开放政策，以及城市间要素的无障碍流动等条件的支持，通过要素积累提高研发创新的效率和通过投资效率的改善实现我国经济的跨越式发展。[1]根据2012年统计年鉴数据，我国2011年288个地级以上城市以占全国6.7%的土地，生产了全国62%的GDP，带动了全国49.7%的投资，创造了全国58%的地方财政收入，吸收了全国65%的外商投资和创造了全国99.2%的进出口。

四是发展的粗放性：以大量占用耕地和工业优先发展推动城镇化。

我国的城镇化是伴随着工业化的不断发展而出现的，并随着经济、社会的发展而发展，是农村要素不断转化为城市要素和城市要素不断向农村扩散的双向互动的过程。建国到改革开放的初期，由于受传统体制的约束，我国的城镇化与工业化相互分离，城镇化总体滞后于工业化，阻碍了工业化的发展。改革开放后，新型工业化

---

[1] 吴福象，刘志彪. 城市化群落驱动经济增长的机制研究——来自长三角16个城市的经验证据[J]. 经济研究，2008（11）.

的道路有力地促进了城市化的发展，城镇化水平不断提高。从20世纪90年代下半期开始，中国城镇化滞后的现象正在逐步消失，城镇化与工业化相互适应的关系正在逐步得到确立。然而，城市的刺激内需被狭义地理解为城市房地产业的发展，出现了乱占耕地现象。近年来，我国城市发展的空间失控现象严重，突出表现为城市蔓延式的扩张，大量占用耕地，造成了大量的失地农民。中央严控18亿亩土地红线的政策使这种趋势被遏制，但目前又面临新的威胁。1990年我国城市建成区面积是12856平方公里，2011年达到43603平方公里，城市面积扩张的速度平均每年增长5.9%；相比之下，1990年我国城镇总人口为30195万人，2011年增加到69079万，城镇人口的年均增长速度仅为3.9%，建成区面积增速与城镇人口增速之比为1.52：1，土地的城镇化显著快于人口的城镇化。这种城市面积扩张致使大约4000万～5000万农民失去土地，全国各地区均集中出现了就业、社会保障、征地补偿、土地纠纷上访等焦点社会问题。

第四节　理性寻路：中国城镇化争辩与反思

改革开放30多年来，我国城镇化水平有了显著提高，但由于历史和政策的因素限制，在我国城镇化进程中也出现了许多问题，诸多地方值得我们反思：

一、重"经济"城镇化而轻"社会"城镇化

与许多发展中国家相比较，中国城镇化过程最大的问题是重"经济"城镇化而轻"社会"城镇化。许多城市陷入了"唯GDP论"怪圈。长三角和珠三角新兴城区城市化质量研究结果也显示：

某些城区各方面的发展不均衡，虽然经济和产业发展已具有较强的竞争力，就业的非农化程度很高，但在城市功能或是社会和谐方面却相对落后。[①]例如，上海的松江区在长三角和珠三角92个新兴城区里，经济发展指数名列第2位，城市功能指数仅列第30位，而体现公共福利、生态环境、社会治安水平的社会和谐指数仅列第19位；苏州的虎丘区（苏州高新区）的经济发展指数名列第3，城市功能指数仅名列第46位；佛山的顺德区经济发展指数名列第6，城市功能指数列第21位。这反映出不少城区并不具备与其经济或产业人口规模相匹配的城市公共服务和配套能力。

二、对"物"的关注胜于对"人"的关注

一些地方存在"人为设市"的现象。为了追求高的城镇化率和城镇化推进速度，人为地将非城市划进城市范围，这些区域通常没有与城市标准相符的市场化水平和配套建设、服务基础。人为造"城"的表象就是到处都在建高楼大厦，各类产业园区、巨型广场、星级酒店、商业综合体等建筑的快速增长成为一些地区推进城市化不约而同的选择。统计资料显示，我国平均每年有超过750平方公里土地变成建城区，年平均增长率超过5%。一些大中城市像"摊大饼"一样越"摊"越大。显然，城市化关注的主体应是人而不是物。"宜人"应当成为对"好城市"的最高评价。

三、人口呈"钟摆式"流动，农民工两栖化现象严重

2000年我国第五次人口普查调整了城市人口的统计口径，把在城镇居住半年以上的常住人口都统计为城镇人口。然而，新的统

---

① 余晖. 我国城市化质量问题的反思[J]. 开放导报，2010（1）.

计办法只是名义上提高了城镇化率，而城镇化水平本质上并没有获得大幅度的提升。在长三角和珠三角一些地区，虽然在统计口径上外来人口中的常住人口已经成为城市人口，但是他们中的大部分都没有完成"市民化"，没有城市户籍，也不能享受户籍人口所享受的相关权利和福利，在心理认同上也没有成为所居住城市的一员，"两栖化"现象十分严重，使得当前城市化率所反映出的城市化水平有"虚高"之虞。城市外来人口难以"市民化"的根本原因在于城乡二元户籍管理制度。城市社会保障、住房保障、医疗、教育的覆盖面仅及于城市户籍人口。在没有制度强制的条件下，地方政府很难产生为外来常住人口提供基本权利保障的意愿。孙永正（2011）指出了我国城市"两栖化"的五大弊病：第一，城市"两栖化"格局使农民工在城镇就业处于要素禀赋与制度禀赋双重弱势地位，形成城镇特有的低收入、无保障与高风险、高付出并存的庞大超低弱势群体，背离了城市化的本质要求；第二，城市"两栖化"格局严重影响亿万农民工子女的教育和成长，削弱了中国现代化进程中必须不断优化的人才基石；第三，城市"两栖化"格局遏制了新生代农民工在城市的发展空间，导致他们在不同城市和企业之间的高频率流动和其他变异行为，妨碍企业新一代劳动者专业技能的提升和对未来的美好预期；第四，城市"两栖化"格局使亿万人口长期流动性工作和生活，导致众多要素长期纯流动性消耗和农村较多房地产闲置并存，与当代建设资源节约型社会的要求背道而驰；第五，两栖型城市化使低收入、无保障的庞大流动性人口持续存在，增加了社会矛盾和不稳定因素。[1]基于以上原因，国家"十二五"规划纲要提出，"要把符合落户条件的农业转移人口逐步转为城镇居民作为推进城镇化的重要任务"。

---

① 孙永正. 两栖型城市化的五大弊端[J]. 河北：河北学刊，2011（1）.

四、行政区划一定程度上制约着城镇化质量的提高

我国的城市或地区受到行政区划和行政管理级别等制约，配置资源的能力有限，不能为人口迅速集聚的城市区域提供必要的公共服务和公共基础设施。现行的设市标准和城市管理职能，都不利于城市根据有效管理人口的实际情况来制定相应的城市财政投入、建设、各项职能管理的规划和政策，主要以户籍人口规模为依据决定公共服务供给的体制已经远远落后于现实的发展。按户籍人口规模决定的行政管理体系和社会公共服务体系，因事权、财权与社会经济发展水平不匹配，而无法满足吸纳了大量外来人口的城市实际需求。在珠三角地区，从常住人口规模来看，常住人口在20万以上的有51个城区，占珠三角所有城区的53.1%，其中13个城区是镇；31个城区的常住人口在50万以上，其中2个是镇，常住人口100万以上的城区有10个。从经济规模来看，GDP在100亿元以上的城区有39个，占珠三角城区的40.6%，其中7个城区是镇；有3个城区的地区生产总值在1000亿元以上；14个城区的地区生产总值在422亿元以上，超出全国地级市平均经济规模。可以看出，很多城区的经济实力和人口规模已远超过了内地的中等城市，但仍沿用与其实际规模不相匹配的管理体制。

第五节　迈向"新型城镇化"

关于中国的城镇化，一段时间以来，国内外专家学者的研究可谓是百家争鸣，观点也不断推陈出新。世界银行前高级副行长、著名经济学家、诺贝尔经济学奖获得者斯蒂格利茨教授曾这样说道："中国的城市化与美国的高科技发展将是影响21世纪人类社会发展进程的两件大事。中国的城市化将是区域经济增长的火车头，将会产生最重要的经济效益。同时，城市化也将是中国在新世纪里面临

的第一大挑战。"著名经济学家、世界银行前高级副行长兼首席经济学家、北京大学林毅夫教授从解决"三农问题"的角度认为，农村劳动力向城市二、三产业转移的城市化进程是解决农村问题、提高农民收入的最主要途径，并且推动城市化进程与建设新农村可以同时进行，两条路并行不悖。①

就全国整体而言，中国的城镇化进程正处于加速发展的中期阶段，特大城市和城市群率先发展，以及大中小城市和小城镇协调发展成为当前城市化发展的主要特征和内容。但是，由于中国城市化的区域差异性很大，部分城市化先行地区已经进入了城市化发展的后期，城市化率超过了60%。根据2008年发布的《中国城市化率现状调查报告》，上海、北京、天津在中国各省（直辖市）城市化率排行榜中居前三名，其中上海的城市化率达到85.76%。一些城市更是率先从数量型城市化向质量型城市化迈进。统计数据显示，我国城镇化率排名前20位的地级以上城市中，深圳市（100%）、克拉玛依市（99.6%）、佛山市（94.1%）、上海市（89.3%）、东莞市（88.5%）、厦门市（88.3%）、中山市（87.8%）、北京市（86.0%）、广州市（83.8%）、天津市（79.5%）、南京市（77.9%）等11个城市的城镇化质量指数也处于前20位，这些城市的城镇化率和城镇化质量比较协调。

2012年，我国的城镇化率达52.57%，而按城镇户籍人口计算的城镇化率仅35.3%，之间存在着约17个百分点的差距。这说明约有2.6亿农民工和7500万城镇间流动人口在城市还没有享受到与城镇户籍居民同等的公共福利。如果按照每年一个百分点的增长速度，到2020年，我国城镇化率将达到60%，意味着我国的城镇人口将会达到8亿左右，进城的农民工将会在现有基础上再增加接近1亿人。如果不及时解决他们的公共服务和进城落户定居问题，我国城

---

① 林毅夫. 解读中国经济[M]. 北京: 北京大学出版社, 2012: 212.

镇化的质量将不会得到根本改善，未来反而还会加剧可能出现的各类社会矛盾。

而且，尽管改革开放30多年来我国的城镇化率获得了大幅的提升，但与国际上以人均GDP表示经济发展程度应达到的城镇化水平相比，中国的城镇化却存在明显的滞后性。事实上，消费和内需一直未能成为中国拉动经济增长的主要动力，这与中国的城市化滞后于工业化进程有着密切的关系。因此，"十二五"乃至今后更长一段时期，中国在快速推动城镇化水平的同时，更应该注重和提升城镇化质量。在提升城镇化率的同时不断提高城镇化质量，才是解决未来时期城镇化问题的关键。特别是随着一部分城市已进入城镇化发展后期，对城市化发展的"质"的要求将会进一步提高，即要求更加注重城镇化过程中经济发展、城市功能与社会和谐的协调发展。正如学者王成新、姚士谋等（2003）所指出的那样：在城市化进程中，城市化率并不等于城市化水平，城市并非规模越大越好，城市化速度也并非越快越好，其中必然存在一个质与量的平衡点。只有找准不同时期的平衡点，考虑不同发展阶段人的不同需求，城市化才是健康、有益和可持续的。

现代文明创造着现代城市，现代城市也在演绎着现代文明。什么是城镇化？钢筋水泥取代了土壤，玻璃幕墙取代了森林，沥青瓷砖取代了草地。GDP增加了，楼长高了，人变多了，社会问题多了，洁净的空气、水少了，PM2.5多了。难道这是我们建设城镇、发展城镇的目的吗？与此同时，城镇的可识别性、地域标志性正在逐渐消失，城镇的历史和文化记忆正在被高涨的雷同化开发热情快速抹去，一些区域在繁荣的同时沦为浅薄和平庸，"千城一面"，蔚为大观。随着经济社会的不断发展，以关注城市数量、城市规模、城市经济总量为主要特征的传统城市化路径遇到了越来越多的挑战，带来了空间资源紧张、环境污染加剧、能源资源消耗加快、产业结构低端、社会矛盾增多、政府治理水平不足等诸多问题，带来了"建筑洋了，特色没了；档次高了，生活难了；城市大了，空间小了；人口多了，交往少了"等一系列新型城镇发展的矛盾。

对于盲目非理性、"一窝蜂"式的传统城镇化发展路径，著名经济学家吴敬琏先生也多次表达过忧虑，他认为，中国城市化的水平还很低，地方政府以大量投资、简单城市扩容为主要内容的低效办法来实现城市化，是无法支撑无法持续的。另外，政府用大量的土地投入和土地抵押的资金投入支撑起来的城市化，就是摊大饼，这样建立起来的城市营运效率很低。反而使得我们每个人的生活半径都非常地长，交通拥堵、环境污染等都变成很难解决的问题。如果不能解决这些体制上的原因，城镇化是无法可持续进行下去。新加坡国立大学东亚研究所所长郑永年教授认为，"在一些地方，城市化简单地把原来的县改成区。'县'是农村的象征，改掉了'县'这个概念，似乎就实现了城市化。'县'可以说是中国历史上最稳定的行政单位，现在在权力面前悄悄地消失，其恶果远远超出人们的想象"，同时他建议要改革城市体制，因为如果没有实质性的城市体制改革，"在地方官员的权力冲动主导下的城市化，也很快会导致城市的再一次官僚化，城市变成官僚的城市，而不是市民的城市。"①

唯物辩证法则告诉我们，事物发展总是呈现出波浪式前进和螺旋式上升的基本特征。如何科学反思城镇化发展路径，如何走出城镇化发展的困局，如何选择一条科学理性的城镇化发展道路？这些事关未来长远发展的重大战略问题正在考验着中央决策层的宏观韬略以及地方政府、社会精英和广大群众的勇气、智慧和行动。

党的十八大报告提出"坚持走中国特色新型工业化、信息化、城镇化、农业现代化道路，推动信息化和工业化深度融合、工业化和城镇化良性互动、城镇化和农业现代化相互协调，促进工业化、

---

① 郑永年. 中国城市化要避免怎样的陷阱[J]. 联合早报，2013-07-30.

信息化、城镇化、农业现代化同步发展""到2020年城镇化质量明显提高"。国家"十二五"规划纲要提出要"优化格局，促进区域协调发展和城镇化健康发展""实施区域发展总体战略和主体功能区战略，构筑区域经济优势互补、主体功能定位清晰、国土空间高效利用、人与自然和谐相处的区域发展格局，逐步实现不同区域基本公共服务均等化。坚持走中国特色城镇化道路，科学制定城镇化发展规划，促进城镇化健康发展"。

在中央决策层看来，城镇化是中国现代化的必由之路，是转变发展方式、调整经济结构、扩大国内需求的战略重点，是解决"三农"问题、促进城乡区域协调发展、提高人民生活水平的重要途径。党中央、国务院高度重视城镇化工作，"十二五"规划纲要对"积极稳妥推进城镇化"进行了部署，党的十八大报告提出了"城镇化质量要明显提高"的战略目标和发展要求，明确了促进工业化、信息化、城镇化、农业现代化同步发展的总体要求，对科学规划城市群规模和布局、增强中小城市和小城镇功能、有序推进农业转移人口市民化等进行了重点部署。

可以看到，与以前的提法不同，党的十八大报告关于城镇化突出一个"新"字，预示着今后的城镇化将会朝着更加科学、有序和全面、可持续的方向发展，并不断进行创新。可以说，新型城镇化符合时代发展的要求，符合人民群众的需要，符合科学技术的融合与应用。城镇化不是孤立和割裂的，城镇化与工业化和农业现代化相互交织联系在一起，同时在这个过程中，生态文明建设应该得到足够的重视，建设"美丽中国"是新型城镇化的应有之意。在城镇化过程中，信息化紧跟相随，体现了时代特色。信息化服务于城镇化，促进智能化发展，使得各项工作更加方便快捷。新型城镇化不仅有"量"的增加，更是"质"的提升。新型城镇化规划科学合理，具有前瞻性、系统性和服务性，对周边辐射能力强，带动效益明显，且一些地方都有自己的特色，对人的服务和需求将考虑得更为周到细致，"以人为本"体现得更为充分。国家发改委城市和小城镇改革发展中心主任李铁研究员认为，所谓新型城镇化，就是要实现城镇化从数量型增长到质量型提升的转变，也就是说要解决农民工进城后公共服务均等化和定居"落户"难的问题。这也就意味着当前城镇化的工作重点是如何实现人的城镇化，如何坚定不移地进行户籍管理制度改革和逐步完善农业转移人口市民化的进程。

可以预见，随着中国整体迈向城镇化中期加速阶段，特别是一部分城市率先进入城市化后期，城市化由以往过于关注"物"的因素转为更加关注"人"的需求，由数量规模型向质量功能型转变的发展道路必将成为不可逆转的大趋势，新型城镇化将会是发展的中心议题。深圳作为改革开放前沿地区和城市化快速发展的地区，理应及时抓住这一战略时机，在新型城市化发展中率先探索，确定新型城市化发展目标、发展路径，构建更为成熟完善的政策体系，形成具有深圳特色、示范全国层面的新型城市化发展新模式。

第六节　新型城镇化：实现"中国梦"的重要引擎

2012年11月15日，刚刚当选中共中央总书记的习近平在记者见面会上首次提出了"中国梦"的理念。他说："我们的人民热爱生活，期盼有更好的教育、更稳定的工作、更满意的收入、更可靠的社会保障、更高水平的医疗卫生服务、更舒适的居住条件、更优美的环境，期盼着孩子们能成长得更好、工作得更好、生活得更好。人民对美好生活的向往，就是我们的奋斗目标。"

2012年11月29日，在与人民大会堂隔天安门广场相望的国家博物馆，习近平总书记参观"复兴之路"展览时，第一次阐释了"中国梦"的概念。他说："我认为，实现中华民族伟大复兴，就是中华民族近代以来最伟大的梦想。"并称，"到中国共产党成立100

年时全面建成小康社会的目标一定能实现，到新中国成立100年时建成富强民主文明和谐的社会主义现代化国家的目标一定能实现，中华民族伟大复兴的梦想一定能实现。"

2013年3月17日，刚刚当选国家主席的习近平同志在十二届全国人大一次会议闭幕会上，向全国人大代表发表了自己的就任宣言。在将近25分钟的讲话中，习近平主席9次提及"中国梦"，有关"中国梦"的论述更是一度被掌声打断。他在讲话中强调："中国梦归根到底是人民的梦，必须紧紧依靠人民来实现，必须不断为人民造福"，实现"中国梦"必须走中国道路，一定要增强对中国特色社会主义的理论自信、道路自信、制度自信，坚定不移沿着正确的中国道路奋勇前进；实现"中国梦"必须弘扬中国精神，一定要弘扬伟大的民族精神和时代精神，不断增强团结一心的精神纽带、自强不息的精神动力，永远朝气蓬勃迈向未来；实现"中国梦"必须凝聚中国力量，一定要牢记使命，心往一处想，劲往一处使，用13亿人的智慧和力量汇集起不可战胜的磅礴力量。

城镇化，是中国现代化发展的必然结果，也是实现"中国梦"的正确路径选择。统计数据显示，1978年至2012年，我国城镇人口从1.72亿增加到7.12亿，城镇化率从17.92%提高到52.57%。城镇居民家庭人均可支配收入由1978年的343.4元增长到2012年的24565元，农村居民家庭人均纯收入由1978年的133.6元增长到2012年的7917元。伴随着改革开放以来我国工业化发展的兴起和农业科学技术水平的提高，越来越多的农村剩余劳动力进入城镇就业、生活和居住，在不断改善家庭收入水平和繁荣发展城镇经济的同时，也助推着中国工业化步伐不断迈进，并最终崛起成为世界制造业第一大国。

国家统计局2011年公布的我国农民工调查监测报告显示，2011年，全国农民工总量达到25278万人，比上年增加1055万人，增长4.4%。其中，外出农民工15863万人，增加528万人，增长3.4%。

在收入方面，报告显示近两年外出农民工的收入增速加快，中、西部地区的增幅高于东部地区，东部和中、西部地区的收入差距缩小。2011年，外出农民工月均收入2049元，比上年增加359元，增长21.2%。分地区看，在东部地区务工的农民工月均收入2053元，比上年增加357元，增长21.0%；在中部地区务工的农民工月均收入2006元，比上年增加374元，增长22.9%；在西部地区务工的农民工月均收入1990元，比上年增加347元，增长21.1%。

在2013年两会上当选为国务院总理的李克强同志在答记者问时简洁而又清晰地阐述了中国城镇化和"农民希望过上好日子"的梦想之间的关系。他说："城镇化是现代化的必然趋势，也是广大农民的普遍愿望，它不仅可以带动巨大的消费和投资需求，创造更多的就业机会，其直接作用还是富裕农民、造福人民。我在农村调研的时候，经常和农民们聊天，他们在谈到对未来生活的愿望时，不少人用一句简洁的话来表达，说是希望过上和城里人一样好的日子。这在过去对农民来说是奢望。现在中国城镇化的大门给农民打开了，农民可以进城从事第二和第三产业，而留在农村的，通过适度规模经营，都可以增收致富。现在每年有一千多万农民转移到城镇，这是必然的趋势。"

他同时指出，"新型城镇化，是以人为核心的城镇化。现在大约有2.6亿农民工，使他们中有愿望的人逐步融入城市，是一个长期复杂的过程，要有就业支撑，有服务保障。而且城镇化也不能靠摊大饼，还是要大、中、小城市协调发展，在东、中、西部地区因地制宜地推进。还要注意防止城市病，不能一边是高楼林立，一边是棚户连片。本届政府下决心要再改造一千万户以上各类棚户区，这既是解决城市内部的二元结构，也是降低城镇化的门槛。尤为重要的是，新型城镇化必须和农业现代化相辅相成，要保住耕地红线，保障粮食安全，保护农民利益。"

中国当前正在推行的以人为核心的新型城镇化，承载着亿万中国人特别是广大农民对小康生活、现代化社会的梦想，积极稳妥地推进新型城镇化、工业化、信息化、农业现代化同步进行，就是这一梦想实现的重要过程。"过上城里人的日子"是历代大多数农民的愿望，新中国成立特别是改革开放以来，大量农民得以进入城市务工，过上了类似"城里人"的生活。到城里去，不仅是农民自发的行为，更是国家发展的趋势。随着经济社会的发展，工业、各类传统和新兴的服务业需要大量的劳动力，与此同时，农业逐步实现规模经营、现代化经营，农村剩余劳动力越来越多，需要从农业中脱离出来，仅仅依靠"一亩三分地"等有限的土地资源和生产资料难以普遍实现小康富裕和安居乐业的生活梦想。

"城镇化是我国现代化的必由之路，是调整需求结构、产业结构、城乡结构、区域结构的战略举措。"然而，目前大多数进城的农民并没有成为"城里人"：他们还是农村户口，享受的社会保障普遍低于城市居民，他们在就业、医疗、教育、社会保障、住房等公共服务方面仍与城市户籍居民存在较大差距，等等。这并不是真正意义上的城镇化。中国已经进入全面建设小康社会的历史新阶段，这就决定着城镇化不仅仅是人口的转移，更重要的是生产方式、生活方式、福利待遇的同步改变。国家"十二五"规划纲要为我们描绘了一幅美好的城镇化蓝图：积极稳妥推进城镇化，优化城市化布局和形态，形成"两横三纵"的城市化战略格局，稳步推进农业转移人口转为城镇居民，加强管理，增强城镇综合承载能力，不断提升城镇化的质量和水平。

但如何实现新型城镇化？这是一个开放性和实践性的问题，没有现成经验和答案。著名经济学家、北京大学厉以宁教授认为，中国应走与国情相适应的城镇化道路，而不能走西方那样的城镇化道路，要走适合中国国情的城镇化道路，并应主要由三部分组成：老城区+新城区+新社区。即把老城区改变为商业区、服务区和适合人居住的居民区；新城区主要是现在的工业园区或开发区、小微企业试验区和物流园区；新社区就是现在的社会主义新农村。

著名经济学家、北京大学林毅夫教授认为，"二战"结束以后，世界上出现了"好"的城镇化和"坏"的城镇化。"好"的城镇化就是指在经济发展的过程中，农村人口的比重不断减少，城市人口的比重不断增加，而且形成一种良性互动，经济效益不断提高，城乡居民收入不断增加，生活质量和环境也不断改善。但也出现了许多"坏"的城镇化现象，即城镇化的比重增加非常多，但出现大量的贫民窟和城市里面的失业者，造成各种社会矛盾和社会不稳定。要实现"好"的城镇化进程，首先要有就业，而且是生产力水平不断提高的就业，按照比较优势发展。如果一个国家的经济是按照比较优势发展，那么在早期，劳动力相对密集的产业，或者在资本密集型产业中劳动力相对密集的产业区段就会发展得快。这样发展的好处是非常有竞争力，而且能够给农村劳动力提供大量生产力水平和工资水平较高的就业机会。因为竞争力强，经济发展和资本积累会非常快。资本积累推动产业升级，又去投资符合比较优势的产业，创造更多收入高、有竞争力的就业机会。东亚各国就是靠这种发展模式在快速的城镇化过程中避免了贫民窟的出现。政府在这一过程中也能发挥应有的作用——改善基础设施、提供公共服务、对农村提供必要的支持、提高农业生产力水平，因此城乡、工业和农业进入良性互动的发展阶段。

全国人大财经委员会副主任委员、民建中央副主席辜胜阻先生则认为，推进城镇化，必须统筹"人、业、钱、地、房"五要素。他同时提出了城镇化建设要防范五大误区：一要防有"城"无"市"的过度城镇化，避免缺乏产业支撑使新市民变游民、新城变空城；二要防有速度无质量的城镇化，避免一哄而起搞"大跃进"，一味追求城镇化的高速度和规模扩张，陷入速度至上陷阱；三要防城镇化的"房地产化"，过度依赖土地财政，避免过高地价推高房价，陷入卖地财政陷阱；四要防地方政府以地生财，消灭村庄，大量农民"被迫上楼"，陷入掠夺式发展陷阱；五要防特大都市的"大城市病"，避免只重视"物的城镇化"而轻视"人的城镇化"。

北京大学光华管理学院曹凤岐教授认为，当前城镇化建设中六大问题值得重点关注：第一，城镇化与过去的"城市化"有所不同。"城市化"更注重大城市的外延，无限扩容。城镇化则更注重中小城市群，这是一个非常大的变化；第二，实质城镇化。根据相关统计数据显示，我国的实质城镇化为35%左右，而专家的统计数据则更低，在26%左右。可以说，中国的城镇化是个长期任务；第三，要防止"有城无市"的城镇化和"有速度无质量"的城镇化；第四，要防止把城镇化简单地变成"房地产化"；第五，必须明确城镇化是发展中小城市、城镇，避免出现"大城市病"；第六，必须考虑区域协调发展，重点考虑中西部地区等。他同时指出，可以通过建立完善的财政金融保障体系、依靠银行中长期贷款、利用资本市场和社会资本、建立基础设施产业投资基金、发展城市和房地产信托、吸引民间资本进入基础设施建设、加快土地流转增加农民财产性收入来募集城镇化所需资金。

国家发改委城市和小城镇改革发展中心主任李铁研究员认为，中央提出的新型城镇化政策，核心内容涉及以下两个方面：一是人的城镇化问题，就是如何解决农民进城就业后的基本公共服务问题；二是城镇的发展模式和路径，即如何实现城镇发展的可持续、生态、低碳和绿色。所谓新型城镇化，就是要实现城镇化从数量型增长到质量型提升的转变，也就是说要解决农民工进城后公共服务均等化和定居落户难的问题。这也就意味着当前城镇化的工作重点是如何实现人的城镇化，如何坚定不移地进行户籍管理制度改革和逐步完善农业转移人口市民化的进程。

当前，全国各地也都在积极地进行探索，城镇化模式和具体做法不尽相同，如成渝地区的城乡统筹模式、河南的"三化同步"模式、广东的"三旧改造"模式、天津东丽区的"宅基地换房"模式。"要构建科学合理的城市格局，大中小城市和小城镇、城市群要科学布局，与区域经济发展和产业布局紧密衔接，与资源环境承载能力相适应。要把有序推进农业转移人口市民化作为重要任务抓实抓好。要把生态文明理念和原则全面融入城镇化全过程，走集约、智能、绿色、低碳的新型城镇化道路。"这是今年中央经济工作会议对积极稳妥推进城镇化的部署，体现了顶层设计的基本思路。

党的十八届三中全会指出，"坚持走中国特色新型城镇化道路，推进以人为核心的城镇化，推动大中小城市和小城镇协调发展、产业和城镇融合发展，促进城镇化和新农村建设协调推进。优化城市空间结构和管理格局，增强城市综合承载能力"，进一步为我国指明了新型城镇化的未来发展方向。

解决好人的问题是推进新型城镇化的关键。2013年12月，我国改革开放以来中央召开的第一次城镇化工作会议明确指出，"要以人为本，推进以人为核心的城镇化，提高城镇化人口素质和居民生活质量，把促进有能力在城镇稳定就业和生活的常住人口有序实现市民化作为首要任务"，明确了新型城镇化的指导思想、主要目标、基本原则和重点任务，论述了当前城镇化工作的着力点，提出了推进城镇化的具体部署，主要包括六项主要任务：第一，推进农业转移人口市民化；第二，提高城镇建设用地利用效率；第三，建立多元可持续的资金保障机制；第四，优化城镇化布局和形态；第五，提高城镇建设水平；第六，加强对城镇化的管理。

"中国梦"是每一个个体梦想的宏大集结。面对新的历史阶段、新的发展要求，传统城镇化发展路径已经难以为继。以人为核心，更加关注城镇化质量、城乡统筹发展和经济社会综合转型为主要特征的新型城镇化道路，着力于打造中国城镇化发展的"升级版"，正在逐步成为一条引领新时期城市全面转型发展的全新路径。建设创新开放、富裕文明、平安和谐、充满活力、生态宜居城市，让人民群众的创造热情更高涨，心胸眼界更宽广，物质生活更殷实，精神生活更丰富，社会更公平正义，生活更安康，相互交往更融洽，生存环境更优美，居住条件更舒适，这一切凝结着人民群众对美好生活的向往，蕴藏着让每个人"共同享有人生出彩的机会，共同享有梦想成真的机会，共同享有同祖国和时代一起成长与进步的机会"。

新型城镇化，中国已经在路上！

第二章 坪山新区：探索新型城市化路径的一个地方样本

第一节 坪山新区——从"半城市化"到"新型城市化"

坪山新区位于深圳市东北部，于2009年6月30日挂牌成立。辖区总面积约168平方公里，自然地形主要为浅丘陵和坪山盆地，地势舒缓，建设条件良好。地势为西、南高，东、北低，中部东西走向为宽谷冲积台地和剥蚀平原，适于开发建设与耕作；西部为低山丘陵；南部为连片山地，属砂页岩和花岗岩赤红壤，适于发展林果。坪山新区水资源较为丰富。坪山河、坑梓河为境内的主要河流，境内有竹坑、松子坑、石桥沥等众多水库，水面总面积1524公顷。其中西部松子坑水库面积达54公顷，是深圳市东部引水工程的储水库区之一。新区现下辖坪山、坑梓2个办事处共23个社区，管理人口约63万，其中户籍人口约3.6万。

图2-1 坪山发展沿革图（1993～2009）

坪山新区一成立就被深圳市委市政府赋予了"两区一极"的战略定位，承担着"科学发展示范区、综合配套改革先行区，深圳新的区域发展极"的光荣使命。新区发展既面临着新形势、新机遇，也面临着新要求、新挑战。经过深入思考和研究分析后，新区提出了建设"五大新城"的战略目标，即建设现代化国际化新城、新兴产业名城、和谐幸福新城、文化创意新城、山水田园新城的发展思路，同时提出"走新型城市化道路"的发展战略，制定了指导新区未来发展的综合发展规划体系，坚持规划引领、片区开发、产业支撑、生态优先，力争用十年左右时间打造一座"东部新城"。

目前坪山新区剩余可建设用地近30平方公里，是全市可开发土地面积最大的区域之一，可以为深圳的产业发展特别是高科技产业发展提供战略支撑。坪山新区成立4年多以来，高端产业项目加速聚集，优质产能持续增加，目前共引进产业项目537个，总投资近1000亿元，现已有世界500强投资企业10家，注册地在新区的上市公司9家，上市公司子公司20余家，高新技术企业58家（其中国家级高新技术企业51家），经国家、省、市级认定的科研平台22个，海外高端创业团队14个，初步形成了"一极两廊三城四区五基地多园"的格局，即一极：深圳新的区域增长极；两廊：现代产业发展走廊、人文创意生活走廊；三城：聚龙生物城、新能源汽车城、国际创意城（谷）；四区：综合保税区、中心区、总部走廊区、先进制造区；五基地：深圳国家生物产业基地、国家级新能源（汽车）产业基地、科技成果转化基地、中小企业总部基地、家具总部基地；多园：中小企业总部产业园、留学生创业园、科技创新园、智慧产业集聚园等。

坪山新区山河秀美，旅游资源丰富。深圳主要河流——坪山河贯穿新区全境，北、东、南三面有规划中的坪山—龙岗城市绿廊、坪山—坑梓绿廊、马峦山森林郊野公园环抱。不仅如此，坪山新区内还有着丰富的客家文化资源和历史文化底蕴。境内有"文武帝宫"、客家围屋建筑"大万世居"和"龙田世居"、百年老校光祖中学、东江纵队主要创始人曾生将军故居、东江纵队纪念馆等宝贵的人文旅游资源。

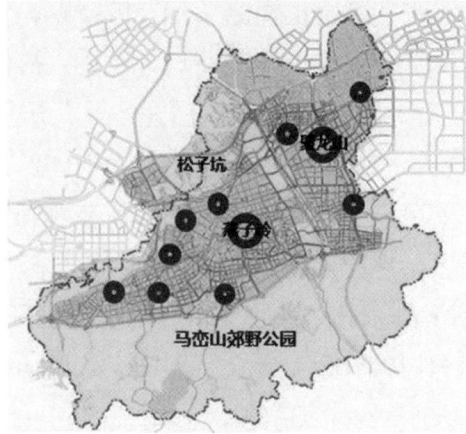

图2-2　坪山新区文化旅游资源分布情况

图2-3　坪山新区马峦山生态资源

第二节　背景与环境——"重要战略机遇期"

一、国际环境——"后危机"时代

全球产业调整及产业转移为坪山新区提供了难得的机遇。随着经济全球化的不断深入以及2008年金融危机的爆发，正在加速世界经济政治格局的变化，全球产业发展进入大调整、大变革、大重组的时期。制造业的国际生产网络将快速扩张，全球的产业发展将趋于集群化、高科技信息化、服务化，各国的经济产业将迎来新的发展机遇和挑战。这对于坪山新区调整产业结构，吸引先进制造业和服务业提供了难得的战略机遇。

全球低碳经济大发展，为坪山新区发展起到了积极的导向作用。在全球气候变暖的背景下，以低能耗、低污染为基础的"低碳经济"成为全球热点。2010年，深圳市人民政府与住房和城乡建设部签署共建国家低碳生态示范市合作框架协议，坪山新区等地区成为试点。这对坪山新区的产业选择和产业发展具有重要的导向作用。

"后危机"时代国际经济环境更为复杂，给坪山新区带来一定的挑战。"后危机"时代，全球经济将面临市场资源稀缺的严重问题，在经济复苏的愿望刺激下，国际竞争将会加剧。一直依赖出口的持续高速增长推动经济快速发展的中国，尤其是广州、深圳等地，在"后危机"时代将面临巨大的挑战。

二、国内环境——"区域协调发展"时代

加快转变经济发展方式是我国的战略任务，这势必将加快建立

促进发展方式转变的体制机制，推动鼓励创新的政策和社会环境的加快完善，推动全国产业内部和产业之间的加快整合，等等。这些都将催生新的发展活力，为坪山新区创造良好的外部发展条件。

区域协调发展不断深入将带来更多的机遇。一是随着中国—东盟自由贸易区的建立，泛珠三角区域有望凭借优越的地缘、资源、经济产业、合作机制等优势，融入对东盟的开放合作中，这必将有利于在更大的范围内利用国内国外两种资源、两个市场，增强泛珠三角区域经济发展的动力和后劲。这就为处于泛珠三角区域内的坪山新区提供了新的发展机遇、发展平台和发展空间。二是《CEPA补充协议七》于2010年5月签署，粤港澳合作将进一步深化。深圳作为广东省落实CEPA的重点城市之一，也是内地与香港进行服务业合作的"桥头堡"，必将获得更多先行合作，深入发展的优先机会。三是《海峡两岸经济合作框架协议》（简称ECFA）的签订，意味着海峡两岸经济合作从此进入历史性的新篇章，将给两岸的经济都带来巨大的发展机会。坪山新区借助厦深铁路和深圳坪山站交通枢纽的建设，在与海峡西岸经济区和台湾之间的发展合作将更具有优势。四是为了贯彻落实《珠江三角洲地区改革发展规划纲要（2008年～2020年）》，广东省提出了积极建设"广佛肇""深莞惠""珠中江"三个经济圈，同时又出台了"珠江三角洲区域的五个一体化规划"，这一举措将再次加快珠江三角洲区域经济社会一体化进程。坪山新区作为"深莞惠"结合部、深圳辐射粤东地区的战略地位在未来的区域一体化发展中必然获得更为有利的发展先机。

珠江三角洲地区九市的目标是打破行政体制障碍，遵循政府推动、市场主导，资源共享、优势互补，协调发展、互利共赢的原则，创新合作机制，优化资源配置。探索建立有利于促进一体化发展的行政管理体制、财政体制和考核奖惩机制。在广东省委省政府的统一领导和协调下，建立有关城市之间、部门之间、企业之间及社会广泛参与的多层次合作机制。推进城市规划一体化，优化珠江三角洲城市群的空间结构布局。加强社会公共事务管理协作，推进区域教育、卫生、医疗、社会保障、就业等基本公共服务均等化。到2020年，实现区域经济一体化和基本公共服务均等化。

2012年12月初，习近平总书记离京视察第一站来到了广东，并提出了"三个定位、两个率先"的发展总目标、总要求，即广东要努力成为发展中国特色社会主义的排头兵、深化改革开放的先行地、探索科学发展的实验区，为率先全面建成小康社会、率先基本实现社会主义现代化而奋斗。根据"三个定位、两个率先"的总目标总要求，广东省委省政府提出了珠三角转型发展和粤东西北振兴发展等一系列重要战略部署。以广州、深圳为核心，以东莞、惠州市为主要节点的珠江口东岸地区需要建立优化人口结构，提高土地利用效率，提升城市综合服务水平，促进要素集聚和集约化发展，增强自主创新能力，面向世界大力推进国际化，面向全国以服务创造发展的新空间，提高核心竞争力和辐射带动能力的目标。在现阶段，珠江口东岸地区的主要任务包括加快发展电子信息高端产品制造业，打造全球电子信息产业基地。大力发展金融、商务会展、物流、科技服务、文化创意等现代服务业，推进产业结构优化升级，构建区域服务和创新中心。深圳市则需要继续发挥经济特区的窗口、试验田和示范区作用，增强科技研发、高端服务功能，强化全国经济中心城市和国家创新型城市的地位，建设中国特色社会主义示范市和国际化城市。着力建设深圳通讯设备、生物工程、新材料、新能源汽车等先进制造业和高技术产业基地。

三、深圳环境——"特区一体化"进程

迄今为止，深圳特区一体化已经经历了三个阶段，并且已经进入第四阶段。第一阶段从20世纪80年代特区建立到90年代上半

期。1980年，国家从深圳市划出327.5平方公里设立"深圳经济特区"，并设立特区管理线。深圳被"二线关"分成特区内外两个部分。从1993年到2003年为第二阶段。1993年，宝安县分为宝安、龙岗两区，迈开了城市化进程的步伐。在这十年里，政府开始着手宝安、龙岗的中心区建设，并逐步完善城区的基础设施，推动城市化发展。从2004年到2009年是第三阶段。在这5年间，深圳现代化进程迎来重大历史性改革。深圳的宝安、龙岗两区土地纳入了全市统一储备管理，城市现代化工作全面铺开。2004年年底深圳全市户籍人口全部改为城市居民，原来的260平方公里的集体所有土地也收归国有。2010年，特区一体化进入崭新的第四阶段。经过近30年的高速发展，深圳经济特区创造了世界工业化、现代化、国际化的发展奇迹。深圳对推进特区一体化进程的呼声愈来愈高，宝安、龙岗两区正式纳入特区范围。2010年12月15日，《深圳经济特区一体化建设三年实施计划（2010年～2012年）》正式公布。根据这一计划，三年内深圳市将累计投资2789亿元用于原特区外地区基础设施建设，建成一批重点基础设施和教育、卫生、文体等公用设施，形成比较完善的公共交通网络。

特区扩容提质，一体化进程加快，必然要求深圳以科学发展的要求实施特区的整体规划建设，在道路交通、基础设施、公共服务、社会管理、民生事业等诸多方面实行一体化、均衡化的发展，并协调功能布局和产业结构，让大特区的城市功能互相衔接，打破特区原有二元化隔离状态，促进全市共同进入有质量的城市化阶段。这犹如为坪山新区未来的发展注入一针"强心剂"，将为其提供更多有利的发展条件，助力坪山新区加快发展，成为大特区新的经济增长点。

四、历史最好机遇期——"先行区""示范区""试点区"与"试验区"

（一）高度城市化地区土地管理制度改革先行先试地区

为了全面落实《珠江三角洲地区改革发展规划纲要（2008年~2020年）》，贯彻实施《深圳市综合配套改革总体方案》，推动综合配套改革，继续发挥深圳经济特区在全国改革发展中的先行示范作用，深圳市制定了《深圳市综合配套改革三年（2009年~2011年）实施方案》（以下简称《三年实施方案》），而深化土地管理制度改革是其中的主要任务之一，为此，《三年实施方案》要求探索高度城市化地区新增建设用地微增长导向下的土地利用方式，建立供应引导需求模式下的土地利用计划管理制度。研究推出高度城市化地区耕地保护模式和补偿机制，开展基本生态控制线范围内的建设用地清退试点。争取成为国家土地资源资产资本综合管理试点城市，探索将土地资产管理拓展到土地利用的各种类型，以及土地开发、经营、保护的各个环节。

在全面推进土地管理制度改革的背景下，深圳市与国土资源部签署了《关于共建高度城市化地区土地管理制度改革试点城市合作框架协议》，坪山新区则被列为先行先试地区，为坪山新区创造了开展土地管理制度改革和创新的良好机遇。

（二）国家低碳生态试验区

2010年1月16日，国家住房和城乡建设部与深圳市人民政府在深圳签署《共建国家低碳生态示范市合作框架协议》，为落实这一协议，深圳市制定出台了具体的《实施方案》。《实施方案》提出，2010年~2012年为部市共建国家低碳生态示范市试点启动阶段，2013年~2015年为全面推进阶段。主要任务包括积极引导城市紧凑发展、促进土地节约集约利用、打造绿色交通体系、大力推广绿色建筑、切实加强生态环境保护、全面提升资源利用水平等。

在引导城市紧凑发展方面，《实施方案》提出要优化城市空间结构，优化全市产业布局，加强高新技术产业带和重点产业园区的生活配套，促进居住、就业的平衡，减少大规模、长距离的通勤出行。

此外，深圳市还将推行TOD开发模式，即"以公共交通为导向"的开发模式，加强城市土地利用和公共交通的协调发展，结合轨道交通和组团中心建设，适度提高轨道站点周边和公交便利的中心城区土地使用强度，提升城市发展集约度，引导市民公交出行。前后海地区和龙华、大运、光明、坪山四大新城，及轨道站点周边地区将为开展TOD模式建设的重点地区。

根据《实施方案》，深圳市将大力开展试点示范工程。盐田、前海将试点建设低碳生态城区，推进节约型机关、学校、文化场馆、医院等低碳生态示范项目建设，积极倡导低碳生活方式。光明新区、坪山新区试点建设低碳生态试验区，蛇口旧工业区为改造示范区，大鹏半岛建设生态旅游区。2015年年底前各区建设1～2个低碳生态示范街道，3～5个低碳生态示范社区，以点带面，推动低碳生态示范市的建设。

（三）国家智慧城市试点

2013年1月29日，国家住房和城乡建设部公布首批90个国家智慧城市试点名单，坪山新区是深圳市唯一入选的试点城区。坪山新区作为全国首批国家智慧城市试点，到2015年年底将初步形成"智慧坪山"，实现"基于云架构的集约政府"和"基于开放数据的开放社会"。届时，基本建成完善的网络基础设施、基础数据库和公共服务平台。市民在教育、医疗、安全、绿色环保和日常生活中享受到一定的"智慧化"服务。企业在坪山新区的发展得到"智慧化"服务的支持，并带动了一批提供"智慧化"服务的战略性新兴产业在当地聚集。新区也将通过共享协同平台形成"智慧化"的综合办公、业务运营及决策支持，并对外提供一站式在线服务。

坪山在智慧城市建设上比其他区先行一步，2011年3月编制了"智慧坪山"五年建设规划工作，对未来5至10年坪山新区智慧化建设列出工作时间表，明确了具体项目和具体投资。在2011年至2012年期间，新区加快了信息基础设施建设，建成新区政务光纤骨干通讯网络，构建了以新区管委会、行政服务大厅、坪山办事处、坑梓办事处为汇聚节点的四点环路网络，形成新区基础网络平台。按照"统一规划、统一标准、统一平台、统一网络、统一管理"的原则，建立了坪山新区虚拟化支撑平台；为了促进新区电子政务的发展，推动OA系统和行政审批等一批业务系统上线，建设了坪山新区政府在线和坪山新闻网，完成了全区的网络安全系统部署，为坪山新区的云计算平台提供了信息安全保障。作为全国首批国家智慧城市试点，"智慧坪山"发展目标分为"三步走"，即三年打基础，五年大发展，十年成格局。

（四）全国社区治理和服务创新试验区和全国社会工作服务标准化建设示范地区

自成立以来，坪山新区强力推进新型社区服务平台建设，通过构建"发展战略—实施策略—执行机制—保障措施"的顶层制度设计体系，破解社区建设工作深层次矛盾，取得了五个"率先"的成果：一是率先在辖区内所有社区实现服务中心全覆盖；二是率先与市民政局签订市区《推进民政事业改革合作协议》，作为深圳市民政事业改革试验区，共同推进社区服务等领域创新实践；三是率先出台国内首个社会工作人才专项扶持政策；四是率先在全市设立社会组织专项扶持资金；五是率先搭建社区服务信息化平台。

2011年，坪山新区在23个社区分别配置了400～600平方米的社区服务中心，在深圳市率先实现社区服务中心的全覆盖，采取"政府购买，社会运作"的方式，通过招投标引入8家社会组织运营、170多名专业社工参与服务，初步建立起新型的社区服务平台，两年来累计服务居民63万人次。2011年，深圳市民政局选择坪山新区为试点，与新区签订了全市首个市区《推进民政事业改革合作协议》，支持新区在社区服务等领域探索创新，2013年年初坪山新区又被列为深圳市基层管理体制改革的先行试点单位。当前，社区服务中心已经成为综合性、一站式、非行政化的便民服务平台，承担多项功能，整合政务服务，把原由办事处和社区工作站承担的社会保障、劳动就业等服务事项整合进来。其次也是公益服务平台，将社区原有的志愿者U站、图书馆等公共服务资源整合到社区服务中心。此外，社区服务中心还是商业便民利民服务点，提供和转介便民服务。

2013年12月10日，在国家民政部组织召开的第二批"全国社区治理和服务创新试验区"评审会上，坪山新区以建设新型社区服务平台为主题，获得评审委员会评审通过，成为全国社区治理和服务创新试验区。2013年12月，经各地推荐、量化评分、实地抽查、部内审核等程序，坪山新区成功入选民政部批准的首批全国社会工作服务标准化建设示范地区。

第三节　总体发展定位——"两区一极"与"东部新城"

在2009年6月30日坪山新区成立大会上，时任广东省委常委、深圳市委副书记、代市长王荣同志明确指出，坪山新区要成为"科学发展示范区、综合配套改革先行区，深圳未来新的经济增长极"，即新区"两区一极"的发展战略定位，要求把新区建设成为"特区的特区，城市的亮点，产业的高地"。

一、深化"深莞惠合作"的战略节点

坪山新区东靠惠州大亚湾石化城，南连优美原生态的大鹏三

镇，西邻世界最大的单体港盐田港，北面是商贸发达、配套齐全的龙岗中心城，是深化"深莞惠合作"的战略节点。

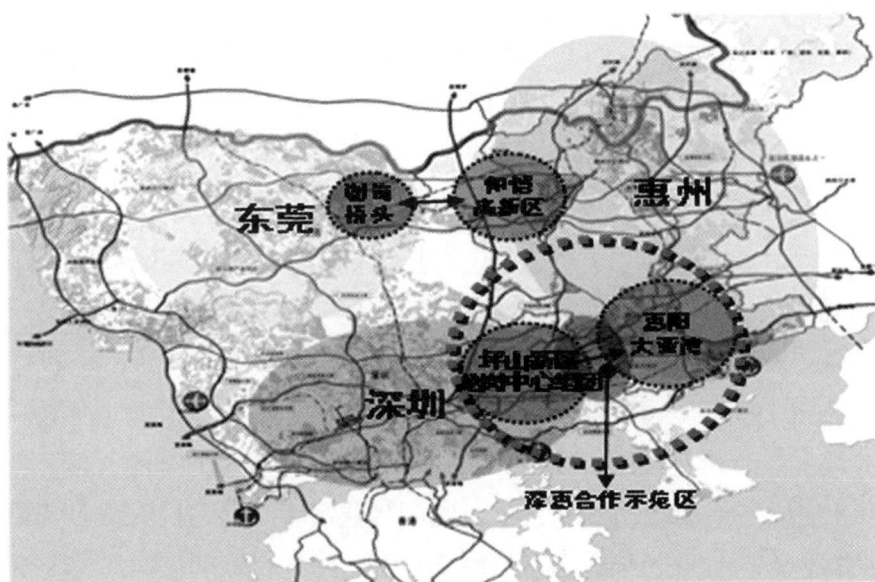

图2-4　深莞惠经济圈示意图

二、"深港半小时生活圈"

坪山新区距盐田港、大亚湾港等交通枢纽约30至40公里，并有深汕公路、深汕高速公路、横坪公路等交通干道穿境而过。规划建设中的杭福深城际铁路设站坪山（深圳东站），深圳地铁12号线、14号线、深圳东部过境通道、南坪快速干线相继连接坪山。随着轨道交通和高速路网的大规模建设，坪山新区将与市区乃至香港形成便利快捷的"半小时生活圈"。

三、深圳城市副中心，东部高新技术产业服务中心

根据深圳市总体规划"市级中心—副中心—组团中心"三级架

构的构想，坪山新区将是未来深圳市5个城市副中心之一，主要功能是东部高新技术产业服务中心，是促进区域产业协调发展的重要基地。

新区的成立，是深圳市委市政府贯彻落实珠江三角洲改革发展规划纲要的重大举措，是深圳市加大管理区体制改革、提升特区内外一体化发展水平的重大举措，同时更是深圳东部地区整合资源、实现跨越发展的重大历史机遇。在坪山新区"新动力之城·未来之城"发展战略国际咨询峰会上，时任深圳市委常委、常务副市长许勤同志指出，实施低碳战略，加快发展新能源、生物医药、环保、节能等新兴产业已经成为各国的共识。深圳建市30多年来，经济社会和城市发展取得了巨大的成就，同时也面临着人口、土地、资源和环境等一系列制约，成立坪山新区正是深圳着眼于提高土地集约化利用水平，推进高端、绿色、低碳产业发展，努力打造新的区域增长极和产业增长极的重大战略举措之一，对于深圳加快建设国家创新城市和低碳经济示范市，进一步提升城市的综合实力和国际竞争力具有重要意义。

坪山新区下一步将以努力打造"未来之城、高端产业之城、低碳生态之城、幸福和谐之城"为目标，着力发展先进生产力，建设"中国南方的苏州工业园区"，探索建立科学发展的新模式，统筹考虑工业化、城市化和低碳化协调发展，实现城市风貌的提升和经济社会双转型。

第四节　问题和挑战——新区的"半城市化"现象

一、城市功能发展不足，规划建设底子薄弱

新区地处深圳市东北部边缘，距离市中心空间距离较远，地缘

优势缺乏。原本城区的市容环境提升、基础设施、配套设施、城市更新的建设就落后于深圳城市化的速度。在深圳特区一体化的背景下，新区市容环境提升、基础设施建设、城市更新的速度又大幅落后于宝安、龙岗等原特区外区域，像很多建筑设施呈现杂乱无序的状态，道路交通设施呈现不宽而脏乱的现状布局，部分社区建设破败而陈旧。大开发大建设虽然已全面启动，但受政策、体制、历史遗留问题等多方面约束，部分重大项目推进仍较缓慢。特别是历史遗留违法建筑面广量大，情况错综复杂，查违和土地整备形势比较严峻。与新加坡、苏州工业园和原特区内成熟区相比，新区目前还比较落后，半城市化的"墟镇"形象尚未得到根本性改观，中心区的城市风貌与功能仍未形成和发挥，城市精品建筑仍屈指可数，交通路网呈"鱼刺状"布局（路网密度为1.69公里/平方公里，仅为深标低限的23.8%）。

二、产业链条仍不完善，现代产业体系尚未形成

目前新区高端企业数量仍然偏少，总部型经济业态尚未形成，龙头企业带动引领能力尚不突出，产业链条缺乏有效衔接，高水平研发平台相对欠缺，自主创新能力不强，淘汰落后产能任务依然艰巨。虽然坪山新区拥有国家生物产业基地、国家新能源汽车产业基地和广东深圳出口加工区三块国字号"金字招牌"，但先前发展的产业相当多地集中于较低层次的来料加工和家具、塑胶、简单机械制造等，大部分是"两头在外"的"三来一补"、OEM等加工型制造业，这些产业处于工业品产业链中价值最低的环节，缺乏前端设计研发及后续服务，抵抗市场风险能力弱，降低了产业发展的持续竞争力。由于没有自主研发和创新，整个行业始终处于低端的代工层次。同时，新区产业发展呈现少数企业独大的发展格局，配套发展的中小企业创新活力还未被激发，尚未形成大中小企业有机联系

的产业发展集群，降低了新区经济进一步发展的后劲。新区虽有部分企业有较高知名度，如比亚迪、高先电子、海普瑞、赛洛菲巴斯德、震雄集团等，但由于企业集团化运作，坪山往往只是企业集团的一个生产代工点，企业所产生利润及税收流向了企业集团总部注册地。坪山新区企业除比亚迪外，其他企业提供的就业机会少，就业人群中，由于产业处于低端层次，就业人口综合素质相应处于低端，未形成强有力消费群体，能转化为市民的就业岗位太少。相应的，产业就业人口和城市化居住人口错位，不能实现产业和城市的双轮驱动发展。

三、生态环境问题凸显，群众反映日益强烈

随着城镇化进程的加快，中心城市的人口承载量达到饱和，加速了大型城市的资源压力，在此阶段，土地资源、水资源紧张，城市工业高度密集，工厂林立，造成了空气污染和水污染，影响了城市居民的生活质量。资源缺乏、生态恶化、污染严重已经成为制约我国城镇化健康发展的主要问题之一，这在坪山新区也有比较明显的体现。20世纪80年代以来，由于在早期发展过程中，聚集了大量"三来一补"企业，其中以小五金、电镀、塑胶、家具生产等企业为主，生产过程中排放了大量废水和废弃物，对周边生态环境造成了比较大的破坏和影响。目前坪山新区的水污染主要来自城市生活废水和工业生产废水，特别是一些工厂排放的污水中重金属的含量往往超标，这些污水未经处理就直接排入坪山河，不仅使得城市河流受到不同程度的污染，而且随时会危害人的健康。与此同时，群众的环保意识日益增强，对环境质量有了更多期盼和关注。由于新区成立时间短，环境基础设施历史欠账多，近年来针对新区生态环境的来信来访问题仍然存在，如2010年1～12月份，新区受理环境信访案件共744宗，其中，涉及大气污染的有421宗，占56.59%；

涉及水污染的有60宗，占8.06%；涉及噪声污染的有239宗，占32.12%；涉及固废及其他的有24宗，占3.23%。

四、人口结构失调，社会融合亟待增强

在新区60多万人口中，户籍人口只有3万多人，非户籍人口比例高达95%左右，而且他们大多数还处在流动状况之中。城市中的绝大多数人处在不稳定状态，缺乏根的意识、家园意识，既影响了城市住宅消费、教育消费、文化消费和医疗消费，加大了城市管理难度，也影响了城市的社会稳定。坪山的建设者来自全国各地，带来了不同地域的文化、思维方式、价值观、风俗习惯、人文形态、行为准则，这些与坪山本地的客家文化交织在一起，形成了坪山独特的文化。移民文化与生俱来就存在着两重性，既有多姿多彩、勃勃生机的一面，又隐含缺乏有效融合导致的负面影响。一个城市，如果没有统一的城市文化和城市精神，就会缺乏凝聚力和精神动力。尽管坪山在整合移民文化方面做了一些工作，但还有相当多的人没有归宿感，认为这里不是他们的精神家园，不管是户籍人口还是非户籍人口，许多人的这种心态衍生出一系列问题，如社会心理浮躁、社会关系松弛，降低了社会稳定系数，弱化了社会控制力和组织力。

第五节　何谓"半城市化"

"半城市化"源自地理学的概念，也即"城乡结合部"，强调的是农村地区向城市化地区转变过程中的一种过渡性地域类型。国际上类似于国内的"城乡结合部"的概念比较多，学者们纷纷从不同的角度，按照各自的理解归纳了对这一地带的认

识，从而衍生出一系列不同术语。这些术语包括"城乡边缘区（urban-rural fringe）""城市边缘区（urban fringe）""城乡结合部（the outskirt of cities）""城乡交错带（landscape interface between town and country）""城郊地区（suburban area）""郊区边缘带（suburban fringe zone）""偏远相邻区（outlying adjacent zone）""灰色区域（grey area）"以及"UMLAND"和"Desakota"等。国际上，学术界普遍认为1936年德国地理学家赫伯特·路易斯（H.Louis）是最早使用"城市边缘带（Stadtrand zone）"的概念，后来被相关学科的学者广泛加以运用并不断引申与发展。不过也有些学者如普利尔（R.J.Pryor，1968）认为是史密斯（T. L. Smith，1937）最先使用城市边缘区这一概念，并将其界定为"毗邻整个城市界限外的建设区域"。后来人们逐渐倾向于1942年安德鲁斯（R.B.Andrews）和威尔文（George S. Wehrwein）所提出的概念，即乡村—城市边缘带（rural-urban fringe），认为乡村—城市边缘带才是整个城市过渡地带的全部。其中威尔文这样定义城乡边缘区："工业用地和农业用地的转换过渡地区，是一个很难快速准确定义的概念。"安德鲁斯则是将城市边缘区同城乡边缘区相区别，他认为"城乡边缘区在面积上要更大些，是从经济中心向外毗连城市边缘区的农业用地和城市土地利用方式相混杂的地带。"

进入20世纪60年代，其权威性定义则是由普利尔（R.G.Pryor）于1968年给出，并指出乡村—城市边缘带即是"一种土地利用、社会和人口特征等方面发生变化的过渡地带。它位于连片城建成区与外围几乎没有城市居民住宅及非农土地利用的纯农业腹地之间的土地利用转换地区，兼具有城市和乡村特征，人口密度低于中心城区，但高于周围的农村地区"。这一时期，关于城乡边缘区概念探讨较为有名的学者还包括英国的地理学家科普（M.R.G.Conzen），他认为城市边缘带是城市地域扩展的前沿。

进入20世纪70年代，以H. 卡特和S. 威特雷为代表的学者开始注意到对城市边缘带的研究已经不能适应这一地区的功能变化，提出应从多方面研究边缘带的演变，并提出了城市边缘区应作为一个独特的地带，既不同于城市，也不同于乡村，主要是由城市和乡村的土地利用景观混合而成；并且边缘区的人口、社会特征具有城乡过渡的性质。这一认识和普利尔的定义构成了西方学术界对城乡边缘区的主流看法。

从以上关于城乡边缘区概念的形成和发展可以看出，美国、英国等发达国家的学者对城乡边缘区或城乡结合部的认识也是一个不断深化和发展的过程，且都认为城乡边缘区是工业化和城市化发展形成的结果，在土地利用上具有农业用途、工业用途和城市用途等混合的特征，也同时反映了这一研究对象的复杂性和随时间的动态变化发展特性。

一、各国半城市化的"症结"

虽然国内外学者们对半城市化概念有了初步统一的认识，但是各国的发展机制还是很不同的。在发达国家，如美国，是以综合型企业和研发实体等在城市边缘地区的成长为基本驱动力，推动了所在地区的半城市化过程。在发展中国家如非洲等地区，由于工业化和外商直接投资都很有限，半城市化过程往往是受依赖私人企业、生存于城市外围地区的流动人口所驱动。可以说，世界城市化的进程表现出了明显的地域差异性，而且在城市化过程中也产生了各自不同的半城市化问题和影响。

（一）英国的"难处"

英国城市化在早期走的是一条自由放任的道路，导致了一系列城市病的产生。在工业化过程中，大量的农村人口涌入城市，但是城市中却难以提供足够的就业机会，城市失业问题非常突出，城市贫困盛行。据统计，1887年，伦敦东区中心地区有44%的居民处在贫困线下，北伦敦中心区43%和南伦敦中心区47%的居民处在贫困线下。城市中住房短缺，基础设施和其他公共服务严重缺乏，产生了大量的贫民窟，到19世纪末，仅仅在伦敦就有20多个上万人的贫民窟。城市中空气及水源污染严重，公共卫生设施严重缺乏，导致了疾病滋生和横行，在整个19世纪，英国农业工人的寿命一直高于城市产业工人的寿命，城市犯罪率激增，教育设施严重不足，童工现象极为普遍，其智力的、精神的、道德的全面发展被严重忽视。此外，由于城市建设规划严重滞后，城市发展盲目无序。

随着现代交通的逐渐发展和人们生活水平的提高，为了摆脱城市化的消极影响，越来越多的人选择在城市郊区生活，导致了城市郊区化。在1801年～1851年间，伦敦商业中心区人口非常稳定，一直保持在13万居民左右，但是到了19世纪后半期，由于交通和商业向城市外围地区扩展，伦敦商业中心已急剧衰落。1881年人口不到5.1万人、1901年仅2.7万人。英格兰和威尔兰北部8个大城市人口1901年～1911年减少了9万，北部22个纺织城市1891年～1901年减少4.1万，北部14个工业城市1871年～1901年减少14.6万人，南部11个工业城市1841年～1891年减少了4.8万人。在大城市中心区人口减少的同时，市郊区的人口不断增多，使一些城市的形态从集中型的大城市走向低密度型的郊区化城市。1861年时伦敦外围市郊人口为41.4万人，1891年为140.5万人，1901年达204.5万人。

（二）法国的"衰退"

法国的城市化起步较英国要晚半个多世纪，并且城市化速度也较英国要缓慢。1850年，当英国基本实现城市化（城市化率超过50%）的时候，法国的城市化水平只有25%，仍属半城市化。直到1930年，法国的城市人口占比才超过50%。城市的扩张以一种平缓匀速的状态进行。到"二战"结束，法国的城市结构与欧洲大陆其他国家的城市结构呈现出明显不同的特征。例如，在巴黎第16区，流动性较低的工人阶级已在该地区建立了小型的社会单元，有与众不同的街道生活和密切的亲戚和社会关系网络。许多地区仍保持着早些时候的分楼层（floor-by-floor）社会差异。在有些棚户区内，有未规划的独立式住宅，或有大量的穷人所搭建的简易房，这些地区明显与高度个人主义的郊区不同。直到20世纪50年代，法国地区之间的城市化还是非常不平衡的。巴黎地区的土地面积仅占国土面积的2%，却集中了20%的全国人口，商品交易占到全国的50%，电子制造业、飞机制造业、汽车制造业和制药业分别占全国的50%、56%、64%和76%。在法国的其他地方，只有马赛、里昂和里尔—鲁贝—图尔昆联合体三个中心城市的人口超过50万。

由于经济活动和住房呈离心式发展，20世纪70年代以来，法国城市中心人口出现了负增长，不过城市中心在城市发展中仍起主要作用，它们仍然是文化中心并有高等级的服务设施。城市环带的人口增长则非常迅速，在20世纪90年代，城市环带的人口增长率是城市郊区的2倍多。值得注意的是传统城市郊区的螺旋式衰退趋势。近郊区在20世纪五六十年代接受了产业和人口的扩张，但是发展前景不容乐观。由于现代化基础设施的短缺、环境的恶化，人口和产业逐渐向有吸引力的地区转移，而人口和产业的丧失又使这些区域面临经济衰退、经济投入不足、环境进一步恶化等问题，形成了恶性循环，导致城市郊区成为城市中心和城市边缘引力极之间的低洼地带。政府试图通过扩大投资、改造居住环境等措施来阻止城市郊区的衰退趋势，但是收效甚微。

（三）发展中国家的"瓶颈"

发展中国家自"二战"结束以后出现了快速的城市化，但是整个过程与典型的城市化曲线并不相符，主要在于城市化太快，工业化之后，总人口快速增长，但是人口转型不适应。尽管工业化对发展中国家有很强劲的影响，但是制造业在这些国家所占的比重并不高。1960年，发展中国家工业占GDP的比重大约在15.6%，到20世纪80年代，也仅仅增长到17.5%，最近接近36%。因此，统计往往显示，发展中国家的城市化水平高于工业化水平。这种差距经常用"城市膨胀"或"假城市化"来表述。

南亚国家的城市化水平普遍低于多数非洲国家，但却面临着城市规模巨大的挑战。例如印度的加尔各答、德里和孟买，巴基斯坦的卡拉奇和孟加拉国的达卡都属于世界上规模最大的城市之列。但与此同时，南亚国家仍然具有农村的特点，多数城镇只具有市场功能或者是铁路、公路的枢纽，而很少具有行政职能。南亚城市化多数不是由于经济因素驱动，而是由于高出生率及农村贫困人口迁往城市，超前城市化是这一地区的基本特征。

撒哈拉非洲的城市化独立于经济全球化过程之外。直到现在，多数的非洲国家由单一城市占主导地位，而没有构成城市网络。虽然这些城市按照国际标准很小，但是占有国家财富的比重却很高。很多撒哈拉非洲城市自从20世纪70年代以来由于过快的人口增长、缺乏外资、政府的无效管理而变得破败不堪。基础设施投入很少，使自来水管道、电力、排水管道、道路等设施不断老化，促使人们搬迁到地价更便宜的城市边缘地带。在利比亚，人们为了逃离农村和小城镇的政治斗争，导致大城市人口的增长率每年超过7%，从而导致10年间人口翻了一倍。经济增长缓慢，政治不稳定，而城市人口在不断增长，从而导致大城市问题更加恶化。

拉丁美洲的城市化程度很高，3/4的人口生活在城镇中，但城镇景观却跟城市化水平很低的东南亚国家相似。经济的激烈竞争促使拉丁美洲制造业远离大城市，到更远的地区追求廉价的土地和劳动力。在巴西的圣保罗，工业企业远离中心城市200公里。城市人口在地理区域上更为分散，从而占用了更多的农田。阿根廷的城市化是剥夺农民的土地，把农民赶到了城市。农民失去了土地，到城市却又无法就业，导致城市中出现了大量的贫民窟现象。

第六节 "半城市化"与"灰色人口"

"城市，让生活更美好"，这是2010年中国上海世博会的口号，也成为全体城市人的骄傲和"城市梦"的理由。世博会的这句话实际上是来自亚里士多德——古希腊最博学的学者。他说，人们来到城市是为了生活，人们居住在城市是为了生活得更好。我们现在的城市人越来越多，但不管是新城市人还是老城市人，都是移民的后代。城市的特点恰恰是移民，没有移民就没有城市的今天，城市的历史就是一部移民的历史。但是"城市"是否自然而然就等于"生活更美好"呢？某种意义上也是对的，人类美好的城市梦可以说古已有之，就像亚里士多德所说，人们留在城市就是为了生活得更好。城市某种意义上也的确是现代文明的一个代名词。城市尽管有这样那样的问题，但是工业文明是高于农业文明的、城市文明也总是高于乡村文明的一个发展阶段。城市可以让人们的生活更美好，特别是在城乡二元结构的背景下，还有户口的管制，成为一个城里人，几乎是所有乡村乡民的共同愿望。曾几何时，"农转非"是多么的令人羡慕。今天，中国的城市化浩浩荡荡，横扫华夏，亿万的劳动力正在向城市转移。到城市寻觅生计之间，城市的确成了美好生活的象征，成为亿万农民奔小康的首选之地。可是进了城的农民们会发现打工者的城市梦并不是十分美妙的，要经过多少的拼搏，这里的辛酸苦辣也许农村更多。同时，现代社会调查表明，很多人也并不觉得城市就等于生活得更美好。

据中国设市规划课题组预测，到2020年，我国城市化水平可能达到54%～60%。这意味着在未来7年内，我国将有大量农村人口转入城市地区。如此庞大的人口如何转入城市地区是我们必须要思考的一个问题。而"半城市化地区"的准入门槛低、新增就业机会多，因而就农村人口的可介入性而言，"半城市化地区"更加容易去接纳大部分新增的转入城镇人口，所以这类地区呈现出"村村像城镇，镇镇像农村""似城非城"的独特空间景观形态。从社会经济角度来看，"半城市化"表现为：地区产业结构和就业构成的工业化和城市化水平已相当高，却存在工业化经济发展与城市功能缺位的矛盾，经济城市化发展与社会城市化不足的矛盾。也就是从城市人口（包括没有城市户籍的农民工）和城市建设用地规模来看城市化程度较高，但城市功能和社会公共服务远远不能满足经济和产业人口快速增长的需求，从质量上来衡量城市化水平并不高，如城市功能不完整、不健全，城市公共服务供给不充足，城市基础设施不到位。

半城市化地区与城市化地区以及乡村地区的区别，显著地体现在社会、经济、景观、管理体制等多个方面。

一、经济层面

包括经济（GDP）结构、投资结构、就业结构、土地利用结构等方面的指标。

半城市化地区的经济结构和就业结构已经转变为以非农产业为主，与城市地区比较类似；非农建设用地所占的比重远大于其他农村地区，但农业用地仍占有较大的份额。经济对于一个地区来说，是非常重要的。

二、社会层面

半城市化地区的用地景观呈现出未经规划和规范的随意性，工业用地、居住用地与农业用地混杂交错，并且各种景观的转变速度很快，显现出较显著的不稳定性和动态性。我国的城市市政功能配套能力与高速工业化和城市化进程就存在一定程度的脱节，最典型的例子就是深圳、广州等地城中村基础设施与城市市政配套脱节，市政水电管网、道路修到村口就打住，基础设施建设缺乏整体规划，通常是配套不足；城中村建设达不到城市建设的标准，建筑密度通常远高出规范小区的30%～40%，村内道路狭窄，一旦发生火灾连消防车都进不了，安全隐患大；消防、环保、治安等社会管理都由城中村自己解决，通常由于人、财、物投入不足，使"脏、乱、差"成为城中村的顽疾。这些先天的不足为城中村的发展留下了沉疴。因此，深圳等地的"村改居"社区虽然在行政建制上已经成为城市区域，但在城市规划、城市建设方面离城市化的要求还相距甚远。若放任自流，大量处于城市核心区域的城中村将逐渐成为都市海洋中的"孤岛"，最终变成城市管理的"盲区"。

三、生态层面

半城市化也是一个人口聚集、产业结构变化、城市用地扩展、消费模式改变的过程，它会对环境产生很大的影响。人口增加，导致城市资源匮乏、交通拥挤等问题。工业化和消费模式的改变使大气污染、水污染、固体及噪声污染等问题加剧。城市用地大规模扩展，更使水土流失、农业生态系统萎缩、土地资源紧缺等问题日益突出，同时还会引起城市及其周边地区大气和水环境的改变。因此，在空气污染防治、水环境治理、绿化覆盖率、环境监控能力这四项硬性指标是对半城市化地区的生态环境状况的一种监测，其数值高低将说明半城市化地区的生态状况优劣与否，同时也会影响到本地区的可持续发展。

四、体制层面

半城市化地区管理体制由于是在固有的户籍制度、土地制度、行政制度之下发育而成的，迅速发展经济附着于不相适应的农村型管理体制之上，同时，按户籍人口规模决定的行政管理体系和社会公共服务体系，因事权、财权与社会经济发展水平不匹配，而无法满足吸纳了大量外来人口的城市实际需求，这在本外地人口倒挂的地方尤显突出。以东莞为例，截至2012年年底，其所属的长安镇总人口67万人，其中外来人口占90%以上，全年GDP为282.5亿元，人均GDP达6686美元，显示其经济实力和人口规模已达到甚至超过内地的中小城市，但仍采用农村型小城镇管理体制，所配置的教育、治安、医疗、环保等各种社会性基础设施均极为短缺。各镇区通常不得不各自为政进行配套，这样不仅导致重复建设，又通常达不到公共服务供给的经济规模。

五、人口层面

半城市化地区人口构成中外来人口占有较大的比例，这就不可避免要谈到这些外来人口的身份和待遇问题。目前，中国85%左右的流动人口是农村进城务工劳动人员。这些农民工虽然长期在城市从事产业劳动，但身份仍是农业户口，为城市发展做出贡献却不能参与成果分享，在居住、医疗、社会保障、子女受教育等方面享受不到与城市居民的同等待遇，在城市没有选举权和被选举权等政治权利，不能真正融入城市社会。因此，他们又被称为"灰色人口"，有如下几个特点：

1. "灰色人口"的收入水平低

城市的生活成本较高，从农村永久转移到城市需要大量的资金（购房或租房所需资金等），低收入水平降低了"灰色人口"留在城市的可能性。他们的低收入水平主要来自于两个方面，劳动力市场分割和人力资本差异。在城市劳动力市场，存在以户籍为标志的入职门槛，即在同等人力资本情况下，城市人口有可能获得高收入的工作岗位。户籍制度发挥着分割劳动力市场的作用，在城市劳动力市场上，针对外来劳动力的歧视性政策依然发挥着作用，从而导致了外来人口在就业机会、岗位获得和工资决定中受到歧视。"灰色人口"进入公有制单位的概率大大低于城市居民，他们往往只能进入非正式就业部门，而非正式就业的特点是非正式的雇佣关系（包括自雇、无合同、无规范有效合同、临时雇用、低工资等）、未进入政府征税和监管体系、就业性质和效果处于低层次和边缘地位的劳动就业。由于劳动力市场分割和人力资本的匮乏，农民工只能进入传统的低技能劳动力市场，在传统的低技能劳动力市场上，收入更多地是由传统技能、资历、年龄、性别等因素决定，而文化水平高低对报酬的影响并不很明显。

2．"灰色人口"的社会认同感低

农民转化为市民，从务农转为务工经商，将会在两个方面发生根本性的变化：一方面是生活方式、社会关系网络从以血缘和地缘关系为纽带的社会网络转变为以工作关系为纽带的社会网络。另一方面是以社会资源为特征的社会地位得以提高。然而由于户籍制度的存在，我国居民被划分为城市户口和农村户口两种类型，随之，中国社会被划分成城市社会和农村社会两种不同的社会。这两种社会体系之间缺乏充分的交流和融合，因而，即使"灰色人口"在城市里得到了一份收入较高的工作，也很难真正融入到城市社会中去。大多数新生代农民工不愿意再返回农村务农，但也很难对工作地产生归属感。正因为这样，流入城市的农村流动人口基本上与流入地没有什么联系，也很少参加流入地社区的各种活动。农村人口虽然进入城市并参与城市的劳动分工，但他们很难进入当地以亲缘、地缘和地方方言为基础的社会网络，无法与流入地社会、制度和文化体系建立有效的联系网络并融入当地社会。由于农民工无法融入当地社会，因此农民工在流动过程中所依赖的社会关系，仍然是以原居住地传统的血缘关系和地缘关系为基础的社会网络系统，当然这种社会网络可以降低农民工进入某一城市时因对城市陌生所带来的心理成本。农民工进入劳动力市场时，面临着户籍和地域的双重歧视。社会网络对农民工的作用主要在于帮助农民工更快地在城市找到工作，但在提高劳动力工资收入方面作用有限。

农民工难以融入城市的一个明显的现象就是居住分割，即农民工倾向于选择共同或相近的区域居住。在本质上，按户籍身份而形成的居住区分割将在空间和社会双重意义上固化人群之间的差异，不利于农民工进一步积累人力资本和社会资本，从而加剧社会分割和贫富分化，并极易在与身份有关的政策上引发社会不满时起到"放大器"的作用，引发群体性事件。如果忽视促进城市内部社会融合的政策，那么一旦居住区分割转化为社会阶层的固化，将对城市和谐发展产生负面影响。

3. "灰色人口"的流动性高

"灰色人口"的流动非常频繁，在半城市化的经济发展模式里，农民工是"候鸟"式的流动，但这种"候鸟"式的频繁流动并没有提高农民工的收入水平和社会地位。一般来讲，农民工流动并没有固定的目的地，农民工主要流向那些工资水平以及福利水平较高的地区。另外，由于农民工并未彻底融入城市，与农村还保留着千丝万缕的联系，每到农忙或春节期间，都会有大量的农民工在家乡和务工地之间往返。尽管农民工频繁转换工种，但农民工的工种转换常常被限制在非正规就业部门内部，因此无法从这种频繁的工种转换中提高收入水平和社会地位。大部分农民工的职业状况没有发生多大的改变，占据优势职业位置的人一直占据优势位置，而弱势职业位置上的人在一直从事简单的体力劳动，很难获得高收入的岗位。农民工的高流动性，造成了农民工和企业双方的短期行为。由于农民工的高流动性，企业不愿意对农民工进行技能培训，也不可能把农民工的权益保障放在重要地位，而是尽可能在短期内多压榨农民工的劳动。针对北京市农民工的一次调查显示，农民工生病以后，59.3%的人忍着不花钱看病，另外40.7%花钱看病的人平均支出是885.46元，而其所在企业为其看病的平均支出却仅有72.3元，不足实际看病费用的1/12。对农民工而言，由于得不到企业在生活上的资助，工作上也无法获得晋升的机会，于是对企业缺乏归属感，也就不会关心企业的长期发展，这些因素反过来又会导致农民工频繁地更换工作。

"灰色人口"的半城市化的影响通常会波及农村，给农村带来了一系列问题。由于农民工在就业、社会保障、子女教育等方面均不能享受与城市居民同样的权益，加上城市住房等生活费用非常高，农村外出打工者很难实现家庭的整体迁移。在未来相当长的一段时期内，大部分进城务工的农民还要把"根"留在农村。另一方面，在农村家乡，如果举家迁移导致土地抛荒，就有可能失去土地承包权，因此，对农村家庭而言，最好的选择是青壮年外出打工，老人、妇女和儿童留在家乡，这样既可以获得较为稳定的工资收入，又能避免承包地被撂荒或被村里收回。农村人口向城市的流动往往只有青壮年劳动力流动，而缺少劳动力家属的流动。这固然减轻了城市政府在提供公共物品方面的压力，但也给农村家庭带来了极高的成本。青壮年劳动力外出，村庄里只留下大量的留守儿童、留守妇女和老人，造成农村的空心化和老龄化，其中留守儿童是最受关注的问题。据估计，留守儿童在全体儿童中所占的比例为21.72%，规模达到7326万人。因此，人口半城市化所引发的留守儿童和农村老龄化问题也应得到重视。

"灰色人口"，其实涉及一个"公平"问题。城市发展与城市规划蕴涵着多种价值目标，公平是其中至关重要的一个。所谓"公平"，是一个关涉社会政治、经济、文化、道德、法律等多方面因素的综合性范畴，在不同视角下对公平有着有不同的解读。美国当代著名伦理学家罗尔斯的社会正义理论，不仅对我们考察和谐社会的公平问题很有借鉴意义，而且对确立城市规划的价值观也有深刻的启示作用。罗尔斯把正义当作是社会制度的首要价值，而正义的首要要求就是社会公平，他提出了两个著名的正义原则。第一个原则被称之为平等原则："每个人对与其他人所拥有的最广泛的基本自由体系相容的类似自由体系都应有一种平等的权利。"第二个正义原则被称之为差别原则："社会的和经济的不平等应这样安排，使它们：（1）适合于最少受惠者的最大利益；（2）依赖于在机会公平平等的条件下职务和地位向所有人开放。"总之，在罗尔斯看来，公平有两个层面的含义：一是公平总是与平等有内在的关联，公平要求人的价值平等，一个理想的社会资源分配方式应该是完全平等的；二是公平意味着一定条件下的差别与均衡，公平的社会制度应该通过各种制度性安排来改善弱势群体的处境，缩小他们与其他人群之间的差距。也就是说，如果一种社会政策或利益分配不得不产生某种不平等，那么，它只有在合乎最不利者的最大利益的情况下，才是公平的。

在城市建设与发展过程中，公平价值的实现主要依靠城市公共政策。公共政策本质上是政府对社会公共利益的权威性分配，它的重点主要应放在解决公平而不是效率问题上，因而必须要把实现社会公平作为其伦理价值诉求，正确处理好城市发展中公平与效率、强势群体利益与弱势群体利益的关系。城市规划政策如果偏离公平性的本质诉求，只注重市场机制或效率优先，放任市场决定土地利用及其空间发展，就会失去其存在的合法性依据。同样，规划政策的设计与安排如果缺乏对弱势群体的政策性关注与照顾，将不利于减少社会冲突，促进社会稳定与和谐。

半城市化这一系列问题的出现主要是因为工业化经济发展与城市功能缺位的矛盾，经济城市化发展与社会城市化不足的矛盾所引起的。如东莞、绍兴等都是较典型的半城市化地区，目前这类半城市化地区主要面临着以下三个最严峻的挑战：第一，在半城市化地区，已经出现一些环境问题，同时缺少相应的公共服务部门和金融资本。如果半城市化地区的经济发展受到阻碍，也会影响到相邻城市的发展。第二，半城市化地区矛盾不断加剧，城乡居民虽然不断融合，但是却产生很大的矛盾冲突，会给当地治安带来极大的困难。第三，在半城市化地区，没有对土地进行规划，一些土地的使用情况混乱，加上非农产业实行粗放方式，从而导致很多地区各种违章建设、违章经营的情况层出不穷。

第七节　困惑与矛盾

一、深圳的"困惑"——成功与挑战并存

在短短的30多年里，深圳从一个南海之滨的小渔村发展成为人口超千万的现代化大都市，创造了世界城市化、工业化和现代化的奇迹。深圳是中国口岸最多和唯一拥有海陆空口岸的城市，是中国与世界交往的主要门户之一，有着强劲的经济支撑与现代化的城市基础设施。深圳的城市综合竞争力连续多年位列内地城市第一。从产业结构演变阶段来看，可将深圳的发展划分为几个阶段：

第一阶段：1979年～1990年，这10年间主要以"三来一补"的形式承接香港的加工工业，成为深圳的主导支柱产业，第一产业所占比重急剧下降，从1980年到1990年间从28.9%降至4.1%；而第三产业在这一阶段有较高起点，如1979年第三产业占GDP比重为42.5%，但其中主要以商业、服务业等相对单一的行业为主，这是深圳的特殊地理位置、特殊定位所导致的第三产业畸高现象。

第二阶段：1990年～1995年，第一产业比重继续下降，"三来一补"渐渐被深加工所代替，第二产业内结构得以升级，同时，高新技术产业、第三产业中的金融业、旅游业开始出现。

第三阶段：1995年至现在，第一产业仅占微弱比重，第二、三

产业比重较均衡，主流经济从传统加工工业退出，高新技术产业、金融业、物流业、旅游业等迅速发展，成为支柱主导产业。

深圳经济建设过去所取得的成就是惊人的，但是，随着中国经济全方位开放格局的形成、特殊政策的普惠化和中国加入世贸组织，深圳所具有的区位优势和政策优势已明显弱化，深圳已不能再像以往那样依靠优惠政策、体制优势，只能转而依靠自身综合实力和区域总体优势。过去深圳和珠江三角洲凭借毗邻香港的特殊地理位置、特殊政策及改革开放的先机而在全国独领风骚的局面已经改变，各地呈现出百家争鸣的竞争态势。香港经济近几年的持续低迷，对珠三角经济的拉动和引领作用有所降低，使深圳毗邻香港的区位优势明显变弱。近年来，外资进入中国的导向已经发生变化，由原来的成本导向转为市场导向，抢占中国庞大的市场已成为其十分重要的中长期战略目标，北京奥运、上海世博的成功举办，为京沪两市的发展注入了强大动力，提高了长江三角洲与京津塘经济圈的竞争力，长江三角洲与环渤海地区的区位优势显著增强，外商投资布局重心逐步北移，这使得深圳与珠江三角洲的先行优势受到了来自长江三角洲与环渤海地区的有力挑战。目前，深圳城市建设规模和经济总量距离国际先进城市差距越来越小，但在文化内涵、国际化程度以及国内国际影响力等方面，与国际先进城市有较大差距。

随着深圳城市经济规模的不断壮大，其可开发的空间在日益缩小，土地、劳动力、租金、水电、薪金等各类生产成本不断攀升，面临着土地、资源、人口、环境等方面的"难以为继"，再加上近些年政府行政效能相对下降等原因，深圳的投资环境优势在一定程度上也出现弱化。政策优势、区位优势、投资环境优势、人口优势、新兴城市的土地资源优势，这些原有的支撑深圳经济高速增长的因素逐渐弱化，这无疑都将对深圳未来发展产生不利影响，挑战无疑是巨大的。向深化改革要红利，通过创新释放活力，持续推进转型升级，目前已经成了必由之路。

二、新区的"矛盾"—— 后发优势与现实差距

从坪山新区自身发展来看，经过四年多的谋划与建设，发展规划体系日趋完善，发展理念和思路更加科学清晰；基础设施和公共配套更加完善，"半城市化"状态逐渐改变，城市风貌不断提升；产业基础更加扎实，发展后劲持续增强，一批新引进的产业项目陆续进入投产期。2012年，宝安、龙岗两区建区20周年。宝安、龙岗中心区经过20多年的建设，尤其是近七八年的提速建设，已达到了很高水平，与原特区内几乎没有差别。坪山新区具有后发优势，加上深圳经济整体实力强劲，已跻身全球城市前30强，可以有力地助推原特区外后发展地区的经济社会加快发展。我们有理由相信，只要新区紧紧抓住全国全省全市发展的重要战略机遇期，努力学习借鉴先进城区的有益发展经验，遵循市场发展规律，充分利用好各种政策和资源，吸引和集聚优秀的人才，那么10年内一座初具规模的现代化新城崛起于深圳东部是可期的。

但同时应清醒地看到，新区的发展还面临不少困难和挑战，存在很大差距。当前新区的差距主要表现在四个方面：

（一）发展高端化的差距

在城市建设高端化方面，与新加坡、苏州工业园和原特区内成熟区相比，新区目前还比较落后，半城市化的"墟镇"形象尚未得到根本性改观，中心区的城市风貌与功能仍未形成和发挥，城市精品建筑仍屈指可数，交通路网呈"鱼刺状"布局（路网密度为1.69公里/平方公里，仅为深标低限的23.8%）。在产业发展高端化方面，目前新区高端企业（尤其是世界500强、上市企业）数量仍然偏少，总部型经济业态尚未形成，龙头企业带动引领能力尚不突出，产业链条缺乏有效衔接，高水平研发平台相对欠缺，自主创新

能力不强，淘汰落后产能任务依然艰巨。

（二）管理精细化的差距

新区的差距主要体现在三个方面：一是城市管理的精细化水平不高。市委市政府组建新区，不仅寄希望这个地方城市建设能够强力推进，打造新的城区形象，形成新的区域增长极，而且还要求新区在城市管理上能够创新模式，提高水平，实现精细化管理。应该说，与新区成立前相比，新区的城市管理水平有了极大的提升，清扫保洁外包服务价格由之前的3.43元/平方米·年提高到现在的5元/平方米·年。在绿化美化方面，新区也投入了巨资，每年种植乔木的数量超过两万棵，大大提升了新区的绿化覆盖率和景观美化程度。另外，在环境整治、治污保洁、渣土清运、边坡治理等方面，新区也加大了力度并取得了不错的成效。但与原特区内成熟区相比新区的差距还是很大。原特区内成熟区实施精细化管理和服务的做法也越来越具有国际化视野和水准。如罗湖区开展"市容随手拍"，鼓励市民通过手机把市容问题发送到数字化城管平台，扩大市民对公共事务的参与度；如南山区通过创建"宜居出租屋"，创新城中村和出租屋精细化管理模式。这些举措都充分体现了精细化管理和服务重细节、重基础、重参与、重质量的特征。二是项目管理的精细化管理水平不高。"精品、进度、成本"是衡量我们每一个项目的重要标尺。从目前来看，新区的高端项目管理经验还比较欠缺，"做精品"的意识和能力还相当不足，项目推进速度还不够快。只有强化精品意识，加强进度管理，严格成本控制，才能高标准、高效率、高效益地完成好每一个项目，才能打造出一个个经得起时间和历史检验的城市精品。三是人员管理的精细化水平不高。目前新区在人员管理上还比较粗放。岗位职责不够明确，业务流程不够顺畅，"并联化"运作水平不高，监督和绩效考核及时性科学性不到位等等，这些都会影响业务工作开展的进度和质量。新区的精细化管理之路仍然任重而道远。

（三）民生幸福水平的差距

民生幸福是我们一切工作的根本导向和最终目的。从城市化水平来看，新区的城市建设、教育、医疗、文体等公共服务方面与全市差距很大。从交通出行的便捷程度来看，新区的基础设施建设特别是交通道路建设还处于较低水平，目前全市道路建成率约80%，而新区只有30%。特别是新区目前缺少地铁、有轨电车等快捷的轨道交通，居民出行十分不便，对交通的整体满意度不高。从服务覆盖的广度和深度来看，原特区内成熟区已不仅下大力气继续解决好教育、医疗、住房、就业等基本民生，而且以一个人在这座城市生活是否幸福为标准，把民生拓展到许多新的领域，以更大的力度推出一系列惠民新项目。比如，福田区扶弱助贫助困项目覆盖的人数非常广，健康计划覆盖到辖区内所有人，2012年投入5000万元专门用于聘请外籍教师，全区学校已实现100%配备外籍教师，送一批老师到国外培训，提出2013年要建成7个主题文化馆、8个老人日间照料中心；南山区2013年要新建4家老人日间照料中心、建成"一站式婚检服务中心"、推进实施社区家庭医生服务计划、编制公益文化服务自选菜单、开通"258-25880让我帮帮你"热线提供公益家政服务等。

（四）法治化水平的差距

法治是现代国家和先进城市治理的基本方式，是衡量一个区域现代化国际化的根本指标之一。从主观层面来看，相比新加坡、香港等国际先进城市的管理者，我们的法治观念不强，法治意识比较薄弱，还不习惯用法律法规和规定规范来衡量检视部门和个人的工作，离法治型服务型政府还有很大的差距。从客观层面来看，目前新区的法治硬件条件相对不足，大部制条件下的法治体系还不健全。新区当前正处于快速转型发展的关键时期，各种矛盾凸显多发，一些居民在利益诉求表达与维护上容易偏离法治轨道，民事刑事等各类案件逐年增加，公检法等司法力量有待进一步加强。

另外，新时期社会管理创新要求加强法治保障，确保党委、政府、社会和公众形成合力，促进社会稳定有序发展。总的来看，新区在法治环节上还比较薄弱，法治形势不容乐观，亟待改变和加强。从更深远层面来看，法治化是市场经济深化发展的必然要求。与建立在熟人之间相互信任基础上的早期传统经济不同，现代社会是一个陌生人社会，现代市场经济是一个非人格化的市场经济，其正常运转必须建立在规则的基础上。全面深化市场经济体制改革，就是要大力推进法治建设，完善在规则基础上运行的现代市场经济制度。而反观新区，我们在经济社会发展中在营造"重诚信、守规则"的法治化国际化营商环境方面仍有相当大的差距。因此今后十分有必要把提升法治化水平作为工作重点来强力推进。

第八节　突围与选择

一、国外的突围——"他山之石"

"半城市化"是世界各国在工业化、城市化过程中的普遍现象，主要是在产业发展、用地形态转变等因素的驱动下，大量流向城市的农民和国际移民，受劳动技能、知识结构、文化差异的影响，工作条件和待遇较低，在生活方式和习惯上不能马上融入或适应城市社会。第一次"全球化"浪潮后，巴西、墨西哥等发展中国家"巨型"城市里的贫民窟便是典型。为此许多国家都先后出台政策解决"半城市化"引起的问题。

（一）英国

面对城市化过程中产生的一系列负面问题，英国政府开始承担起更多的责任，政府的干预和调节对城市化的良性发展起到了重要的作用。首先在社会福利方面，1824年，英国通过了《济贫法》修正案，为城市贫民提供了更多的保障。19世纪末到20世纪初，英国政府进行了前所未有的社会改革，通过一系列的社会立法逐步建立起了现代社会保障制度，形成了涉及养老、失业、医疗、儿童等方面的比较完善的福利体系，包括《工人贴偿法》（1897年）、《养老金法案》（1908年）、《失业保险法》（1911年）、《国民健康保险法》（1911年）、《教育法》（1906年、1907年）和《儿童法》（1908年）。这些法律的颁布和实施使英国逐步建立起现代的社会保障制度，为在战后走上"福利国家"的道路奠定了基础。在城市基础设施建设和公共服务方面，英国于1848年和1875年两次颁布《公共卫生法》、1866年通过了《环境卫生法》，规定政府有义务提供公共卫生设施和服务。1868年和1875年两次通过《工人住宅法》，逐步拆毁了贫民窟，兴建了商店、公园、车站和剧院等基础设施。其次在城市和农村发展规划方面，1909年英国颁布了世界上第一部《城市规划法》，城市规划从此成为政府的一项职能。1947年，英国颁布了《城乡规划法》，在同一时期颁布的专项法还包括1945年的《工业分布法》、1946年的《新城法》、1949年的《国家公署和乡村通道法》、1952年的《城镇发展法》。这些法律的颁布和实施，使得英国城市化逐渐进入了有序发展的阶段。英国花园城市建设的探索也为世界城市化的发展提供了启迪。1932年，尚处于大萧条时期的英国开始在整个国家规划布局100个新城镇。1935年，伦敦郡议会拨出200万英镑用于绿带系统内的征地，蒙塔格·巴洛爵士成立皇家专门调查工业人口委员会。1940年出版巴洛报告，建议控制伦敦人口增长，要对拥堵不堪的城市进行再开发，并从这些地区把工作和人口分散出去，鼓励"平衡的"区域增长，要完成最后两个花园城市或花园郊区、卫星镇、贸易区的建设，以及开发现有的小城镇和偏远的区域中心。1941年准备战后重建计划。1943年，艾伯克龙比完成大伦敦规划，该规划为同心圆形态，内环疏散人口和工业，在郊区环周围不进行开发，由绿带包围城市，以阻止城市的增长。在乡村环周围，规划开发现有的城镇和8个全新的城镇来容纳外溢的人口和工业，其中52.5万人居住在计划扩张的城镇里，35万人住在新城镇里。1946年～1949年间，大伦敦被指定建设8个新城。经过一系列的政策调整，英国的城市化在战后进入相对稳定、健康的发展阶段。城市病基本得到了消除，城市人口总体上稳定增长。到20世纪末，英国的城镇人口占总人口的比例在90%左右，是世界上城市化率最高的国家之一。

（二）法国

法国面对城市人口增加所造成的住房短缺，政府实行了房租控制政策。经济大萧条和第二次世界大战因素造成城市建设有几十年几乎完全停滞。由于战后人口迁移和不断上升的出生率而造成大面积的住房危机，战后政府开始以大规模生产方式建造大量的标准化公寓，用以应对住房短缺问题，但是对这些公寓的选址、设施配套和住房质量改进等则缺乏必要关注。到1964年，全法国已经建设了200个至少拥有1000户的居住区。从1954年起，法国开始"领土整治"，限制大城市发展，鼓励发展中小城市，平衡地区之间的发展，主要措施包括：（1）调整工业布局。鼓励巴黎和北部工业区企业迁入落后地区或就地办厂，国家提供补偿和优惠，同时禁止巴黎等大城市建立占地500平方米以上的工厂；（2）大力发展落后地区原有企业，兴建基础设施，加强对外交流，发展教育和农业技术培训，推动当地的农业现代化；（3）调整城市布局。在巴黎等大城市周围建设新型城市，引导人口外迁，人口增长被引导到所选定的"优先发展轴"沿线上，以适应区域的自然、经济及人文地理上的要求。1954年～1962年巴黎等大城市有300万人迁到其他地区，1968年～1975年又有450万人迁移。1968年～1975年巴黎人口减少11%，里昂人口减少14%，其他一些大城市人口也有所减少。在这些政策的作用下，法国城市发展格局不平衡的问题有了明显的缓解。从20世纪60年代开始，法国的城市空间快速增长。从1968年到

1999年，城市空间增长了5倍，城市通勤距离增长了4倍，而人口只增长了50%，这使得了城市区域人口密度的降低。城市区的人口密度从1968年的705人／平方公里下降到1999年的256人／平方公里，都市连绵区的人口密度从506人／平方公里下降到1999年的442人／平方公里。交通和通信领域的技术革新、城市基础设施的完善和扩张、公共住房政策的实施都是推动法国城市空间快速增长的重要动力。

（三）美国

20世纪初，美国有60%的人生活在乡村。1929年大萧条之后，美国实施罗斯福新政，大都市人口迅速集中。联邦住房管理署建立后，可以通过有条件的抵押贷款来刺激房屋建设和房屋产权所有。根据1937年的住房法案，成立了美国房屋管理局，并实施了消除贫民区方案，创造就业机会，促进经济发展，消除破旧住房，并向穷人提供公共住房。同时，劳动促进管理署投资雇用规划师对城市进行深入的研究。到1970年，有69%的人口集中在大都市地区。到20世纪70年代，美国有90%的人生活在"日常城市体系"之中，随着此类城市体系的发展，它们对国家的空间格局产生了深刻影响。起初，这种格局围绕着一定的中心，并且在形状上呈圆锥形的结构。随着圆锥"高度"的下降，人口密度、经济收入和教育水平也将下降，而贫困人口数量将趋于增加。然而，那些起初具有向心性并呈圆锥形的空间结构也经历了一些变化，并表现出特定的形式；随着距离的增加，各种密度以一定的指数下降。在1910年～1970年间，所有的密度梯度都经历了逐步下降的过程，这意味着城市中心的密度下降，大都市区向外快速扩展，而整个城市地区的密度则趋于均衡。城市与乡村之间的差异在缩小，几乎消失。人群、物质、信息的流动是如此之快，持续的时间如此之长，以至于创造了一个全新的环境。由于交通和通讯工具的发展，美国逐渐由不同区域组合而成的政治实体转变成一个真正的"国家社会"，推动美国经济进入后工业时期，多节点、多联系的社会系统开始运转，进而影响到美国的城市形态。

（四）日本

日本自1868年明治维新以来，先后经历了工业现代化和大规模的快速城市化的发展阶段，逐步从一个农业国发展成为今天的后工业化国家。战后，为了快速恢复经济，日本政府"倾斜生产方式"，采取了优先发展重工业的模式，大力推进太平洋沿岸工业地带的建设，制造了很多就业机会。由于工业部门主要集中在城市，农村人口大量流入城市，带来战后日本城市化的恢复性增长。1950年朝鲜战争爆发，在"军需经济"的影响下，日本经济快速增长，日本的城市化进程进一步加速。从1947年开始，日本的城镇人口比例从30%的平台一路升高，日本的城市化得到了迅速的推进，但这中间也伴随着城乡与地区之间收入差距的急剧扩大。为了应对快速城市化和工业化带来的城乡和地区发展不平衡、基础设施严重不足、企业过度集中导致的效益下降，1954年日本经济审议厅计划部提出了《综合开发构想（草案）》。1962年，日本出台了第一个《全国综合开发计划纲要》，计划到1970年基本实现地区间均衡发展的目标。此外，为了克服出现的地区差距不断扩大的问题，自20世纪50年代中期以后，日本先后出台了《低开发地域工业开发促进法》（1961年）、《新产业都市建设促进法》（1962年）、《工业整备特别地域整备促进法》（1964年）等法律。《全国综合开发计划纲要》和这些相关法律的实施，促进了日本的工业由太平洋沿岸重工业地带向全国范围的均衡扩散。具体而言，日本政府认定了一系列的新产业城市以及工业整备特别地区。与此同时，国家加大了对这些地区的基础设施投资。由于这些努力，城乡和地区之间的发展差距在20世纪60年代初至70年代逐渐缩小（1970年～1975年这段时间缩小得尤其迅速）。20世纪60年代日本政府出台廉租房政策，就是要解决"半城市化"人口的居住问题。经过第一代农村移民的"半城市化"，他们的子女由于享受到与城市其他居民孩子的同等待遇，所以很快就融入到城市社会，从而消解了第一代的"半城市化"问题，使得"半城市化"问题没有在第二代身上延续。日本实行流动人口登记制度，以保证移民享有基本的公共服务和社会保障。跨越市区町村界限的人口，在迁动14天之内须向迁入地政府有关部门登记，各地政府根据记录，制定人口流动管理和服务计划，包括提供儿童的义务教育、对贫困家庭的食物补贴、国家提供的医疗服务，并根据居住的年限，分别提供短期性和长期性社会福利保障等。

20世纪70年代末至80年代中期，随着经济的恢复，日本再一次出现人口向三大都市圈（主要是东京）集中的过程，但是这一过程没有持续太久。20世纪80年代中期至90年代中期，日本三大都市圈的人口净流入再度快速下降，在个别年份甚至是净流出。地区差距缩小、20世纪90年代初期房地产泡沫破灭造成的经济不景气、人口的老龄化等因素都是造成三大都市圈人口净流入下降的原因。20世纪90年代后期以来，在全球化和信息化的浪潮下，日本向信息社会（知识社会）过渡，承担生产职能的公司进一步从都市圈扩散到地方圈。为了谋求充分利用现代制造中的成本、物流等多种优势，日本的众多企业还将生产基地从日本转移到海外，而承担中枢商务职能的东京圈的作用进一步加强，人口再次向东京聚集，出现东京一极集中的现象。同时，人口的郊区化和城市间发达的轨道交通的建立，使得城乡之间的界限越来越难以区别，都市圈的半径不断扩大，城市群成为日本现代城市化的主导。到2007年，三大都市圈聚集着日本50.7%的人口，三大都市圈的GDP占了全国的55.7%。

（五）韩国

在韩国，政府制定了一系列政策来加强城市人居环境的建设和提高城市吸纳人口的能力。在新城市建设中，韩国注意发挥地理优势，按照现代化、高标准规划建设，城内商店、学校、医院等生活服务设施布局合理、服务方便，同时加强政府监督管理，减免新城市税负，营造舒适、卫生的城市生活环境，兴建价格低廉的公寓住宅，目的就是确保新城市真正具有吸纳能力。

（六）新加坡

在新加坡，每一项工作都是在"园在城中、城在园中"和"亲商、亲民、亲环境"的先进理念指导下，通过规划来落实的。比如通过率先启动引入外资计划，营造开放的环境和氛围，成功引进了7000家跨国企业和4000家跨国企业总部；比如通过建造组屋、提供社会保障等有效措施，营造了温馨、舒适的人居环境；还着力完善城市的相关配套服务功能，使产业发展更加依附于城市建设，使城市建设更好地服务于产业发展。

（七）巴西

在巴西，政府积极实施土地改革和家庭农业支持计划，解决工业化、城市化过程中的贫困化问题。20世纪90年代以后，巴西政府重新审视城市化发展思路，旨在高城市化率基础上反哺农村，出台了一系列政策，重点解决贫困问题，尽量把农民稳定在土地上，防止农村人口向大城市的过度流动。1995年~2000年，巴西政府通过没收非法土地、收购土地、开垦新地等措施，向无地农民提供了1894万公顷土地和103亿雷亚尔的贷款，安置了48.2万农户。

二、新区的理性选择——迈向"新型城市化"

可以说，我们现正处于城市化发展的关键时期，如不正视"半城市化"产生的种种负面影响，将不可避免地危及社会的和谐，阻碍城市化的延续。因此，传统城市化模式已经不适应中国经济快速发展需要，我们迫切需要找到一种新的发展模式，解决传统城市化带来的种种问题。据《中国发展报告2010：促进人的发展的中国新型城市化战略》的研究指出：从"十二"五开始，要以促进人的发展为主线，用20年的时间解决中国"半城市化"问题，完成"半城市化"到"全城市化"的转变。为了完成这样的目标，我们在新的时期就必须克服发展中产生的矛盾，纠正城市化过程中的各种偏向，就要坚持正确和科学的城市化道路，这就是新型的城市化道路。新型城市化是全面的、综合的经济社会发展的道路和战略，决不单纯是城市机械式扩大，农村人口表面减少。而农村人口减少并不能像某些拉美国家那样迫使农村人口破产，被迫流入城市，成为城市的"贫民"；也不能像某些人所说的，把农村人口赶往城市，特别是大城市。我们的城市化，其本质是以人的需求作为导向，科学推进城市的开发建设，最终目的是提升人民群众的经济地位，改善他们的生活状态，使外地人口享受与城市本地居民同样的经济权利和生活条件，获得同样的发展自己的机会。所以，新型城市化与传统城市化之间的区别也在于，新型城市化过程中居民居住空间的转移并不是第一位的，而人民经济生活的改善，生活质量、生活品质的提高才是首位。

对于半城市化产生的问题和城市化发展的新路径分析，很多专家学者都有自己的见解。著名经济学家、北京大学厉以宁教授认为："从另一角度看，如果中国要达到西方发达国家的城市化率，即80%~90%以上的人口集中于城市，将意味着13亿人口中至少有9亿~10亿人要进城，那么城市居住条件必定恶化，居民生活质量必定下降。即使城市会因人口的增加而新增不少服务业就业岗位，但就业机会依然满足不了涌入城市的农民们的要求。所以说，传统城市化模式是不适合中国国情的。"他认为，传统城市化是先进行工业化的发达市场国家的城市化模式。当时，城市化与工业化基本上是同步的，缺乏统筹安排，也没有科学的城市规模概念，经济和社会的可持续发展并未被城市领导层所考虑，等到发现居民的生活质量下降等问题时，为时已晚，要改变城市现状已经不易。后起的工业化国家，即使认识到城市化的弊病并且想避免，但这需要大笔公共投资，往往力所不及。结果，无论在先工业化和先城市化的国家还是在后起的工业化国家中，都发生了所谓的"城市病"，即农村人口大量涌入城市，城市中出现了棚户区或贫民窟，环境恶化、过分拥挤、失业激增、社会治安欠佳，以致出现了"反城市化"倾向，即穷人继续涌入城市，富人纷纷迁离城市，搬到郊区甚至乡村居住。

在厉以宁教授看来，中国必须走适合中国国情的城镇化道路，具体应包括三部分：其一是城市老城区改造，通过工厂外迁形成商业区、服务区；其二是通过工业化带动城镇化，工业新区将成为未来的新经济增长点；其三是农村新社区，指靠近城镇的农村社区建设，现在叫社会主义新农村，它们不仅吸引了大批农民前来，更重要的是引导农民走向城镇化，走向城乡一体化的目标。同时，城镇化不仅是个单纯盖楼的问题，它要园林化，要走循环经济道路，要公共服务到位，同时还要求社会保障一体化。

著名社会学家陆学艺从城市社会管理的视角来分析，他认为当前最重要的是要做好以下三个重点工作：

第一，科学规划构建现代城市社会管理的框架。现行的行政体系已很不适应新形势下城市社会管理的要求。目前的重点是要把城市基层组织建设好，把新进来的居民组织好、安排好、服务好，并和老市民融合好，使新老市民都能安居乐业，和谐相处，共建美好家园。1998年，中国有41608万城镇人口，城市化率为33.4%。当年有各类城市664个，市辖区737个，街道办事处5732个。2010年，我国城镇人口达到66557万人，城市率为49.7%，有各类城市653个，市辖区853个，街道办事处6923个。12年间，中国的城镇人口增加24949万人，但城市社会管理机构并没相应变动，城市还减少了，1998年，平均每个街道办事处原来管理7.26万人，2010年，平均每个街道办事处管理9.6万人。东南沿海诸省市有不少街道要管理十几万人、几十万人，管理百万人以上的街道也有几个。

如广东省东莞市的虎门镇，现在已经有接近100万人口，但建制还是一个镇。现在，城市的街道相当于农村的乡镇，是政府派出的办事处，只有几十个公务员，如何管理？如何管好？街道下面的社区、自治组织，一个社区有几千人，甚至有几万人，如何能自治得好？城市基层组织如此膨胀，而社会管理的框架跟不上，管理的难度也大大增加，这也是中国目前社会矛盾多发、频发的主要原因。未来中国的城市化还会继续发展，还会有数以千万计的农民要进到城里来。所以，陆学艺认为我们应当科学规划，合理设置，建设好城市、区、街道、社区的管理架构，搭建好基层社会治理的平台。这是做好城市社会管理的基础，也是一项重要的基本建设，一定要首先建好。

第二，改革现行的农民工体制，破解城市内部二元结构的难题。所谓城市内部二元结构问题，主要是农民工体制问题。2010年，全国城镇职工3.35亿人，是全世界最大的一支工人阶级队伍。其中，离土又离乡的农民工1.55亿人，占总数的46%。农民工已进入到工厂、矿山、商店、机关、学校、医院等各个单位，有些行业、企业中，农民工占到70%、80%。农民工为中国的现代化建设作出了彪炳史册的巨大贡献，但他们依然过着与城市职工"同工不同酬""同工不同权"的生活。在工厂、在单位，他们是另类职工，在城市，他们是贫困的边缘群体，享受不到应有的改革发展的成果，还受到歧视。这种不合理、不公平、不正义的状况，特别是对于当下80后、90后为主体的农民工群体来说，已经不像第一代农民工那样能够忍耐，必然产生诸多矛盾和问题。这是目前劳资纠纷、群体事件、社会治安、刑事犯罪多发频发的最主要的根源。解决农民工问题应该尽快提到重要的议事日程上来。农民工体制不改革好，城市无安宁，国家无安定。要进行社会体制改革，破解城市内部的二元结构，从根本上解决农民工问题。要把农民工分期分批地逐步转化为正式工人，转化为城市居民，实现城市内部的一体化。这是一项事关全局的重大体制改革，事先要做好调查研究，弄清农民工的人数、分布、生产生活状况等各种问题，农民工的意愿、希望和要求，在摸清底数的基础上，创新从根本上解决农民工问题的方案、政策和实施步骤。不只是解决农民工的一般问题，而是要从根本上破解现行的农民工体制。

第三，加强建设和健全基本公共服务体系。现代社会政府的一项重要的职能，是履行公共服务的职责。要把就业、收入分配、社会保障、公共教育、医疗卫生、住房、交通等保障和改善民生的各项事业办好，推进基本公共服务均等化，使这种广义的社会保障惠及每一个居民。城市社会和农村社会不同。农村社会的生产方式是一家一户的小农经济，生活方式也是一家一户的，但他有家族、宗族、血缘关系的亲族和邻里相助以及村落组织体系的支撑，形成传统农业社会的生产、生活运行体系。城市社会的生产方式是专业分工越来越细的社会大生产，生活和生产不在同一个空间，居民个人特别是新来居民进入一个城市举目无亲，他们将如何就业、如何生活？所以，遇到困难，得不到救助，就有可能走上歧途。因此，一定要有政府、社会组织来帮助他们。现代社会的政府，一定要建立公共服务体系，帮助居民解决生活中不时出现的难题。公共服务体系是现代社会的稳定器、安全阀。最近几年，我们国家的基本公共服务体系已经逐步建立起来，但还需要完善，服务的范围需要扩大，服务的标准还需要提高。而最关键的主要是建立公共财政体制，使得各项公共服务有财力保证，同时，要建设好中央和地方的公共服务管理体制。

对于我们新区第一代建设者来说，怎样推进新时期城市转型发展，破解坪山新区的"半城市化"问题，实现"跨越发展、创新发展"和"弯道超车"的目标，这是对我们视野、能力和智慧的重大考验。这需要我们思考，新区的发展到底应该走什么样的路子，包括以什么作为参照系，借鉴什么模式，采取什么样的体制机制，选择什么样的实施路径等等，这些都是值得我们深思的重大问题。

结合坪山新区实际，我们认为，新区的发展要充分把握现代城市发展的客观规律和转型升级的时代要求，坚定不移地走创新驱动、质量引领的新型城市化道路。新型城市化道路是对传统城市化所产生的一系列"城市病"的反思和纠偏，是遵循科学发展观的城市化发展道路。走新型城市化道路，对于新区具有重大的战略意义。

走新型城市化道路，是新区积极贯彻深圳市委市政府战略意图的必然选择。市委市政府组建新区的战略意图，一是为充分发挥各区域区位优势，打造一些转型升级的平台，加快推进特区一体化，从整体上把深圳建设成为现代化国际化先进城市，实现全市各区域的协调发展。二是为深圳未来30年新一轮的跨越发展、创新发展，打造新的区域发展极，以外溢发展突破城市空间制约，强化深圳作为全国经济中心城市的服务能力、辐射能力和带动能力，进一步巩固和突出深圳全国经济中心城市地位。深圳市委市政府曾旗帜鲜明地提出"以城市发展引领现代产业、引领现代生活和发展方式的转变"的全新理念，这是我们推动现代化国际化城区建设的重要路径，也是新型城市化道路的重要内涵。我们理解，走新型城市化道路，是对过去30年更多的是"工业化带动城市化""经济推着城市走"的发展思路和发展战略的重大调整，强调的是"科学发展、以质取胜、全局为重、统筹推进"，是以城市现代化国际化程度的提升、城市功能的完善、城市品质的跃升、生活环境的改善，来引领和推动经济社会的有序发展、空间布局的优化调整和民生福利的整体提高。新区作为后发区域，在推进规划建设的过程中，必须认真学习领会和自觉贯彻落实市委市政府新的城市发展战略，坚持走新型城市化道路，力争通过一流的城市规划、建设和管理，形成一流的城市功能、品质和魅力，吸引优质的人才、技术、资金和信息资源，进而实现高水平的城市发展、高质量的经济发展和高质量的城市生活。

走新型城市化道路，是新时期实现创新发展、外溢发展，打造深圳质量的客观要求。在过去30年创造举世闻名的"深圳速度"的基础上，市委市政府在市第五次党代会明确提出创造"深圳质量"的新标杆、新理念，这一志存高远、追求卓越的理念开启了深圳以质量引领发展，以质量赢得未来的全新征程。而坚持创新发展、外溢发展正是创造"深圳质量"的关键所在。坪山新区作为深圳实施东进战略的"桥头堡"和"中心区"，特殊的区位、区情要求我们必须承担起创造"深圳质量"的特殊使命。我们走新型城市化道路，就是通过创新改变过去传统城市化的发展模式，通过"外溢发展"来"转过身去"创优势、谋发展，更好地服务和辐射惠州乃至整个粤东、华南和海西地区，突破物理空间和行政区划，实现联动融合一体发展，在促进特区一体化的同时，加快深莞惠区域一体化步伐，推动区域范围内经济、城市、社会、生态、文化等全方位的质量提升，不断扩大特区的辐射力、带动力、影响力，在服务周边、服务粤东、服务纵深区域的过程中进一步巩固和突出深圳的经济中心城市地位。

走新型城市化道路，是新区进入发展新阶段、破解开发建设困局的迫切需要。当前，坪山新区要走新型城市化道路，面临的挑战很多。从外部环境来看，国际金融危机余波未平，全球市场可能陷入长期低迷，国际贸易环境可能进一步恶化，全国包括深圳的发展面临一系列新情况新问题，这使我们面对的形势更加严峻。就新区本身而言，我们也面临着"三个严峻考验"：

一是如何高水平建设一座经得起历史检验的精品城市的考验。在城市建筑领域有一句名言："建筑是凝固的音乐，城市是历史的博物馆。"一座有个性、有魅力、能直面历史审视的城市，才有吸引力、生命力和竞争力。我们建设的新城，就应该是"五十年不落后，一百年有看头"的高水准高质量高品位的城市精品。过去两年，我们已经编制了比较完善的规划体系，基本明确了新区的定位、方向、理念、空间布局、功能分区、产业依托等问题。但仅有这些还不够，我们还应在规划指引下，对城市特色、城市风貌、建筑风格、地标形象和各种关键要素的配置和平衡做出更精细的设计与安排。具体到每一块土地、每一栋建筑、每一条道路如何设计和安排，产业如何发展等都要进行系统的设计。

二是如何破解城市二次开发所面临矛盾的考验。我们开发建设的不是一片"干净"的土地，而是夹杂着许多无序建设的地区。这决定了我们搞开发建设已经不是单一的土地再利用问题，而是统筹协调新城建设与旧城改造的综合策略问题；不是单一的"谁开发、谁受益"的问题，而是统筹协调政府、社区、居民、市场等各方力量和利益实现"共建共享共赢"的问题；不是单一的改变城市落后面貌的问题，而是包含空间重构、功能重构、利益重构和社会重构等内容的复杂深刻的城市综合转型问题。面对如此复杂的局面，我们如何去突破，如何去化解，如何去实现既定的工作目标，这些都是"真枪实弹"的考验。

三是如何为大开发大建设提供足够资源支撑的考验。这之中首先是项目问题，规划能不能落实下去，规划的效果最终能不能充分体现出来，关键要看我们能不能引进和推出一批有分量的优质项目。虽然我们确定了"十二五"期间要全力推进的135个项目，但总体来看新区仍然缺少重量级的重大项目，这使我们的发展后劲面临考验。其次是空间问题，新区真正可建设空间有限，如何通过土地整备和城市更新拓展发展空间，已经成为新区大开发大建设最现实的重大考验。再次是资金问题，新区"十二五"重大项目总投资将达1900亿元，面对如此巨量的资金需求，如何寻找更多的社会资本参与新区的大开发大建设，同样考验着我们智慧和能力。最后是人才问题，新区当前人少事多，尤其需要岗位专家、业务能手和参谋智囊。但干部队伍整体上仍存在着素质不高、经验不丰富、人脉不广等问题，更缺少精英人才提供战略性智力支持。如何引进一批新区急需的人才，如何推进干部职工的"原地转型升级"，这都是对我们的考验。因此新型城市化道路就是在国际、国内环境发生变化的大背景下出现的，它既有别于传统城市化，更强调内涵式、集约式、质量型发展导向，既符合坪山新区实际，又体现了时代特征和城市化的内在规律。因此，我们要强调以人为本，走经济、社会、文化、环境共融共生的集约式城市发展道路，借鉴各国的经验，尽早改革和制定相关政策，防止掉入"半城市化陷阱"。

三、新区如何走新型城市化道路？ —— 一个框架性思考

我们认为，主要是要坚持"一个导向"，厘清"四个问题"，处理好"两个关系"。

坚持"一个导向"，就是要坚持需求导向。在新城的规划建设初期，我们就要想清楚，经济和产业怎么有质量地发展，城市怎么建设和布局，要给居民提供什么样的生活环境，政府采取什么架构和机制来推进，等等。也就是说，要按照经济、城市、人和体制机制的需求，来确定我们推进开发建设的目标和任务，各项工作都要以满足具体对象的需求作为出发点和落脚点。这种需求导向、逆向思维的方式，可以极大地提高开发建设一座城市的预见性和科学性。在这方面，新加坡和苏州工业园是值得我们学习的成功典范。新加坡建国46年来，每一项工作都是在"亲商、亲民、亲环境"理念指导下，通过规划来落实。比如通过率先启动引入外资计划，营造开放的环境和氛围，成功引进了7000家跨国企业和4000家跨国企业的总部；比如通过建造组屋、提供社会保障等有效措施，营造了温馨、舒适的人居环境；还比如通过大面积绿化，打造了"花园城市"的响亮品牌，等等。同样，苏州工业园建园17年来，也是坚

持需求导向，通过准确定位来明确发展目标，不论是经济实力、发展速度和发展质量，还是体制机制创新，都走在了中国开发区的前列。

厘清"四个问题"，即产与城的问题、人与城的问题、经济社会文化生态统筹协调与城市发展的问题以及体制机制创新与城市发展的问题。

（一）产与城的问题

传统的城市规划往往是将"产"与"城"分开安排。这样做，一方面是由于传统的工厂会产生很大污染，分开可以保证环境质量，另一方面是传统的城市规模、面积不是很大，通过自行车、公共汽车，基本可以解决日常出行问题，因此"产""城"分离可以满足当时城市发展的需要。但是随着工业文明的不断进步，现代产业高速发展，城市规模不断扩大，走"产城融合"的新路成为一种趋势。新加坡在产城融合方面就做得很有特色：在规划设计上，新加坡在建国初期就明确了要吸引跨国公司、打造总部经济的产业发展方向，并且围绕这一方向来设计城市的发展，从一开始就奠定了产城融合的基础。在开发建设上，新加坡的新市镇有效促进了产城融合。新市镇内除了高质量、高密度的住房，并为居民提供就近的公共配套服务外，周边还规划建设有低污染的工业区，在营造宜居环境的同时也帮助了当地居民就业。我们要建设一座东部新城，也应该坚持新加坡"园在城中、城在园中"的先进理念，在强化园区建设、塑造产业品牌、提升产业功能的同时，着力完善城市的相关配套服务功能，使产业发展更加依附于城市建设，使城市建设更好地服务于产业发展，全力打造产业发达、功能完备、设施现代、环境优美、出行方便、自然风光秀丽、人文气息浓郁、社区充满活力的混合型城区。

（二）人与城的问题

城市既是产业的城市，更是人的城市。在城市为产业发展提供土地空间、人力资源和配套服务的同时，更应当满足各类生产者、服务者、经营管理者等不同群体的生活需要，成为广大人民群众理想的生活家园。古希腊哲学家亚里士多德说过："人们来到城市，是为了生活；人们居住在城市，是为了生活得更好。"这种"更好"，就是城市除了满足人们日常的衣、食、住、行外，还要有高质量的生态环境和满足高品质的精神追求，不仅要让人们住得起、住得下，而且更要使人们有强烈的归属感。这一点，新加坡做到了。为了满足人们的居住需求，新加坡建屋发展局用50年的时间，先后兴建超过99万个单位，为全国80%以上的人口提供了住房，并使95%的人拥有了自己的组屋；为了满足人们的生活需求，新加坡的组屋区除有高质量、高密度的住房外，还有相应的学校、公园、诊所、体育设施、商场、开放绿地等基础配套设施供人们休闲娱乐；为了满足人们的就业需求，组屋区内都安排有一定比例的轻工厂，目的就是帮助附近的居民解决就业问题。总之，新加坡在城市建设上，就是从人的需求出发，通过合理的规划和布局，较好地实现了人与城的相互融合。因此，我们建设新区，不仅要推动城市的现代化，还要注重促进人的现代化，要逐渐改变目前社区居民刚刚洗脚上田，还不是完全意义上现代城市人的状况，要不断提升社区居民素质，引导居民在新城建设和新区发展中实现转型，适应现代城市发展的要求。同时，更重要的是要从以人为本的"人本导向"出发，通过我们对城市的规划设计引导城市不断满足人们日益增长的生产、生活需求，使城市真正成为宜居、宜商、宜业、宜游的载体，进而实现人与城的完美融合。

（三）经济、社会、文化、生态统筹协调与城市发展的问题

城市发展的实践告诉我们，城市进步是各类要素协调发展的结果。过去我们搞城市化，重经济、轻社会，重建设、轻文化，重指标、轻质量，导致城市布局失衡、扩张无序、发展粗放。新型城市

化要求城市全面发育和成长，既要有经济的支撑、社会的稳定，也要有文化的繁荣、生态的平衡。在这方面，新加坡提出的"三亲"理念，即"亲商、亲民、亲环境"，对我们具有重要的启发和指导作用。"亲商"就是为辖区企业做好服务，发展好经济；"亲民"就是为居民做好服务，搞好社会稳定；"亲环境"就是要按照高标准、高要求、高质量打造环境，搞好生态。这三个理念又成为一个整体，构成了新加坡独特的国家文化。因此，这个"三亲"是一个系统综合的配套工程，它把人、城、产、环境、精神、人文等要素进行了最好的配比融合，产生了巨大的"核聚变"效应，使新加坡成功克服了多元种族、资源贫乏、地小人少等诸多困难，实现了高速发展，跻身全球先进行列。我们就是要像新加坡这样，统筹考虑社会、文化、生态等各方面城市核心元素，使产业、人、社会、文化、生态同步发展，融合发展，努力构建出一个城市功能完备、设施现代、配套齐全、环境优美、出行方便，高端人才愿意来，人人都想留的现代化城区。

（四）体制机制创新与城市发展的问题

有效的体制机制是推动城市健康发展的重要保障。新加坡在开发建设过程中，通过完好的制度设计和创新，有效地确保了城市的健康发展。比如政府强势推进住房制度，以政府组屋为主、私屋为辅的住房体系实现了公共住房的有效供给。比如在廉政建设上，构建了惩防并举的反腐体系，以法治权使人不敢贪，高薪养廉使人不必贪，以教促廉使人不想贪，等等。我们搞开发建设，也要不断创新思维、开阔视野，进一步给体制机制松绑，全面激发各方面的积极性和主动性。就目前看，我们的投融资体制、机关运转机制以及重点工作推进机制等的体制机制都远未达到新型城市化的要求，还有很大的提升和完善空间。只有把这些体制机制都改革好、创新好、完善好，新型城市化道路才能走得更快、更稳、更好。

处理好"两个关系"，就是要处理好破与立、谋与行的关系。

一是破与立的关系。经济要发展、城市要发展，必然要经历破与立的过程。破就是除旧，立就是布新，只有除旧布新才能看到变化，才能带来发展。但是与其他城市和地区不同，坪山破与立的任务异常艰巨。我们这里虽然有168平方公里的土地，但可供开发的土地十分有限，成片的土地就更是少之又少，不仅城市面貌远远落后，建设标准低、质量差，而且大量的违法建筑造成了城市空间布局的无序状态，急需拆除。加上快速工业化、城市化带来的历史遗留问题、环境污染问题、人口素质普遍偏低一系列问题，可以说我们面临的不单单是一座新城的建设任务，而是对一座城市进行彻头彻尾的"二次开发"。因此，我们不仅要立，更要破。一方面，要智慧地"立"。要"立"新的规则。引进什么产业项目，上什么政府项目，引进什么人，提供什么配套服务，供多少地，如何供地，征地拆迁如何补偿、如何安置，都需要通过"立"新的规则加以指导和指引，并通过规则体系，明确权责、统筹各方资源、形成联动效应。要"立"新的风貌。要将空间形态、产业结构、景观体系、公共设施、人文活动等城市核心元素整体地、综合地、系统地加以考虑设计，对城门关口、各种建筑物、道路、车站、广场、公园以及地下管网等精心打造，使整个城市变得更有亲和力，更有独特魅力。要"立"新的特色。特色是城市生命的品格，要在产业发展、城市发展、社会发展、文化发展和政府服务等核心工作中尽快形成自己的品牌，创造自己的风格，打造具有一流水准的"坪山特色"；另一方面，要坚决地"破"。要"破"历史遗留旧账。通过采取土地整备、城市更新、征地拆迁以及环境整治等各种措施和办法，重构城市布局、整合土地空间资源，确保新区的开发建设有序推进。要"破"旧的思想观念，改变部分居民和社区靠简单出租"过小日子"的保守思维，以及靠"种房子"博赔的心态。要

"破"旧的发展模式，改变社区集体经济依赖小作坊、小家具、小五金等传统发展的"路径依赖"，通过城市转型、产业转型、社会转型，在传统社区经济发展、产业发展、土地利用、城市建设、社会结构重塑等方面作出新探索。要破"旧"的体制机制。要对现行的公共服务、行政管理、城市建设、社会管理等体制机制进行反思和检讨，及时破除束缚，降低运行成本，不断提高体制机制与新区经济社会发展的适应程度。

二是谋与行的关系。思路决定出路，善谋者方能行远；行动决定结果，实干者乃有所成。善谋、健行是我们干出一番事业的重要保障。《曾国藩家书》中有这么一句话——"谋后而定，行且坚毅"。就是告诫我们在深思熟虑，拿定主意之后，就要有"虽千万人吾往矣"的冲锋精神，不畏困难、不辞辛苦，锲而不舍、坚定不移地干下去。这句话道出了谋与行的关系，即谋是行之始，行是谋之成。新加坡之所以能在短短几十年建成国际知名的"花园城市"，其中一个重要因素就在于它既注重"谋"，又坚持"行"。早在建国之初，就召集一大批规划专家和学者制定了一个超前、科学、注重实施的城市规划体系，以此统筹协调经济发展、环境保护和社会保障等各种城市空间的关系，并坚定不移、不折不扣地狠抓规划落实，始终不松懈、不放弃，将规划的精神力量通过实际行动转化为物理力量，变成了现实。这对我们的启示很大。因此，我们首先是要善谋。新区成立两年以来，在谋篇布局和架构铺设上投入了大量精力，做了大量工作，编制了综合发展规划和系列专项规划。虽然过程费时、费力、费钱，但这些前期投入和花费是值得的，只有我们确定了"五大新城"的目标，我们工作才有方向，才有干劲，才有动力。下一步，我们还要进一步完善规划体系，力争每个单元甚至每栋建筑都有明确规划的指引。其次是要健行。方向和目标确定后，我们的任务就是要把规划作为指导我们工作的"基本法",明确分工、明确责任,不折不扣地把规划落到新区的每一寸土地上,落到每一个片区里,落到每一栋建筑中。同时,需要强调的是,城市的开发建设不是一场短期的战斗,而是一场长久的战役。我们要始终保持高度的责任感和紧迫感,坚决打击违法违规占地、无序开发等阻碍新区开发建设的行为,为新区有序健康发展赢得优质空间和良好环境。

第三章 规划的力量：让城市有秩序地生长

    中国古语有云："凡事预则立，不预则废。"这句话强调了谋划、计划在干事创业中的重要意义，从中也可以引申出规划对一座城市发展的深远影响和作用。人类建城史已有数千年，工业化以后的城市发展也有数百年，时至今日，"规划城市"已成为城市建设者们和社会公众的一种普遍共识，城市规划也已成为城市发展中探讨的热门话题和专门学问。著名作家卡尔维诺在《看不见的城市》一书中曾说："城的组合元素如果缺乏相连的线索，没有内在规律，没有一定比例也没有相互交流，就必须给排除在可以想象的城市之外。"这句话道出了规划之于一座城市发展的重要意义。城市是有生命的，城市内部需要进行恒久的交流，而要使得这种交流充满活力、更为便捷就需要一种智慧的"好"规划去加以引导和布局安排。新型城镇化并不是简单的造城，必须要有合理规划和理性设计，"先谋而后动"。那么如何去全面认识规划？如何才是"好"规划？我们所编制的《坪山新区综合发展规划》是一个"好"规划么？带着这些问题，新区不断进行着一些思考和探索。

第一节　规划之识——科学与艺术

随着社会经济的发展、城市的出现、人类居住环境的复杂化，人类社会产生了城市规划思想并得到不断发展。特别是在社会变革时期，旧的城市结构不能适应新的社会生活要求的情况下，城市规划思潮、理论和实践往往出现飞跃发展。

关于城市规划，英国《不列颠百科全书》是这样解释的：城市规划与改建的目的，不仅仅在于安排好城市形体——城市中的建筑、街道、公园、公用事业及其他的各种要求，而且更重要的在于实现社会与经济目标。美国国家资源委员会则指出：城市规划是一门科学、一种艺术、一种政策活动，它设计并指导空间的和谐发展，以满足社会和经济的需要。2011年国家最高科学技术奖获得者、清华大学吴良镛院士认为：城市，作为一种物质的表现，是一种可以看到的物质形态。城市规划是一定时期内发展的目标和计划，是城市建设的综合部署。其目的是通过城市与周围影响地区的整体研究，为居民提供良好的工作、居住、游憩和交通环境。

回溯历史，规划可谓是一门自古就有的专门学问。中国古代建城十分讲求"背阴面阳""择水而居"，其建城的规划基础是中国古代哲学，往往综合了儒、道、法等各家思想，最鲜明的特点是讲求天人合一、道法自然。在中国古代，水域孕育了城市和城市文化，也因此形成了构成中华文明主体的黄河流域文明和长江流域文明。水域有利于运输、灌溉、生活，成为城市发展的重要因素。起初人们由于自然环境的优越聚落而居，逐渐由自然村落发展到一定规模的城市。在中国古代的建城理论中就有"依山者甚多，亦须有水可通舟楫，而后可建"，以及"凡立国都，非于大山之下，必于广川之上"之说。

中国古代的城市规划学说散见于《考工记》《商君书》《管子》《墨子》等典籍之中。《考工记》确定了"都""王城"和

"诸侯城"的三级城邑制度，用地的功能分区和道路系统等；《商君书》论述了某一地域内山陵丘谷、都邑道路和农田土地分配的适当比例，以及建城、备战、人口、粮食、土地等相应条件；《墨子》记载了有关城市建设与攻防战术的内容，还记载了城市规模大小如何与城郊农田和粮食的储备保持相应的关系，以利于城市的防守。中国古代城市规划强调战略思想和整体观念，强调城市与自然结合，强调严格的等级观念，并集中体现在作为"四方之极""首善之区"的都城建设上。

战国时期，列国都城采用了大小套城的都城布局模式，反映了当时"筑城以卫君，造郭以守民"的社会要求。西汉长安城将宫室与里坊结为一体；三国时曹魏邺城采用城市功能分区的规划方式；南北朝时期的洛阳城加强了全面规划，都为中国古代前期城市建设的高峰——隋唐时期长安城的建设起了先导作用。

长安城的建设成就是唐代灿烂文化的重要组成部分，影响及于日本、朝鲜等国的都城建设。宋代开封城在中国都城建设史上的重要性在于，它是按照五代周世宗柴荣颁发的诏书，有规划地进行扩建。后来，商品经济的发展使中国城市建设中传承千年的里坊制逐渐废除。北宋中叶，开封城走向较为开放的街巷制体系，形成了中国封建社会后期的城市结构形态。

元大都的规划汲取了春秋战国时期理想都城的规划思想，进而又作了因地制宜的处理。由大都城演变而成的明北京城，可说已集中国古代都城城市规划之大成。清代在北京城远近郊区大力修建园林和离宫别馆，使北京成为中国封建时代都城规划和建设的最辉煌实例。

在西方古希腊城邦时期已出现了希波丹姆规划模式。古罗马建筑师维特鲁威的《建筑十书》阐述了城市选址、环境卫生、坊街建设、公共建筑布局等方面的基本原则，并提出了当时的"理想"城市模式。中世纪社会发展缓慢，城市多以教堂为中心。到了文艺复兴时期，建筑师阿尔伯蒂、帕拉第奥、斯卡摩锡等也提出了一些反映当时商业兴盛和城市生活多样化的城市理论和城市模式。

工业革命前的欧洲城市，除罗马等少数城市外，一般规模较小。多数城市是自然形成的，城市功能和基础设施都比较简单，卫生条件也差。城市规划多侧重于防御功能和政治需要。城市规划的内容主要着眼于道路网和建筑群的安排，因而是建筑学的组成部分。

产业革命导致世界范围的城市化，大工业的建立和农村人口向城市集中促使城市规模扩大。城市的盲目发展，贫民窟和混乱的社会秩序造成城市居住环境的恶化，严重影响居民生活。人们开始从各个方面研究对策，现代城市规划学科就是在这种情况下形成的。

现代城市规划理论始于人们从社会改革角度对解决城市问题所作的种种探索。19世纪上半叶，一些空想社会主义者继空想社会主义创始人托马斯·莫尔等人之后提出种种设想，把改良住房、改进城市规划作为医治城市社会病症的措施之一。他们的理论和实践对后来的城市规划理论颇有影响。

19世纪和20世纪之交，英国理想主义者、著名城市思想家和"田园城市"运动的创始人埃比尼泽·霍华德倡导"田园城市"，并这样描述他心目中的理想之城："一座城市就像一棵花、一株草或一个动物，它应该在成长的每一个阶段保持统一、和谐、完整。而且发展的结果决不应该损害统一，而要使之更完美；决不应该损害和谐，而要使之更协调。早期结构上的完整性应该融合在以后建设得更完整的结构之中。"

1915年帕特里克·格迪斯提出区域原则，倡导城市规划与区域规划相结合的学说。他们的学术思想对城市规划思想的发展影响深远。同时代的恩文所著《城市规划实践——城市和郊区设计艺术概念》一书，总结城市发展的史例和他本人的规划实践经验，可视为建筑师对城市规划领域的开拓。随后，越来越多的建筑师以及社会学家、地理学家、经济学家等投入城市规划理论的研究中。

在19世纪，影响最广的城市规划实践是法国官吏奥斯曼1853年开始主持制定的巴黎规划。尽管巴黎的改建，有镇压城市人民起义和炫耀当权者威严权势的政治目的，但巴黎改建规划将道路、住房、市政建设、土地经营等作了全面的安排，为城市改建做出有益的探索。影响所及，德国科隆和奥地利维也纳等城市也纷纷效法。19世纪90年代，西欧各国已逐渐形成以公共投资改进市政建设与控制私人用地相结合的城市发展战略概念。德国有城镇发展规划工作的传统，也有雏形的分区制规划方法。这些都为城市规划工作提供了经验。

欧美国家制定城市建设法规最初的目的是维持整齐、清洁、安定的城市环境，以保障居民健康。英国1848年制定《公共卫生法》，其中规定了住宅的卫生标准，1906年颁布《住宅与城市规划法》。瑞典1907年制定了有关城市规划和土地使用的法律。美国纽约1916年颁布了控制土地利用和建筑高度的分区区划法规，后来在1961年为适应新情况，修改成为区划决议。实践证明，城市建设和管理要有相应的法律体系，严格的城市建设法规可以提高城市规划和建设的质量。

20世纪以来，人类经历了两次世界大战，国际政治、经济、社会结构发生巨大变革，科学技术长足发展，人文科学日益进步，价值观念起了变化，这一切都对城市规划产生深刻的影响。1933年的《雅典宪章》概述了现代城市面临的问题，提出了应采取的措施和城市规划的任务，是现代城市规划理论发展历程中的里程碑。第二次世界大战以后，关于城市规划学界没有舍弃《雅典宪章》的基本原则，而在一些重大问题上给予更新和补充，这就出现了1977年的《马丘比丘宪章》。这两个宪章是两个不同历史时期的城市规划理论的总结，对全世界城市规划产生了相当大的影响。

工业革命之后，城市内部结构发生了根本的变化，促使人们从理论上研究城市的结构和形态，寻求最佳模式。有人认为城市宜集中建设，如法国建筑师勒·柯布西耶1922年在《明日的城市》中主张充分利用技术成就，建造高层高密度的建筑群，使城市集中发展，以求得最好的生活环境和最高的工作效率，这种思想被称为城市集中主义。有人主张城市宜分散建设，如美国建筑师赖特提出的"广亩城市"认为城市应与周围的乡村结合在一起，平均每公顷居住2.5人，这种思想被称为城市分散主义。这两种城市模式影响甚广。此外，有人从城市功能要求出发提出各种城市布局形态，如"带形城市"、同心圆式的环状城市、楔状结构城市、多核心城市等；有人则从城市中各种系统的组织出发，宏观地研究城市所在地区的空间结构与城市形态的关系；也有人从微观上对构成城市的单元细胞进行剖析来研究城市的形态。从系统观念出发研究城市结构和形态的学者日益增多。在不同时代和不同地区，对城市的发展水平和建设要求不同，因此城市规划的研究重点不尽一致，并随时代的发展而转变。

随着经济社会的发展变迁，人们对城市与城市规划工作的认识也在不断深化。基于城市是综合的动态的体系，城市规划研究不仅着眼于平面上土地的利用划分，也不仅局限于三维空间的布局，而是引入了时间、经济、社会多种要求的"融贯的综合研究"。在城市规划工作中，越来越强调考虑最大范围内可以预见和难以预见的情况，提供尽可能多的选择自由，并给未来的发展留有充分的空间和选择性。

第二节　规划之思——以人为本

一般认为，城市规划是研究城市的未来发展、城市的合理布局和综合安排城市各项工程建设的综合部署，是一定时期内城市发展的蓝图。从发展的角度来看，城市发展需要秩序，也因此需要规划加以指引。规划能带来秩序，带来效率，也能带来和丰富对城市美的感知。一座好城市背后必然有一个规划。和一个人的成长类似，城市也有一个从青少年到青年，再到中年的不同发展时期，在未成年发育的状态下需要正确的指引和调校。城市形成和发展初期，是决定一座城市未来发展方向和形成基本骨架的关键时期，只有良好的规划才能科学理性地塑造城市发展的未来。

　　一个好的城市规划第一要求是"以人为本"的规划。人生活在城市，也缔造了城市，城市规划的唯一尺度就是人的需求和发展。在城市规划史上有着重要意义的1933年的《雅典宪章》这样规定：在每一个城市计划中必须将各种情况下所存在的每种自然的、社会的、经济的、文化的因素配合起来；城市在精神和物质两方面都应该保证个人的自由和集体的利益。对于从事城市计划的工作者，人的需要和以人为出发点的价值衡量是一切建设工作成功的关键。城市本身不仅包含了各种重要的社会功能，这些社会功能还在需求自身的表达，要求有表现的路径。[1]对于城市就是在现代技术基础上简单堆砌的建筑群的观点，著名城市史学家刘易斯·芒福德给出了毫不犹豫的批判。他认为，"事实上，单靠建筑手段是根本无法展现一座现代城市的。因为，城市所包含的人类各种需求，包括生物学的、社会学的、个人的种种需求"，"城市，如果还有一点点意义，它就首先是人类整体性的表达和象征，是通过建筑表达出来的人类本性和志向。这里所说的人类整体性，不是个简单、肤浅的概念，它来自人类不无丰富的兴趣、活动、追求，也来自人类丰富的劳动分工，来自人类分门别类的社会组织、机构、制度、习惯等等，还有来自人类无尽无休的潜在能力。"并且由于在城市规划中

---

① 米勒. 刘易斯·芒福德著作精粹[M]. 宋俊岭, 宋一然, 译. 北京：中国建筑工业出版社, 2010.

并没有真正、彻底地考虑人的各类需求，使得城市人际关系的疏离感被一步步强化放大了，造成了人际联系的疏远淡漠。

　　一个好的城市规划是追求城乡和谐的规划。乡村与城市，是目前人类的两种基本生存空间。在城市化的浪潮裹挟之下，乡村却似乎一直处于弱势，陷入了衰败和凋敝的危险之境，这让很多有识之士警醒和反思，也对现代城市规划提出了新的伦理价值要求。刘易斯·芒福德曾作如此表述："无论任何规划方案，假如不能促进城乡生活方式之间有节律的互动，若不能把田园、公园、娱乐共建等等，统统引入城市中心地带，如果不能让最僻远、最孤独地区的乡下人也能来参与和共同享受文化、教育、娱乐、机体、智力的资源……那么，任什么样的规划思想，都绝说不上是正确理解和对待现代人类具有的巨大潜能。"因此，当前是否追求和能否实现城与乡的协调发展成为评判一个城市规划方案好坏的十分重要的价值标准。

　　一个好的城市规划是具有深刻美学意味的规划，从美学角度来讲，城市需要规划。霍华德在《明日的田园城市》一书中写道：一座城市就像一朵花、一株草或一个动物，它应该在成长的每一个阶段保持统一、和谐、完整。而且发展的结果决不应该损害统一，而要使之更完美；决不应该损害和谐，而要使之更协调；早期结构上的完整性应该融合在以后建设得更完整的结构之中。城市规划是一门综合艺术，需要按照美的规律来安排城市环境中的各种物质要素，以构成城市的整体美，给人以美的感受。北京城是东方文化的代表，为显示皇权的至高无上和江山大统一的气势，北京古城规划建设了一条正南北走向的中轴线（即"血龙脉"），自北向南经过景山、故宫、天安门、大前门等长达7.8公里，呈现出一种中正、大气、对称之美。而地中海边的威尼斯城则是西方文化的代表，城市的布局开放、亲切宜人、分散，充分体现了西方自由平等的商业氛围。不仅空间规划上注重美学，在具有典型美学意义的城市色彩上也是如此。长久以来，巴黎就对城市进行了色彩规划，无论是历史古迹还是普通民宅，外围墙壁颜色都是在城市规划部门的统一指导下完成的，如今奶酪色系与深灰色系是巴黎的标志色彩。这也令人们无论走到城区的哪个角落，只要看到这两个色系都会明确无误地知道自己是身处巴黎。而简单明了、整齐划一的颜色，也使得巴黎在欧洲众多城市色彩建设当中显得出类拔萃、独树一帜。在巴黎城市色彩的选用上，以"浪漫"著称的巴黎人则显得如此朴实无华，也充分体现法国文学家纪德对古希腊艺术的一句评述："单纯的高贵，宁静的伟大"。

美国著名城市环境学家阿诺德·柏林特在其《环境美学》一书中写道："在城市环境中，人际间的交往最为复杂。作为一种环境，城市更多地掌握在我们的手中。城市是人类的杰出创造，是人类活动的产物。尽管自然景观大多数是人化的自然，受到人类活动的影响，从植被和降雨到气候和地表类型，城市景观是典型的人的景观。除了大的地形特征如高山和河流，城市是人类的创造。人类的活动影响了城市的方方面面，从空间和体量，到气候和风向，并对生活其中的物种的种类和数量产生重要的影响，从昆虫和鸟类到驯养的动物以及人类……不管城市还是其他的什么，城市是一个审美的环境。"因而城市规划一个很重要的任务就是要将城市环境中这种审美的情趣、意境、生活尽可能地呈现出来，使之变得鲜活，充满生命力，与大自然融合。正如著名社会学家、城市与区域规划科学的先驱之一帕特里克·格迪斯在《进化中的城市》中所论述的那样：城市必须不再像墨迹、油渍那样蔓延，一旦发展，它们要像花儿那样呈星状开放，在金色的光芒间交替着伴随绿叶。

一个好的城市规划也应是向历史致敬的规划。城市是历史发展的产物，人是历史见证者和城市的建造者，因此一个"好"的城市规划必然是深切关注和保护自身历史和人文传统的规划。由于每个城镇所处的地理位置、历史时期文化传统一般各不相同，有的甚至相差甚大，在规划之前，需要深入详细地了解本地的历史文化，找出本地区的最明显、最独特的文化特色，并在规划中加以继承和发展，对历史上遗存下来的古建筑、古街道、古桥梁、古树、古井、古河流以及民间传说等应视为宝贵遗产，妥善划定保护区，作为城市文化系统的组成部分，这样规划出来的城市，才能充分彰显自己的内涵和个性，也才能扬长避短，长盛不衰。相反，那种不顾本地实际生搬硬套，甚至不惜毁坏文物古迹，把旧的东西统统推倒重来，生硬斩断与历史文脉的联系，建设的所谓异域风情风貌注定是没有生命力，也是不会长久的。

所以，一个好的城市规划，必然是要追求传统与现代、城市与乡村、空间与人文、人类与自然之间的协调。在规划建设一座城市时，既要运用现代的新理念、新科技、新材料和新工艺，也要保护好城市中那些有代表性的历史文化建筑、名胜古迹，充分体现时代精神，包括使用新材料、新工艺，让二者结合"神似"而不是"形似"。在城市规划对建筑布局、密度、层高、空间和造型等方面施加干预的过程中，要追求自然景观和人文景观的协调，建筑格调与环境风貌的协调，满足生态要求，守住生态底线，同时体现城市所独有的精神和气质。

第三节　规划之机——"新城新使命"

大哲学家亚里士多德说过，人们为了活着，聚集于城市；为了活得更好，留居于城市。一千多年前，先哲就用朴素的语言道出了城市的起源和使命，即为了生存以及生活得更好。每个人梦想中的美好城市可能会有不同，但无论是一个"田园牧歌式的梦"，还是一个"摩登现代式的梦"，最初的梦想必定都指向"更好的城市、更好的生活"，所谓"Better City，Better Life"，提供"好"的生活才是衡量"好城市"的唯一准则。

作为城市的建设者，仅仅明白什么是"好"的城市是不够的。找到达至"好"城市的路径更为重要。城市在起源之初，一切都是混沌生长的自然状态，这种自然生长起来的城市很快就遭遇"城市病"：建筑无序生长、交通拥挤嘈杂、环境污染严重、犯罪率居高不下。无序成为制约城市发展的最大困境。为此，规划应运而生。有了规划，人们得以理性地思考城市发展定位、功能布局，长远地考虑产业、人口、交通、公共空间、私人领域的协调发展。规划大师勒·柯布西耶曾这样论述规划的内涵：在混乱中出现纯净的形。它带来力量，安定人心，又能使美具体化，这样，人的心智没有白费，他们以恰当的工具去创造了秩序。

埃比尼泽·霍华德于1898年出版的《明日的田园城市》向世人介绍了有关田园城镇规划的先进思想。为了控制工业城市的无节制增长发展，霍华德起草了一个城镇规划图，具体的控制办法是：把过剩人口重新安置到位于大都市外围郊区地带的中等规模城镇内，这样就能让工业城市重新回归到人文尺度。这些区域城市（regional cities）范围内各个城镇之间，以绿地、农场、农庄和公园用地互相隔开，以保障城镇不会继续向四周扩展。土地资源实行共有制，而城镇及其周围的地区，则规划成为互相连接、依靠的整体。为了推行这种设想，霍华德本人首先在伦敦北部建设两座这样的新城镇，就是后来脍炙人口的第一批的两座田园城镇，埃奇沃思（Letchworth）和韦林（Welwyn）。这对欧洲和后来的美国城市规划事业和城市发展产生了深远影响。

从经济学意义上讲，城市规划带来秩序。这主要在于各项建设活动和土地使用活动具有极强的外部性，在各项建设中，私人开发往往将外部经济性利用到极致，而将自身产生的外部不经济性推给了社会，从而使周边地区受到不利影响。通常情况下，外部不经济性是由经济活动本身产生，并且对活动本身并不构成危害，甚至是其活动效率提高所直接产生的，在没有外在干预的情况下，活动者为了自身的收益而不断提高活动的效率，从而产生更多的外部不经济性，由此而产生的矛盾和利益关系是市场本身所无法进行调整的。因此，就需要公共部门对各类开发进行管制，从而使新的开发建设避免给周围地区带来负面影响，从而保证整体利益。

2011年，圣彼得堡举行了建市300周年的超豪华庆典。这座城市连同建于1710年的著名的涅瓦大道，历经三个世纪，任凭风云变幻、潮起潮落，仍遵循它当初的规划和秩序，并持久地焕发出生机与活力，这不能不令人由衷地叹服。建筑大师贝聿铭说，我们只是地球上的旅行者，来去匆匆，但城市是要永远存在下去的。类似圣彼得堡的，还有芝加哥、巴西利亚等因规划而使城市更美好的典范，对我们是镜子，更是鞭策。倘若因为我们的无知或草率，而致我们的城市10年一改、20年一拆，那真是一种罪过。

规划产生秩序，促进生产力，有秩序的发展才能既满足当下，又福荫未来，而且规划、秩序越好，水平越高，城市发展也就越棒。梦想和理想让人充满憧憬，改变和创造的激情和力量在胸中翻腾涌动。面对现状和现实，我们必须冷静和深思：未来的坪山应该有怎样的新秩序？她能给这片土地上的人民提供什么样的美好生活？

坪山新区是因规划而生的，倘若没有当年特区外对光明、龙华、大运、坪山"四大新城"的规划，便没有后来深圳市委市政府成立坪山新区的决策。但是，当我们面对新区成立时的现状：空间无序、功能缺失、道路破旧、基础设施和公共服务设施严重短缺，都让我们无比地揪心。于是，以"规划先行、穷区富规划"来切入坪山新区的工作，便不言而喻地成为共识和首选。新区下大本钱聘请国内外优秀的规划机构和团队，就是要穷尽智慧，广询民意，力争把坪山新区的每一寸土地都规划、设计好，得到老百姓的认可。继2010年首届坪山峰会后，2011年第二届仍以规划审视为主题，广邀国内外专家把脉问诊，其用意正在这里。新区提出建设"五大新城"，并落实到综合发展规划和各专项规划之中，也是源于对"好"城市、"好"生活的感悟、理解和追求。礼遇规划，便是对历史和人民负责。

第四节　规划之路——"穷区富规划"

一、编制背景

在深圳的发展规划版图中，随着坪山片区功能定位不断调整，即从1994年到2009年，坪山片区先后经历了"镇—卫星城—东部工业组团"的定位演变，并在各阶段编制了镇域规划、坪山卫星城规划、深圳市东部工业组团分区规划等，这些规划在不同时期对当时坪山片区的发展均起到了上层次规划指导作用。

2009年6月30日，坪山新区正式挂牌成立，初步实现了从边缘到中心的战略性角色转变，被确定为深圳市东部发展的城市副中心，承载着市委市政府赋予的"两区一极"历史使命。在深圳市第五次党代会上，坪山新区又被明确为深圳未来30年发展的重点区域，广东省委常委、深圳市委书记王荣同志还寄望坪山做"特区的特区、城市的亮点、产业的高地"，希望尽快形成有辖区特色的城市风貌和产业特色。

面对一系列新定位、新形势和新要求，坪山新区原有的以东部工业组团分区规划为基础的规划体系，已无法满足市委市政府的要求与定位，亟须尽快优化提升坪山规划体系，切实承载起坪山新区作为城市副中心和产业高地的定位，为构筑和强化坪山新区在珠江东岸区域中的定位做好规划准备。

在此背景下，坪山新区启动了《坪山新区综合发展规划》（以下简称《综合规划》）的编制工作，以进一步深化和明确坪山未来的功能定位、发展方向和推进策略，进一步协调好坪山新区国民经济和社会发展"十二五"规划、新区交通运输"十二五"规划、产业发展"十二五"规划、近期建设规划、年度实施与土地利用规划、法定图则等的编制。

二、编制过程及重要节点

（一）系统梳理各层次规划，学习借鉴国内先进城区规划建设经验

坪山成立之初便提出"规划为先导""穷区富规划"，并在市规划国土委员会的指导和配合下，系统梳理了辖区51项各层次规划（法定规划35项、专项规划11项、交通规划5项），有力推进了《坪山新区新能源汽车产业发展空间布局规划》的报批工作，为建设新能源汽车产业基地提供科学的规划指导和空间保障。此外，坪山新区还组织赴新加坡、苏州工业园区、天津滨海新区等地学习考察新城规划，全方位学习借鉴同类型城区的规划建设经验。

（二）成功举办了"坪山峰会·2010"，借助全球智慧谋划坪山未来

按照高起点、高标准的要求，坪山新区在成立后仅半年的时间内，便联合市规划国土委成功举办了"坪山新区发展战略国际咨询峰会·2010"，邀请众多国际国内专家从规划、经济、社会等方面阐述坪山未来发展应重点考虑的因素，其中本届峰会关于"生态城市""土地利用创新战略""高端产业化之路""可持续城市规划和生态建筑""低碳思维和碳资产管理""公共服务均等化"等先进规划和发展理念，都在《综合规划》中得到了很好的体现和发展。

值得一提的是本次峰会创造性地与坪山中心区概念规划国际咨

询体验营相结合。在规划编制过程中引入工作体验营，不仅形式新颖，而且颇具现实意义。规划设计机构不仅能亲身体验坪山，而且能吸收与会专家的智慧，为后期提交规划方案奠定了感性和理性的双重基础。

（三）连续举办了"坪山峰会·2011"，进一步强化了《综合规划》的综合统筹地位

通过对7个专项规划成果的研究讨论，"坪山峰会·2011"强调了《坪山新区发展战略》《坪山新区国民经济与社会发展"十二五"规划》《坪山河流域概念规划》《坪山新区交通"十二五"规划》等5个规划对《综合规划》的支撑作用，明确了《综合规划》的综合统筹地位，认为《综合规划》通过优化空间结构来统筹安排新区各项建设活动，能有效推动城市功能的提升和完善，是指导坪山新区未来30年经济社会发展和城市建设的纲领性指导文件。

此外，本次峰会还提出了"动力新城、先锋城区"的长远发展目标，明晰了传统优势与新兴产业"双轮驱动"的产业体系，深化了"低碳生态"的城市发展理念和实现路径，这些对《综合规划》的后续完善和深化具有重大影响和借鉴意义。

（四）《综合规划》获批，标志着坪山新区全面进入规划实施阶段

2013年3月4日，深圳市委常委、常务副市长吕锐锋同志主持召开会议，原则审议通过了《综合规划》，并对坪山新区勇于担当历史责任的使命感、聚焦科学发展的紧迫感以及重视规划引领的方法论给予了充分肯定，同时要求坪山新区在完善和实施坪山新区综合发展规划时要注重增加改革创新能力，全面加快坪山新区发展速度；发挥空间资源优势，做大做强现代产业；突出交通路网建设，缩小与中心城区的空间距离；加大环境保护力度，提升生态文明和人居环境质量；切实改善民生，明显提高文教卫体和社会福利发展水平五个方面。这标志着《综合规划》法律地位得到确立，坪山新区全面进入规划实施阶段。

三、规划成果

《综合规划》除总报告研究内容外，还设立了五个专题研究，分别从区域合作、产业发展、社会和谐、生态环境保护、交通设施建设等不同角度，结合坪山新区现状特征进行具有针对性的研究。

专题一：深莞惠一体化下新区空间发展策略。

从区域合作的角度研究坪山在深莞惠一体化进程中的功能定位和作用，确定坪山新区的空间结构与发展方向，为其他专项研究提供空间指导。

专题二：坪山新区产业发展研究。

从区域、全市产业分工与布局出发，明确坪山未来主导产业选择及产业转型、优化升级的发展策略，在空间上提出合理的布局结构等。

专题三：坪山新区社区转型与提升策略。

从加快"农村型"社区向"城市型"社区转型出发，制定提高社区管理水平、塑造社区特色风貌、构建和谐公民社会等策略，并就社区在转型中的土地遗留问题、征地返还问题等提出解决对策等。

专题四：坪山新区低碳生态专项规划研究。

为加快坪山新区低碳生态示范区的建设步伐，借鉴国内外案例，结合全市低碳生态纲要的总体要求，开展适用于坪山新区的低碳生态专项规划研究，以指导推进坪山低碳社会建设。

专题五：坪山新区综合交通规划。

加强对内、对外的交通联系是优化坪山区位环境的重要因素。从城市副中心、辐射东部经济增长级的角度出发，提出改善坪山综合交通的具体对策与建议。

四、规划创新和亮点

（一）创新的部门互动规划编制模式

《综合规划》作为指导坪山新区未来30年发展的战略规划，坪山新区及市规划国土委高度重视，并在初步方案形成后联合举办了"坪山峰会"，进一步吸收和借鉴了国际上先进的规划编制经验和理念，有力提升了《综合规划》的国际化水平。同时，通过联合举办"坪山峰会"共同搭建了一个良好的沟通互动平台，利用这一平台邀请领导、专家和学者共同把脉问诊坪山的发展战略和规划体系，引进高端智囊，极大提升了新区的规划水平。

（二）先进的多规融合编制思路

《综合规划》采取了先进的"多规融合"的规划编制思路，即将《综合规划》与《深圳市城市总体规划（2010年～2020年）》《深圳市土地利用总体规划（2006年～2020年）》等全市层面的上层次规划进行了有效衔接，同时将其近期规划的相关内容与《深圳市坪山新区国民经济和社会发展第十二个五年规划纲要》《深圳市坪山新区交通运输第十二个五年规划》《深圳市坪山新区智慧坪山五年建设规划》等进行了充分衔接，并将坪山国民经济和社会发展"十二五"规划提出的目标与项目等内容落实到了空间层面。

（三）适应社会发展的社区重构和模式创新

《综合规划》深入分析了坪山新区社区转型、股份制改革中的关键问题——土地问题，提出重组社区，改变现有街道尺寸过大、管理不到位的空间设想；在制度上创新组织机构，构建"市政府—坪山新区管委会—街区""一级政府、三级管理"的扁平化管理体制，通过"土地入股城投"模式、"社区一体化统筹"模式等引导股份公司转型。

第五节 规划之策——"关键是落地"

一、发展战略之策

为了更好地落实深圳市委市政府关于建设现代化国际化先进城市的战略部署及"两区一极"的发展定位，在规划编制过程中，坪山新区上下深刻认识到未来的开发建设必须瞄准高端、放宽视野、全面推进。为此，新区提出了建设"五大新城"和走新型城市化道路的核心发展战略。

作为新区第一代开拓建设者，我们肩负着时代和历史赋予的光荣使命，也怀抱着新的希望和梦想。建设一座什么样的城市？这是新区第一代主政者每天都在思考和急欲找到答案的问题。没有国际视野就没有广阔未来，没有绿水青山就没有生机，没有产业就没有发展活力，没有民生幸福就失去发展根本意义，没有文化创意就不能占据发展高度，正是基于这样的思考，新区上下齐心、集思广益、反复论证研讨，最终提出了要建设"五大新城"的战略目标。所谓"五大新城"，首先是要着力发展高端制造业和战略性新兴产业，打造新兴产业名城，着力改变"半城市化"的墟镇形态，打造"城在园中、园在城中"，生产与生活最佳组合的现代化国际化新城。其次，在产业发达及基础设施完备的基础上，新城不仅需要有绿色健康的生态环境以及和谐幸福的社会环境，而且也需要文化底蕴和人文精神。所以，新区又提出了建设山水田园新城、和谐幸福新城以及文化创意新城的目标。我们就是希望按照现代化、国际化的标准，以新加坡和苏州工业园等新区为标杆谋划和推动新区的开发建设，使新区的发展在未来30年、50年甚至100年都不落后。

同时结合坪山新区实际和未来发展方向，2012年1月新区提出了要充分把握现代城市发展的客观规律，坚定不移地走新型城市化道路。所谓新型城市化道路，就是在科学发展观的指导下，以统筹兼顾为原则，以民生幸福为方向，以新型工业化为基础，遵循工业化与城市化、农村与城市、人口与城市协调发展的城市化规律，倡导建立政府引导、市场主体、社会参与的城市化新机制，着力推进人口、资源、环境协调发展的集约型、均衡化、可持续的城市化发展路径。在新型城市化发展过程中，强调布局上必须科学合理，功能上必须宜居宜业，品位上必须特色鲜明，产业上必须高端化，管理上必须精细化，执行上必须落实到位。

传统城市化走的是一条"拼土地、拼资源、拼成本"的道路，新型城市化正是对传统城市化所产生的一系列"城市病"的反思和纠偏，是遵循科学发展观的城市化发展道路。走新型城市化道路，对于新区具有重大的战略意义。走新型城市化道路，是新区积极贯彻深圳市委市政府战略意图、推进新时期城市转型发展的必然选择。深圳市委市政府旗帜鲜明地提出"以城市发展引领现代产业、引领现代生活和发展方式的转变"的全新理念，这是新区推动新型城区建设的重要指引，也是新型城市化道路的重要内涵。走新型城市化道路，是新时期实现创新发展、外溢发展，打造深圳质量的客观要求。坪山新区作为深圳实施东进战略的"桥头堡"和"中心区"，特殊的区位、区情要求新区必须承担起创造"深圳质量"的特殊使命。新区走新型城市化道路，就是要通过持续创新改变传统城市化的发展模式，通过"外溢发展"来"转过身去"，面对深圳以外的更大区域创优势、谋发展。走新型城市化道路，是新区进入新的发展阶段、破解开发建设困局的迫切现实需要。当前，坪山新区要走新型城市化道路，面临的挑战很多。从外部环境来看，2008年以来的国际金融危机继续蔓延，全球市场可能陷入较长期低迷，国际贸易环境可能进一步恶化，全国包括深圳的发展面临一系列新情况、新问题和新挑战。就新区本身而言，新区也面临着"三个严峻考验"：一是如何高水平建设一座经得起历史检验的精品城市；二是如何破解"半城市化状态"和土地二次开发所面临的矛盾；三是在项目、空间、资金、人才等方面如何为新区大开发大建设提供足够资源支撑。

二、空间发展之策

(一) 构建"一核两轴、一环四带"的空间结构

从强化中心服务体系、拓展坪山对外交流、集聚城市内部功能、打造山水田园城区的角度出发，构建"一核两轴、一环四带"的城市空间结构（见图3-1）。"一核"即服务主核心，包括坪山新、老中心；"两轴"即北部的现代产业发展轴和南部的人文创意生活轴；"一环"即城市公共交通通行环；"四带"即有机联系城市建设区与生态区的生态绿带。未来坪山与周边地区将形成内聚外联、共赢共生的发展格局。

(二) 一核带动，强化中心服务功能

加快完善坪山主中心建设。主中心包括新中心区约4平方公里，老中心区约1.5平方公里。新中心应积极借助老中心的商业活力，与老中心联动发展，强化服务功能，共同成为市级副中心。在职能方面，新中心承担行政、文体、商业、商务，以及区域综合交通枢纽等综合服务职能，重点发展区域性的现代服务业和总部经济。老中心承担商业、商务等职能，重点发展文化创意、旅游服务及中高端生活性服务业。

(三) 双轴外联，实现区域协同发展

通过开放式的空间结构带动区域功能的组织和联系。北部依托厦深铁路和轨道12号线，形成西联龙岗中心，东联惠阳中心，串联坪山新中心、出口加工区、坑梓中心的现代产业发展轴；南部依托坪山河和坪山快线，形成西联市中心、香港，东联大亚湾中心及大鹏半岛，串联碧岭、老中心、燕子岭、田心田头的人文创意生活轴。

◆ 开放式的空间结构强化区域功能的组织和联系。

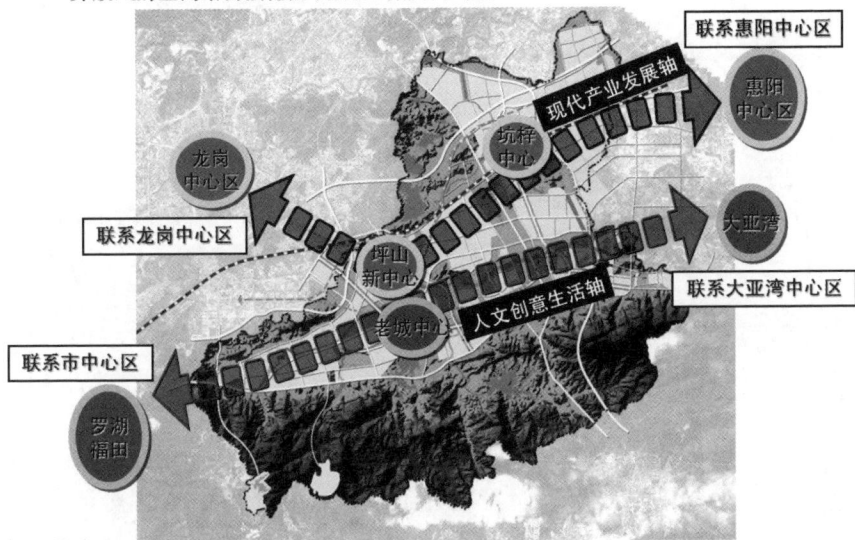

图3-1　坪山新区区域发展轴

（四）一环内聚，力促内外交通分离

构筑围绕各主要片区的干线性主干道分离内外交通。由丹梓大道、创业路、聚龙路、深汕路构成一个43公里的社会车辆内环通道，加强内部各功能片区的有机互动和融合，避免过境交通对主要城区的影响，提高城区的可通达性，营造良好的交通出行氛围。

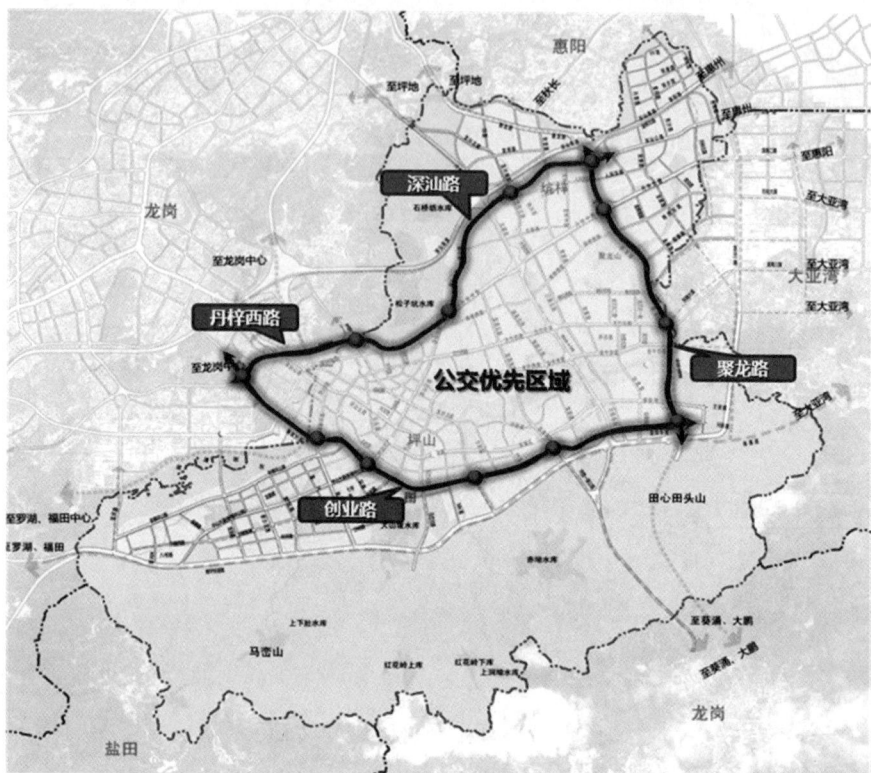

图3-2 坪山新区内部交通组织

（五）一河四带，引山入城绿水润城

构建网络化生态系统。通过滨水系统、绿地系统、慢行系统增加人与自然交流的界面。横向以坪山河形成"滨水生态轴"，串联碧岭、沙湖、坪环、汤坑、田心等片区；纵向沿创业路、龙坪大道、高压走廊、外环路构筑四条"生态渗透廊"，发挥有机联系及通风廊道的作用，增强建成区与自然生态区的互通融合。

■ 构建"一河、两山、四带"的生态体系,打通南北生态联系。

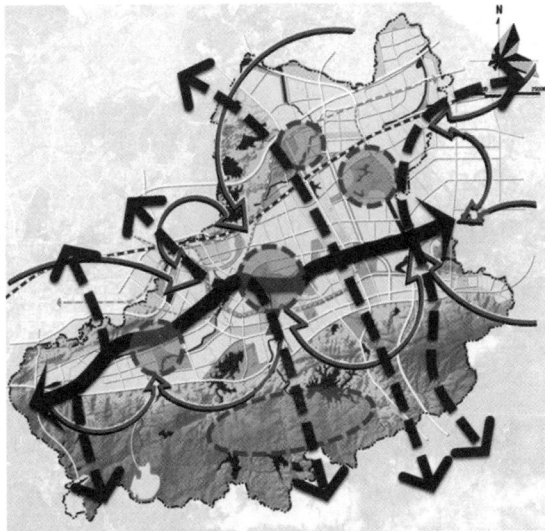

图3-3 坪山新区生态系统结构

三、分区引导之策

(一) 区域协调统筹布局

充分利用惠阳、大亚湾等地区的制造业基础较好及相对充足的工业用地资源,坪山大力发展与周边配套的生产性服务业、高端生活性服务业。在区域功能布局方面,以深惠合作示范区为带动,将坪山的加工制造功能逐步向外转移,坪山利用有限的空间资源大力发展企业总部、影视文化、科研设计等2.5产业功能。适当降低工业用地比例,增加2.5产业用地、商业用地比例,在龙岗、惠阳、大亚湾等区域范围内实现用地功能平衡、产业链条完整。

（二）优化调整九大功能区

以空间结构为基础，综合考虑区域关系、资源条件、发展基础、生态环境约束等因素，以及城市管理体制改革的需要，将坪山划分为九个片区。包括中心片区、坑梓片区、聚龙山片区、老坑片区、碧岭片区、燕子岭—出口加工区、田心田头片区、马峦山片区、生态农业片区。

中心片区包括六和、六联、和平、坪环、坪山、江岭等社区，是坪山主中心、城市副中心、区域高端综合服务中心、对外交通枢纽和坪山主要的生活区。重点发展总部金融、商贸会展、文教体育等高端综合服务功能。生活方面为坪山、龙岗、惠阳、大亚湾等地配套中高档居住区。

碧岭片区包括碧岭、汤坑、沙湖等社区，是珠三角重要的影视文化、旅游服务基地，深圳东部旅游区的北门户，重点发展创意文化、影视动漫、主题旅游、生态农业等产业。生活方面为碧岭、宝龙、同乐等地区配套环境优美的高档居住区。

燕子岭—出口加工区包括老坑、沙堂、南布、石井、和平、江岭等社区，是粤东重要的出口加工区、坪山重要的创意设计基地及环境优美的生活区。重点发展国际贸易、保税物流和展览、中小企业总部、创意设计等产业。生活方面为出口加工区、比亚迪汽车园及周边配套环境优美的中高档居住区。

聚龙山片区包括老坑、金沙、竹坑等社区，是深圳的国家生物产业基地、高新技术园区和总部研发基地。重点发展生物产业、高新技术产业、研发设计总部等，并配套企业加速器、孵化器、创业园、中试检测等公共技术平台。生活方面为聚龙山、大亚湾片区配套中高档居住区。

坑梓片区包括龙田、秀新、沙田、金沙、老坑等社区，是深圳重要的新能源汽车产业基地。重点发展新能源汽车、太阳能等产业，并配套企业加速器、孵化器、创业园、中试检测等公共技术平台。生活方面为坑梓、惠阳地区配套一般居住区。

田心田头片区包括田心、田头、石井等社区，是深圳重要的循环经济产业园、科教培训基地。重点发展垃圾处理及循环利用产业、生态环保产业，预留未来高等教育、科研院所、职业培训的用地空间。生活方面为田心田头地区配套一般居住区。

老坑片区包括龙田、老坑等社区，是坪山高新技术产业与生态环境有机融合的示范区。重点发展与新能源、生物产业相关的配套产业。生活方面为老坑地区配套一般居住区。

生态农业片区包括老坑、竹坑、石井等社区，是坪山重要的生产防护、绿化隔离、生态农业片区。重点进行耕地保护、农业种植、绿地绿化等工作。

马峦山片区包括马峦、金龟、碧岭、汤坑、沙湖、坪环、江岭、石井、田头、田心等社区，是珠三角乃至全国重要的以生态资源、影视文化为特色的主题生态文化旅游基地。重点进行旅游项目合理开发、生态资源保护、适度配套旅游服务。

（三）指标控制二十二个标准分区

以空间结构、功能分区、规划路网、自然边界、行政区划等为依据，同时考虑标准分区内联合发展及规划定位的整体性与差异性，将全区划分为二十二个标准分区，用以指导法定图则和城市发展单元等规划编制。标准分区实行指标控制，每个标准分区确定的人口容量、建设容量、交通设施、公共设施、市政设施、生态绿地、保障性住房规模等内容，法定图则和城市发展单元等规划原则上必须执行，其他引导内容可参照执行。

四、服务中心体系之策

（一）一个高端综合服务主中心

坪山高端综合服务主中心包括坪山新、老中心区，承担区级行政、文化、商业、商务等综合服务职能，以及部分市级和区域级的专业生产服务职能。服务坪山以及周边的宝龙、同乐、东部沿海、惠阳、大亚湾等地，逐步成为深圳城市副中心、深惠合作服务粤东的高端综合服务中心。

（二）一个产业配套服务次中心

坑梓次中心承担坪山东部地区的行政、文化、商业、商务等服务职能，并为周边战略新兴产业、高新技术产业提供所需的生产服务。服务坪山东部地区以及惠阳、大亚湾等地，逐步成为深惠城市发展轴上的重要服务节点。

（三）五个社区级、专业级片区中心

片区中心包括碧岭中心、燕子岭中心、金沙中心、聚龙山中心、田心田头中心。片区中心主要承担社区级和专业级服务职能。其中，碧岭中心除基本的社区中心职能外，重点发展专业化的旅游服务职能，既服务于碧岭、宝龙、马峦山等地，同时又服务于粤东地区；燕子岭中心主要服务于燕子岭、出口加工区、比亚迪汽车园；金沙中心主要服务于金沙、沙田、惠阳等地；聚龙山中心主要服务于聚龙山和大亚湾片区；田心田头中心主要服务于环境园及周边地区。

五、城市更新之策

（一）坚持经济、社会与环境协调发展

围绕坪山新区发展目标，通过绿色低碳城市更新，以空间整合、功能调整为重点，以更新片区为载体，整合城市空间结构、加快产业提升优化、完善综合服务功能、促进社会形态转型、塑造城市文化形象，坚持在城市更新中把城市建设、产业提升、民生福祉、生态保护、文化塑造相结合，实现坪山新区工业化、城市化和低碳化协调发展。

（二）推行"差异化"更新方式

充分考虑省、市更新改造政策带来的利好形势，在满足房地产市场供需平衡和公共财政收支平衡的前提下，综合评估现状建设、规划要求与改造意愿，以及历年城市更新实际推进情况，科学确定到2020年全区更新规模15.19平方公里，其中城中村8.11平方公里，旧工业区6.55平方公里，旧城区0.53平方公里。

政府为科学指导、有序推进更新改造工作，将城市更新分为拆除重建、综合整治、功能改变、生态恢复和历史保护五种方式。到2020年，拆除重建规模6.46平方公里，综合整治规模5.42平方公里，功能改变规模1.16平方公里，生态恢复规模2.15平方公里。

（三）统筹划定更新片区

以整合土地资源、引导市场参与、保证公共利益为目的划定更新片区，更新片区以拆除重建为主要更新方式，用以指导城市更新单元的申报与规划编制，作为城市发展单元划定的参考。到2020年，全区共划定更新片区40个，片区总规模7.19平方公里，涉及更新对象5.24平方公里，其中城中村2.44平方公里、旧工业区2.58平方公里、旧城区0.22平方公里。

六、景观营造之策

（一）打造立体网络化的山水田园式景观

构建三层体验景观系统和标志性景观节点相结合的景观网络体系。高层为山水观景点和至高建筑，中层为通风廊道和景观廊道，低层为景观节点。充分利用高低起伏的自然山脉和人工建筑，构成自然与人工生动的天际线。通过至高观景点或建筑、视线走廊、自然观景点（田头山、马峦山、聚龙山、老鸦山等山脉观景点）和人工观景点（高层建筑）构建山、水、田、园、城相互交织的视线网络。

控制两条通风廊道，生态型通风廊道以基本农田及园地为主，鼓励生态农业发展，限制城市建设；城市型通风廊道主要以马峦北路转深汕公路及龙坪大道附近区域的城市建设用地为主，建筑高度、密度等必须满足通风环境要求，确保城市生态安全格局。

通过坪山河流域串起东西方向景观节点（如矿山公园、大万世居、坪山公园、燕子岭、燕子岭湿地公园、大学城湿地公园等），构筑城市与自然景观相映生辉，休闲旅游与文化娱乐多功能一体的景观大道。

打造深圳新城站及周围建筑群、五马峰周边建筑群、南坪三期与横坪快速路交叉口为门户节点。丰富三处标志性建筑，包括坪山新中心区大型公共文化设施建筑群、坑梓商业文化中心建筑群、碧岭鹏茜矿山公园建筑群。以新颖的建筑形象作为城市建设的催化剂，为市民提供社交休闲的优质场所。

（二）彰显特色与集约的城市设计指引

空间形态控制方面，坪山新中心、老中心及坑梓中心为高强度集约开发地带，在保证空间环境品质的前提下尽量提高三个区域的开发强度，塑造集约、高密度的中心区空间形态；以高铁东站及地铁站点为中心，开发强度由中心向四周递减，形成中心高向自然山体递减式的空间形态。

开发强度分为三级：一级区包括坪山新中心和坑梓老中心，其中坪山新中心用地容积率落实国际城市设计招标优化方案。二级区包括坪山老中心、沙湖片区及燕子岭片区。三级区包括二级区到自然生态林区的过渡区域。

七、地下空间利用之策

（一）地下空间规划原则

坚持"以人为本"的原则，注重将人的长期活动置于地面、短期活动置于地下。坚持综合开发原则，对地下各项设施进行系统整合、统筹考虑。坚持突出重点原则，地下空间开发利用要和城市公共活动中心相结合，和轨道交通枢纽相结合，注重解决交通问题。坚持"平战结合"原则，处理好地下民防设施和非民防设施的兼容和转化。坚持集约高效的原则，通过建立有偿使用机制，提高地下空间使用效率。地下空间设计必须满足综合防灾要求，按照标准设置防灾疏散通道和出入口。

（二）公共地下空间功能指引

公共地下空间功能分为轨道交通设施、市政设施、公共通道、公共停车场和地下商业设施等。公共地下空间综合利用应首先保障轨道交通和市政设施修建要求，鼓励在轨道站点及商业中心根据相应功能分层开发，鼓励在公园绿地和公共广场的地下设置公共停车库和市政配套设施。

（三）非公共地下空间功能指引

非公共地下空间功能包括业主私有停车库、业主私有地下商铺、业主私有市政设施、业主私有地下仓库及内部通道。土地使用权获得者进行开发利用非公共地下空间时不可超出开发出让的地块红线范围，不应影响公共地下空间的使用和设施的正常运行。非公共地下空间与公共地下空间原则上鼓励连通，因安全、保密等特殊原因不能连通的空间，非公共地下空间不应影响公共地下空间的使用和设施的正常运行。

八、"单元统筹"开发模式之策

新区确立了以单元统筹的模式推进综合性开发的基本思路。城市发展单元是市规划国土委员会为破解城市化困局提出的重要概念。以单元统筹来推进综合性开发非常符合新区的实际，也是实现以城市发展引领现代产业、引领现代生活和发展方式转变的基本抓手和载体。我们在推进规划实施和新区开发建设的过程中，首要的理念和措施便是"单元统筹"。这种模式的最大特点在于：首先，它是以"单元拼图"的形式来有序推进新区的开发建设。在规划的整体统筹下，我们借鉴新加坡将全国划分为55个"新开发区域"的经验做法，把新区划分为若干个单元和子单元，制定出切实可行的发展单元规划和各子单元的土地开发利用方案，根据建设时序的安排，集中资源优先打造15～20个对于形成新的城市风貌具有关键性作用，且条件相对成熟的单元片区，一次性做成城区的亮点，通过这一个一个的"亮点拼图"，最终把新区规划的美丽新图真正地落到实处。这种"单元拼图"的模式将实现土地开发利用从项目开发向综合性开发转变，改变以往只重视项目落地而忽视城市整体综合功能的开发模式，更加注重每个单元在整个城区中所承担的城市功能。其次，它可以统筹解决好城市化难以破解的种种难题。在"单元统筹"模式的指引下，可以充分运用规划、国土、产权的政策和技术手段，通过土地整备和城市更新，一揽子解决一个单元或片区的土地历史遗留问题、土地开发利用问题和违法建筑问题，并在此平台上，综合解决社会建设、经济建设转型问题。目前，我们正在市规划国土委的指导和支持下，以"单元统筹"的模式大力推进中心区、坪山河流域、南布、沙湖、金沙社区、体育中心、文化综合体、中小企业总部基地等单元片区的开发建设，各项试点形成了自上而下与自下而上相结合的良好工作模式，进展顺利，形成了很好的示范效应。

第六节 规划之感——"规划是龙头"

"规划是龙头"，一个良好的规划是发展生产力的重要保障。因此在此次规划编制的过程中，新区深刻吸取过去粗放式、无序发展的历史教训，坚持以高水平规划引领城市发展，放眼国内外，博采众家之长，广聚高水平的规划专业力量，组织编制了新区综合发展规划等39项规划，建立了"统专结合、多层协同"的规划体系，并按照"发展战略—实施策略—执行机制—保障机制"的系统思维，构建有利于规划实施的体制机制。

在规划体系上，可以划分为三个层次。第一层次是综合发展规划，它是新区规划体系的统领和"上位法"，未来的坪山新区将在它的指引下形成"一核两轴，一环四带"的空间结构以及"一心八片"的功能布局。第二层次是国民经济和社会发展、产业布局、交通运输等专项规划。这些是条条，涵盖了新区宏观层面上的安排部署。第三层次是坪山中心区、坑梓中心区、金沙社区、坪山河流域等单元规划。这些是块块，它们是整个规划体系中最基础、最直接、最具体的"施工图"。

在发展战略上，新区制定的"十二五"综合发展规划充分考虑时间和空间两个维度，时间上既考虑5年，也考虑10年、20年远近期结合；空间上充分考虑新区位于珠三角一体化发展战略节点的战略意义，按照"两区一极"的发展定位，提出了建设现代化国际化新城、新兴产业名城、和谐幸福新城、文化创意新城、山水田园新城"五大新城"的战略目标。

在实施策略上，采取统筹的方法，整合各种资源、力量，促进城市发展要素、发展思路、发展资源的统筹，充分调动各方积极性，充分利用各方资源，协同推进新区的开发建设。在执行机制上，通过流程再造，打造土地整备、城市综合开发、产业转型、区域合作等多个平台，构建一套与新区新型管理体制相匹配的高效执行机制。在保障措施上，通过创新工作机制、打造"人才高地"、投融资体制改革和行政管理体制改革，做好人才、资金和组织的保障。

同时为强化规划对新区发展的统筹，我们通过编制新区综合发展规划，把国民经济社会"十二五"规划，城市、土地、"智慧坪山"规划等多项规划整合到一个规划里，与此相承接，我们通过制定每年的实施计划，把规划落到年度计划上；通过建立"十二五"规划项目库，把规划落到项目上；通过土地整备，把规划落到空间上，通过每一个行动计划、每一个项目的实施，确保实现"十二五"的发展目标。特别是在土地整备上，我们将其列为"一号工程"，提出了"整村统筹"的工作理念和模式，统筹推进城市、产业、社会结构再造和社区转型发展，为城市和产业开辟新空间。目前，金沙、南布、沙湖3个"整村统筹"试点社区土地整备都取得了突破性进展，将在近期、年底和明年（2014年）初分别上报三个社区的土地整备方案。截至2012年上半年，新区累计完成土地整备约10.69平方公里，入库约10.31平方公里，2012年在市土地整备工作会议上新区被评为全市唯一的土地整备先进单位。

另外，此次规划明确了实施推进的具体路线图。为确保规划能够顺利、有序推进，规划明确了近期（即从2011年～2015年）、中期（即从2015年～2020年）和远期（即从2020年～2040年）的总体风貌、发展指标、行动计划、实施策略和各项保障措施，使规划既能"高"得上去，也能够"落"得下来，既有前瞻指导性，又有极强的可操作性。

第四章 激活"休眠"的土地：
创新土地二次开发模式

古典政治经济学创始人威廉·配第有一句名言："土地是财富之母，劳动是财富之父。"这充分说明了土地在经济发展和财富创造之中的重要地位和作用。在中国这样一个有着数千年农业文明的国度里，也一再诠释着"地者，政之本也"（《管子》）和"夫土地者，天下之本也"（《荀子》）的传统治理哲学思想。有着"中国农村改革之父"之称的杜润生先生认为，"对于中国来说，土地制度问题不但在过去的农业社会是个重要问题，在工业化进程中，甚至在工业化实现以后，仍然是重要问题，因为中国的国情是人多地少，土地稀缺。因而，土地制度就成了影响一切方面的大问题，牵动了许多方面的利益关系。"

2012年，《〈深圳市土地管理制度改革总体方案〉近期实施方案（2012年～2015年）》将坪山新区确定为全市两大综合试点之一，"重点探索原农村土地依改造确权路径，城市更新、土地整备、城市发展单元等二次开发机制统筹，土地收益分配调节等"。坪山新区"整村统筹"土地整备从2010年年底开始探索，并成为综合试点的重要组成部分，目前已取得一定成果，对深圳原农村地区土地问题的认识更为深刻。

第一节 土地利用概况

坪山新区总面积168平方公里，其中，已建面积64.15平方公里，占总面积的38.2%；未建面积103.85平方公里，占总面积的61.8%。从征转地情况来看，新区范围内已征转补偿面积为97.2平方公里，剩余未补偿的国有土地面积为70.8平方公里。根据《深圳市土地利用总体规划（2006年～2020年）》，坪山新区范围内现有农用地面积87.26平方公里，占辖区面积的51.94%；建设用地面积69.89平方公里，占辖区面积的41.6%；未利用地面积10.85平方公里，占辖区面积的6.46%。经核查比对深圳市土总规、城市规划、征转地及二调情况，辖区未批未建可建设产业用地共77宗，面积约2.95平方公里。在剩余的可建设用地中，集中成片可建设用地主要分布在新能源汽车产业基地、生物医药产业基地、出口加工区、沙湖片区等。

一、土地权属现状

根据地籍分类标准，坪山新区范围内用地按权属、合法性及建设情况可分为国有用地、原农村建设用地和基本农田保护用地三类，其具体情况如下：

（一）国有用地

指由国家征收（征用）并已在国土部门办理合法手续的土地，包括已批用地和未批用地。从土地审批情况来看，新区范围内已批用地4248.13公顷，其中，已批已建用地3077.34公顷，已批未建用地1032.79公顷；未批用地12597.76公顷，其中，未批已建用地

2655.09公顷，未批未建用地9942.67公顷。在未批未建用地中，大部分位于基本生态控制线内，仅有2016.2公顷可供开发利用，占未批未建总面积的20.22%，再扣除形状畸零地块、规划道路、绿地及2010、2011年的招拍挂年度计划用地后，实际可利用土地641.31公顷，其中符合土地利用总规的有351.02公顷。在这351.02公顷用地中，有212.2公顷的国有土地，有44.16公顷土地需完善征转地手续。

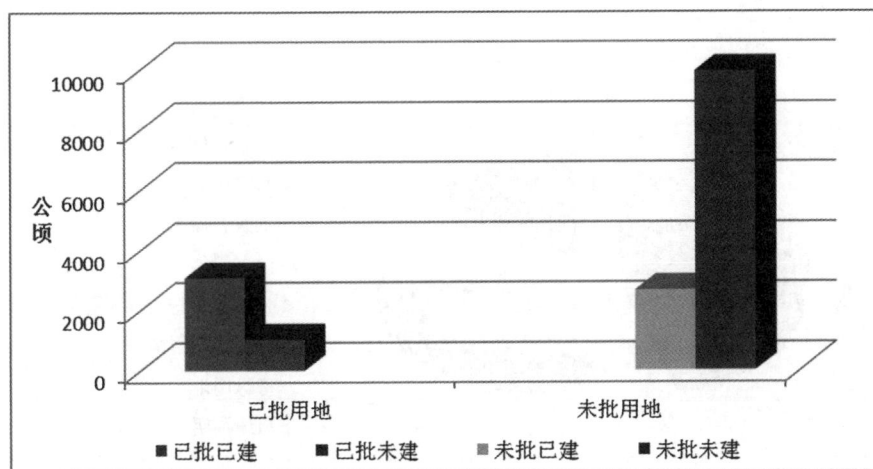

图4-1　国有用地分布现状

（二）原农村建设用地

指各行政村集体的非农建设用地。包括：农村工业用地、农村私宅用地及农村道路、市政、绿化、文化、卫生、体育活动场所等公共设施用地，以及未经规划国土部门批准，由村里自行开发建设的超出非农用地标准的用地。其中农村工业用地6.48平方公里；农村私宅用地8.53平方公里；其他1.72平方公里。

（三）基本农田保护用地

由龙岗区政府统一划定用于农业生产的用地，共14.37平方公里。

二、建设用地现状

目前新区已建用地5732.44公顷，主要是工矿仓储用地，面积为2334.54公顷，占已建用地的40.73%；其次是住宅用地和交通运输用地，分别为1144.3公顷和1119.34公顷，占已建用地的19.96%和19.53%；商服用地则较少，只有61.72公顷，仅占已建用地的1.08%。

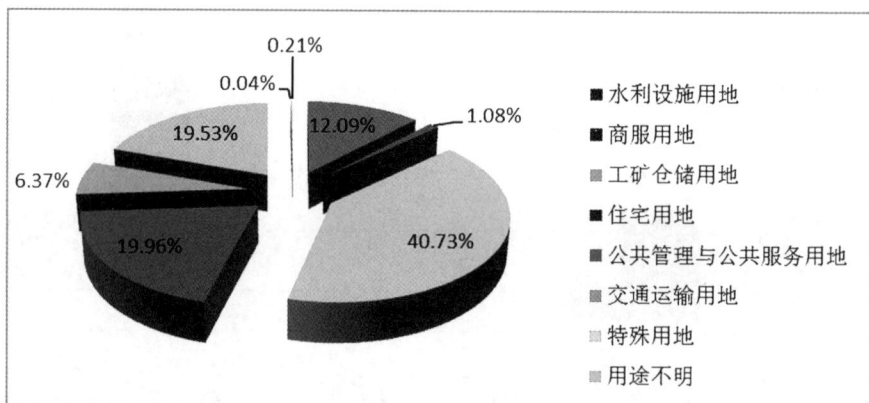

图4-2 已建区域各类用地现状统计图

三、闲置用地现状

（1）存量闲置用地方面：在市政府已认定的龙岗区163宗已批未建地中，有18宗位于新区范围内，总面积835597.8平方米。截至2013年8月，市规划国土委坪山管理局已处置完毕12宗（710900平方米），暂未处置完毕5宗（121897.8平方米），另有一宗不作为闲置土地处置。

（2）新增闲置土地方面：坪山管理局经过对辖区2009年10月1日前出让的804宗土地的核查清理，目前已初步清理出2宗涉嫌闲置土地，其中1宗已处理完毕。

四、主要潜力产业片区土地利用现状

目前，坪山新区的主要潜力片区包括新能源汽车产业基地、生物产业基地、出口加工区和沙湖产业片区等，其中，新能源汽车产业基地166.28公顷，生物产业基地39.92公顷，出口加工区47.8公顷，沙湖产业片区5.44公顷。

第二节　坪山新区土地利用存在的问题及原因分析

一、土地利用水平较低、结构不合理

2012年，新区每平方公里土地生产总值为2.04亿元，每平方公里土地税收为0.27亿元，分别为全市平均水平的32.1%（6.35亿元/平方公里）和36.2%（0.74亿元/平方公里）。与福田、罗湖、南山等原特区内成熟区相比，差距更为明显。可以大致判断，坪山新区目前的土地产出效益较低，土地利用水平仍不高，土地利用模式亟待优化和提升。

坪山新区目前的土地利用结构主要是以工业用地为主，面积达2334.54公顷，占已建成面积的40.73%；居住用地较少，为1144.3公顷，占已建成面积的19.96%；而商业用地则更少，仅有61.72公顷，仅占已建用地的1.08%。这种以一般制造工业为主的传统粗放型的土地利用结构不仅造成了目前新区土地利用效益低下，也导致新区第三产业发展十分缓慢，公共配套服务不足，综合营商环境和居住环境相对较差，并将对吸引高端企业和高端人才入驻等产生不利影响。

二、实际可利用土地资源不足，开发难度大

尽管目前坪山新区拥有深圳市面积最大的可开发建设用地，但由于历史和现实方面的原因，新区内实际可直接投入开发利用的土地并不多，土地开发难度极大，土地供需矛盾十分尖锐。

从现实因素上看，新区可开发用地分布零乱、规模较小，且受城市规划、土地利用总规、农转用等相关控制指标影响的土地数量较大，以至于目前实际可利用土地少之又少，加之新区处于建立初期，面临"大开发、大建设"的发展任务，土地供应速度较快——2010年新区产业用地供应就达到1.3平方公里，占目前新区产业用地储备量的三分之一，按此速度，坪山新区将在2～3年后面临无地可供的困境。在这双重因素的影响和制约下，按目前土地利用形势发展，辖区内剩余可利用土地将日益难以满足新区"大开发大建设"的迫切需要。

从历史因素上看，一方面，新区土地存在大量的历史遗留问题、征转地问题、"外卖地"问题，能够有效成规模供应的"干净"土地少之又少，严重限制了加快新区建设发展的土地供应；另一方面，原农村集体和基层社区存在征地返还、非农用地等土地历史遗留问题，严重影响了新区土地整备、城市更新、征地拆迁等工作，进而制约了新区的发展建设。

三、土地开发利用制度尚不健全，土地管理亟待加强

新区土地的集约高效利用需要规划国土、城建、经济服务、公安、物价、审计、监察等多个部门的默契配合、协同作战，共同推动土地整备、城市更新等工作的顺利进行。但目前新区土地开发利用的管理体制机制和相关制度环境尚不健全，诸如查违、问责等机制不完善或没建立起来。市、区和街道三级政府及部门之间事权划分不合理，权责不清、难以协调，导致土地管理乏力，政策措施难

以发挥实效。以土地整备为例，在当前的土地整备体制机制框架下，土地整备机构作为一个承上启下的协调机构，在实际运作过程中却处于较为尴尬的境地，具体而言：一方面因土地整备机构不拥有实际的垂直管理权，导致在实际工作开展中，无法有效协同相关部门形成统一行动，形成合力，共同推进土地整备工作。在反映相关问题时，渠道太多，缺乏规范，相关主体往往不按既定的体制走，越级反映。另一方面因土地整备机构不拥有较强的横向协调权，导致与同级职能部门在协调沟通上存在较大的困难。如在资金申请与拨付上没有明确的制度化细则，在安置地选址与安置房建设上没有有效的跟踪落实机制，在项目审计上无法有效与谈判补偿进度相一致等，这些问题对土地整备工作产生了较大的阻力，极大地降低了土地整备工作的质量与效率。

四、政策法规不够完善，土地二次开发利用推进艰难

目前坪山新区城市化水平较低，实际可开发用地并不多，必须通过土地整备、城市更新等手段来实现新区土地二次开发利用，才能满足新区"大开发大建设"的迫切需要。尽管深圳市关于土地的相关政策比较完善，但目前在土地整备和城市更新方面却存在政策法规的缺失和不完善，处于探索阶段，这也导致目前坪山新区的土地二次开发利用困难重重。

（一）土地整备方面

目前深圳市已有的政策法规主要是面向项目式的土地整备，缺乏针对成片成规模土地整备的政策法规，未能从根本上确立土地整备的合法地位，而仅依靠"公共利益"去推动征地拆迁活动，在现行的经济社会背景下几乎无法推进实施。即便是已经有政策法规支持的项目式土地整备，其所参照的政策法规也不完善：一方面161号令（《深圳市公共基础设施建设项目房屋拆迁管理办法》）仅适

用于市政建设项目拆迁，以公共利益为主，对于非公共利益的项目拆迁则无法参照；另一方面161号令中所采用的"房屋与身份结合""房地合一""假定合法"的补偿模式，造成目前拆迁补偿价格的超高性与不合理性，刺激了违法抢建的滋生。此外，新区在"整村统筹"思路下的土地整备，由于需要在保证各利益主体的基础上进行充分协商完成，而村民受感情、利益等因素影响，在征地补偿安置等问题上往往难以与政府达成一致，并且在新的拆迁法规出台背景下（《国有土地上房屋征收与补偿条例》），即使是违法建筑，也无法进行强制征收和拆迁。

（二）城市更新方面

尽管这种以市场为主导的项目拆迁都有可供参照的政策依据，但具体实施的效果却常常事与愿违。一是此类以市场为主导的项目拆迁政策都更多地把被补偿人的利益放大，从而形成与政府主导的土地整备的对比，较高的补偿导致群众将更多地支持市场主导的项目拆迁，一定程度上造成了土地整备工作的被动性。二是村集体主导的城市更新项目，由于农民集体和村集体股份公司在房地产投资建设方面的非专业化，导致推进速度比较慢。三是开发商主导的城市更新项目，由于受到历史遗留问题、规划调整、"五类"用地不足等因素影响，同样也是进展缓慢。

五、征地补偿模式单一且成本高，融资困难重重

目前，深圳市在拆迁补偿方式上有货币补偿与产权调换两类。对新区而言则基本上只是单一的货币补偿，这种单一的补偿模式存在诸多问题：一是补偿未与社会保障相关联，导致原村民对土地整备的积极性下降，而且部分村民在错误消费观念的引导下，短时间过度花费获得的补偿款，容易出现返贫现象，从而引发新的社会问题。二是单一的"房地合一"补偿模式下，房屋补偿价格不断走

高，而土地补偿价格则不断走低，这不仅造成违法抢建屡禁不止，而且造成补偿的不公平、不合理。三是当前采取的"假定违法建筑合法"的评估与补偿原则，区分不开合法建筑与违法建筑的区别，一定程度上鼓励了原农村社区违法建筑的大量产生，从而导致补偿成本不断被抬高。

城市化过程中资金需求量巨大，而目前的新区财政收入状况仅能维持政府机构的运作，处于"吃饭财政"的境况，在亟须大量资金投入的土地整备上显得力不从心。城投公司作为新区政府的融资平台，也面临资金缺口的问题，由于国发[2010]19号文①和财预[2010]412号文②，加强了对地方政府融资平台公司的监管，城投公司一方面因财务困难、土地无法抵押难以向商业银行申请贷款，另一方面又受政策制约无法引入社会资金，而唯一同意贷款的国开行提出的贷款利率较高，融资成本较大，以至于城投公司在土地融资方面所起的作用也十分有限。社会资金在国家和地方严格的政策规定下，目前仅能通过社保基金等极少数渠道进入，也难以解决新区的融资困境。

第三节　创新土地二次开发的理论思考

一、土地的三资管理

土地主要包括三大属性，即经济属性、社会属性和自然属性。

---

① 2010年6月10日，国务院发布了《国务院关于加强地方政府融资平台公司管理有关问题的通知》（国发[2010]19号），提出了对地方投融资平台进行清理、规范的要求。

② 2010年8月19日，国家财政部、发改委、央行、银监会共同下发《关于贯彻〈国务院加强地方政府融资平台公司管理有关问题的通知〉相关事项的通知》（财预[2010]412号），对19号文相关事项进行了进一步的说明。

土地的经济属性表现为土地资源在经济活动中是稀缺的要素，应主要通过市场机制实现优化配置，通过价格机制反映供求关系，不断提高土地利用效率和效益。土地的社会属性则要求实现土地利用过程的公平，保证土地利用收益在国家、集体和个人之间合理公平分配，承担和发挥保障社会稳定的功能。土地的自然属性，要求土地能够永续利用，不仅满足当前几代人生产生活的需要，子孙后代也要能够在既定的土地范围和空间内永续利用土地。

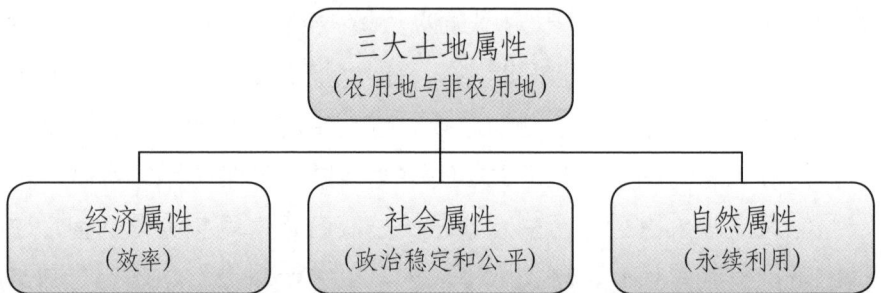

图4-3　土地的三大属性

土地具有三大功能，即资源、资产和资本功能。一是资源功能。土地具有农产品生产、生态调节、服务经济建设、提供社会公共物品的功能，土地资源要求有效配置。二是资产功能。在市场经济条件下，具有产权归属的土地是可交易和能交易的土地资产，土地资产要求能够保值增值，需要建立规范、成熟的土地交易市场。三是资本功能，即土地的融资功能。土地和资本是现代经济社会发展不可或缺的重要生产要素。产权清晰的土地资产能够进入资本市场，不断加深与资本的结合形成土地资本。如果打通了土地市场（包括农村集体土地）与资本市场，再配之以缜密的政府管理，使得土地与资本良好结合、良性互动，将对社会发展起到重要的促进作用。虽然土地不可移动，但土地与资本结合形成的土地资本是可以流动的，通过制度的创新和完善来实现土地资产与资本的结合，能促进打破城乡统筹发展的屏障，进而推动城乡统筹发展。

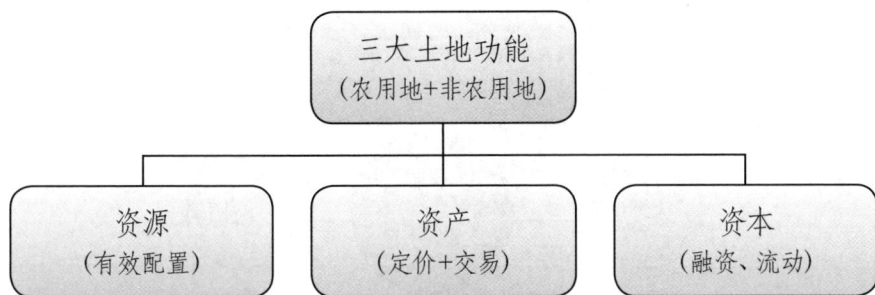

图4-4 土地的三大功能

目前，土地的三大功能和三大属性的综合效益都没有充分发挥出来，这制约了经济社会实现全面协调可持续发展，而同时科学发展观的提出也对土地三大功能和三大属性综合效益的发挥提出了现实的要求。土地综合功能的发挥和综合效益的产生亟待通过改革和完善现有的土地管理制度、体制和机制来得以实现，坪山新区应该率先在这方面做出更多、更有意义并有示范作用的探索和努力。

此外，土地利用和管理问题不仅限于土地本身，同时也是社会经济发展的综合管理问题，甚至涉及制度层面和政治层面。土地是社会经济的子系统，我们应摆脱传统的"就土地论土地"的简单思维，将土地置于社会经济这一大系统下，以系统和综合的视角来看待和研究土地利用和管理问题。这些问题概括起来应主要包括六个方面，如图4-5所示。土地与人力、资本、技术、制度、管理、信息如何更好地相互融合进而促进经济社会发展，是发展经济学关注的核心问题，也是世界经济发展需要不断研究和探索解决的重大问题，更是中国未来发展需要解决的关键性问题。

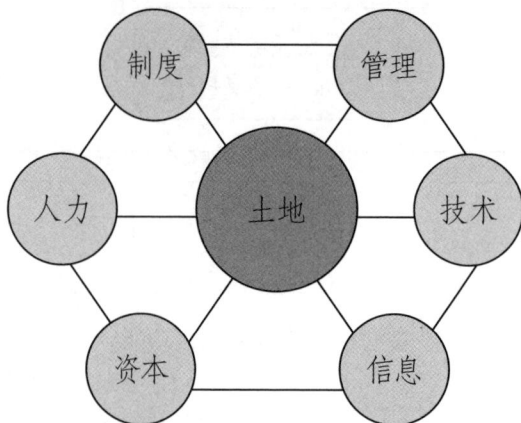

图4-5 土地与资本、技术、人力和制度等的交互关系

二、节约集约用地理念

经过几十年的快速发展，深圳市土地资源消耗迅速，深圳已开发土地46%，而北京、上海、香港分别只有20%、30%、24%，当前深圳地区面临严重的土地资源紧张、土地供应受限的问题，经济发展遭遇土地瓶颈。坪山新区作为原特区外的郊区地区，虽然可供应的土地面积相对较多，但是相对于经济发展对土地的大量需求，尤其是对大面积、成规模的土地资源的需求，后备土地仍显得力不从心，且由于历史遗留问题，存量土地中存在大量权属不清的土地，开发极其困难。新区土地利用必须吸取深圳原特区内的经验教训，走节约集约发展道路。

迄今为止，人类在经济发展过程中经历了三种模式：第一种是传统模式，即"资源—产品—废弃物"的单向线性过程，其典型特征是高投入、高消耗、高排放，不协调、难循环、低效率；第二种是"过程末端治理"模式，即我们常说的"先污染，后治理"增长方式，其无法实现经济效益、社会效益和生态效益的统一；第三种是循环经济模式，即"资源—产品—废弃物—再生资源"的闭环反馈式循环模式。经济发展的历史教训、现实资源约束条件和可持续发展要求告诉我们，走第三条道路，即资源节约型和环境友好型的循环经济发展模式是必由之路。改变以往依赖资源过度投入和消耗的传统的不可持续的发展模式，在土地利用方面，必然要求降低土地资源使用浪费，不断减少低效用地，实现土地资源的节约集约利用。

节约集约利用土地应该着重在以下几个方面加以努力：一是土地投入的减量化，即要控制并适度减少新增建设用地的供给；二是存量土地的再利用，即要充分挖掘现有土地潜力，提高存量建设用地利用效率；三是土地利用的高效化，即建设用地利用中要适当提高容积率、建筑系数、规定投资强度等约束指标；四是土地利用结构的合理化，即土地供应结构要保障满足经济社会发展的各项基本土地需要；五是土地利用布局的均衡化，即建设用地节约集约利用中要强调谋求最合适的土地利用空间布局；六是土地利用效果的协调化，即土地节约集约利用的结果要实现环境友好，促进而非阻碍经济社会统筹发展。

三、发展成果共享与利益协调理念

发展成果共享与利益协调是和谐发展的根本内在要求。坪山新区在下一步快速发展过程中，必然引起土地产权的转移和土地利用方式的转变，这种转移与转变的过程会带来相应的土地收益，并涉及不同权利主体，由此引发土地收益分配问题。在土地收益分配过程中，必须首先明晰不同权利主体，在此基础上充分保护不同主体的利益，既要避免侵犯农民私权，甚至造成自焚、暴力强拆等恶劣社会事件的发生；同时作为国有土地财产的代理者——政府，在促进国有土地资产保值增值，通过合适的渠道获得国有土地收益，并按照市场经济中政府管理职能要求和和谐发展的要求，将获得的土地收益更多用于关系国计民生事业、政府公共物品（如基础设施建设、社会保障、农村人力资源投资）和基础性产业（如农业）上，将来为促进经济可持续发展奠定更为坚实的基础，避免以全体人民的发展为代价带来一部分群体的暴利，最终实现社会的平稳发展。

因此，必须建立起公正合理的利益共享机制。第一，需要明晰权利主体，加快推进确权登记工作，保证有一本明确的土地账，坚决按照权利分配收益；第二，按照市场化分配原则，制定合理的土地收益分配机制，保证补偿标准、收益分配比例的公正合理；第三，坚持分配过程的规范化和透明化，加强公众参与，补偿标准必须获得被征收农民的同意，征收过程接受公众监督。

四、土地管理区域协作理念

按经济圈组织经济活动，有利于发挥地区的综合优势，有利于企业实行跨地区、跨行业的专业化协作，使整个区域的整体功能得到很好发挥。此外，环境、生态、社会等问题的解决也必须建立在区域层面，宏观调度，协调解决，而不是单个城市或是坪山新区范围内能够解决的。《珠江三角洲地区改革发展规划纲要（2008年～2020年）》已于2008年12月获得国家批准并实施，加强区域合作、优化珠江口东岸地区功能布局、推进珠江三角洲区域经济一体化是其中的重要内容。在此基础上，广东省出台了《关于加快推进珠江三角洲区域经济一体化的指导意见》，深圳、东莞、惠州三市也于2009年先后三次召开了三市党政主要领导联席会议，并签订了《贯彻落实〈珠江三角洲地区改革发展规划纲要〉推进珠江口东岸地区紧密合作框架协议》《深圳、东莞、惠州规划一体化合作协议》等一系列合作协议。加强珠江三角洲地区的经济合作，对于整合区域资源、提升整个区域的竞争力具有重要作用。

土地作为重要的生产要素，是开展区域协作、实现同城化发展的重要切入点。通过突破城市地域限制和行政管理限制，实现土地利用和管理的区域协作发展，引导生产、生活、生态要素的跨区域流动，最终实现区域间公共服务的均等化、等值化发展，实现区域一体化发展的重要突破口。

首先，土地利用规划作为未来土地利用的指导，必须加快推进珠江三角洲九市城市规划和土地利用规划的一体化发展，在修编土地利用总体规划以及其他重大专项规划过程中，要进行必要的衔接和协调，为区域合作共建提供规划指导，在考虑产业及基础设施在整个区域内合理空间布局的基础上，实现相邻城市间基础设施、产业以及生态环境布局的衔接，保证土地利用在空间上的连续性、一致性和整体性。

其次，推进区域土地管理的统一，包括区域间土地的审批和供应、拆迁补偿标准等，积极探索跨行政边界的合作开发模式，为边界地区项目的落地提供便利，同时也减少城市间补偿标准不一致带来的社会矛盾。

再次，构建区域土地利用指标市场。通过区域间土地利用指标流转，促进城市间在耕地保护、生态控制以及产业发展方面的相互合作和支持，积极开拓异地空间，满足不同城市发展目标和用地需求。

五、绿色低碳发展理念

《中华人民共和国国民经济和社会发展第十二个五年规划纲要》提出，面对日趋强化的资源环境约束，必须增强危机意识，树立绿色、低碳发展理念，以节能减排为重点，健全激励与约束机制，加快构建资源节约、环境友好的生产方式和消费模式，增强可持续发展能力，提高生态文明水平。转变经济发展方式，走绿色、低碳之路，是可持续发展的迫切需要。

坪山新区提出打造"现代产业园、低碳生态城",并成为住房和城乡建设部与深圳市人民政府共建国家低碳生态示范市的重要试点地区。因此坪山须加快制度创新,积极探索有利于节约能源、保护环境和气候的长效机制与政策措施,从政府和企业两个层面推动社会经济的低碳转型。

作为重要的生产要素,土地在其利用中必须要体现绿色低碳理念;作为调控经济的重要手段,土地也是实现绿色低碳发展的有利平台。土地管理中可以通过设定碳排放门槛,优先向温室气体排放量低、能耗低、产值高以及符合一定低碳标准的用地单位供地,通过考核及时收回不符合低碳标准的用地;用地布局上尽量要让生活便捷,减少交通活动;采用税收手段,对高等级绿色建筑和节能建筑及项目减免相关税费,对可再生能源在建筑中应用示范项目进行财政补贴。

六、"产城"融合理念

当前坪山新区存在着严重的城市建设滞后、宜居性有待提高的问题。城市应该是一个能满足人类各种需求,集居住、就业、休闲、环境、交通、上学、就医及其他各类公共服务功能于一体的综合系统,城市的发展在实现经济繁荣的同时,必须要让城市的生活更加美好,实现宜居、宜业、宜游。产城互动就是要通过产业的发展带动促进对城市生活设施的需求并带动城市的发展,通过城市的建设为产业的发展提供良好的外部环境和支撑。通过就业功能与生活功能的互相补充、促进以及城市功能的完善,一方面能够提升城市对优秀人才和先进企业的吸引力,从而提高城市发展的科技含量和发展质量;另一方面也能让人们的各种需求和经济活动集中在区域内解决,增加区域内的总需求,从而提高区域经济活力,促进区域发展;再者,合理比例的基础设施、公共服务用地的供应能够提高整个区域内土地的价值，虽然可供出让的土地数量有所减少，但是其出让收益却相反可能会提高。

坪山新区提出新区的定位是"未来之城"，提出要打造"现代产业园、低碳生态城"，苏州工业园、昆山、北京亦庄工业园等众多的实例证明，单纯发展工业、公共服务设施滞后的发展模式是没有未来的。同时坪山作为深圳市重要的副中心，必将承担着承接原特区内产业及功能疏散的重要责任，当前很多优秀人才"工作在坪山、居住在关内"的模式是不合理也是不可持续的，未来的土地利用必须以完善城市功能为着眼点，加快基础设施和公共服务设施的建设，提高居住用地供应比例，提升坪山新区的宜居性。

七、公众参与理念

通过公众参与，提高管理的"阳光性"，广泛集中民智民策，共同做好经济社会管理工作，是当今时代世界各国（地区）政府提高治理水平十分重要的一个环节。

在坪山新区，土地管理与民众利益息息相关，政府部门要更加注重公共利益，逐步建立民意调查制度、信息公开制度、听证会制度、院外集团游说制度、公民请愿与公民投票制度、协商谈判制度、行政督察专员制度和违宪司法审查制度等，鼓励公众积极参与土地管理，在政策制定前、政策执行中、政策实施后评估等各个阶段做到"问政于民、问需于民、问计于民"，形成"政府—专家—企业—公众"多边参与的互动机制，提高坪山新区土地管理的公众参与水平。公众参与一方面可以集中民智民策，解决土地利用和管理中的问题，做到科学决策，另一方面也可以让公众充分、全面了解坪山新区发展和土地利用的环境，有利于公众从长远着眼看待利益问题，从而在一定程度上化解上下利益不一致的矛盾，促进提高坪山新区土地管理水平，这其中可以设计实施多种形式的公众参与途径和渠道。例如，在土地利用规划编制过程中和报送审批前，组织编制机关应当依法将规划编制的情况和草案予以公告，并采取论证会、听证会或其他方式征求公众意见，如果是重大利益相关者，土地利用规划编制机关应当及时和直接向其咨询意见并公布经依法批准的土地利用规划；在重要的公共服务设施选址、城市更新改造范围的划定以及方案的设定、土地整备单元的划定及其补偿方案的制订、坪山河流域治理的措施选取等多方面充分尊重公众意见，广泛集中直接利用土地的民众的智慧，制定出更能为公众生活提供便利的土地利用方案；向公众传授土地利用和管理的相关知识，加大对土地法律法规政策和国情市情区情的宣传，提高公众的专业水平，以方便其更好地参与土地管理。

第四节　高度城市化国家（地区）发展进程中的土地利用特征分析

一、德国城市化进程中的土地利用：规划优先，体系规范

德国城市的兴起与工业化几乎同步进行。从城市发展的历史看，德国的城市化经历了三个阶段：

第一，城市化兴起的准备阶段（1815年～1840年）。这个时期，农业人口多于城市人口，农业产值在国民经济中占绝对支配地位。同时农村剩余劳动力，尤其东部农业区的人口逐渐向城市转移，城市的经济开始获得较快发展。有些大中城市已初具规模。例如，柏林人口17.2万人、汉堡13万人、科隆5万人左右、慕尼黑3万人。它们都是德国城市化的基础，有一定的文化和商业设施，有比较发达的工场手工业。

第二，城市迅速发展的阶段（1840年～1871年）。这一时期，

德国西部的一些城市发展很快,东部一些城市人口增长已经超过农村人口增长的速度。大批农村劳动力转移到城市,因为德国工业革命以来,工业的发展首先集中在城市和原料产地,城市中的工业部门能够给农村流动人口提供工作岗位,为他们创造生存和发展的机遇。

第三,城市化极大繁荣和发展的时期(1871年至第一次世界大战前)。这一时期,各联邦城市经济也蓬勃发展,人口迅猛增加,有相当一部分城市的人口已经超过10万。德国城市化的第三阶段也可谓城市化的鼎盛时期。工业城市从农村获得大批劳动力,进一步促进了工业发展,如表4-1所示。与此同时,一些手工业、商业、服务性行业为主的城市人口也不断增加。不仅工业化带动城市的发展,人口流动为城市的发展也创造了良好的条件。

表4-1　德国1871年~1910年城市人口占全国人口比重

城市的等级	城市人口占全国人口比重(%)	
	1871年	1910年
10万以上	4.8	21.3
1万人	7.7	13.4
2000~1万人	23.6	25.4
2000人以上	63.9	39.6

德国城市化进程中的城市土地规划大致呈现两大特点:

一是保证规划优先原则。德国城市土地利用规划的发展经历了3个阶段:1860年~1910年为第一阶段,即所谓被动式规划阶段;1910年~1960年为第二阶段,为主动式规划阶段,这个时期规划工作已有一定预测,根据城市发展趋势安排城市各项用地,但规划本身对城市发展无重大影响;1960年以后为第三阶段,即发展式规划阶段,城市土地利用规划至此到了一个新的阶段,这个时期规划工作带有明显的政治、多学科性和群众性特征。对社会经济进行全面的调查分析作为编制规划的依据，而规划又能反过来通过投资计划对社会经济的发展起调节作用。

二是科学的用地分类方法是科学规划的前提。德国有专门的空间规划体系，如图4-6所示。德国城市用地，尤其是建设用地分类方法很有特色，也较为科学。一般划分为居住用地、混合用地、工业用地、特别用地共4种类型。每种类型又由次一级用区片构成，如核心区、混合区、居住区等，而这些区片的有关具体规划思想，具有较为明确的意向性和指导性。

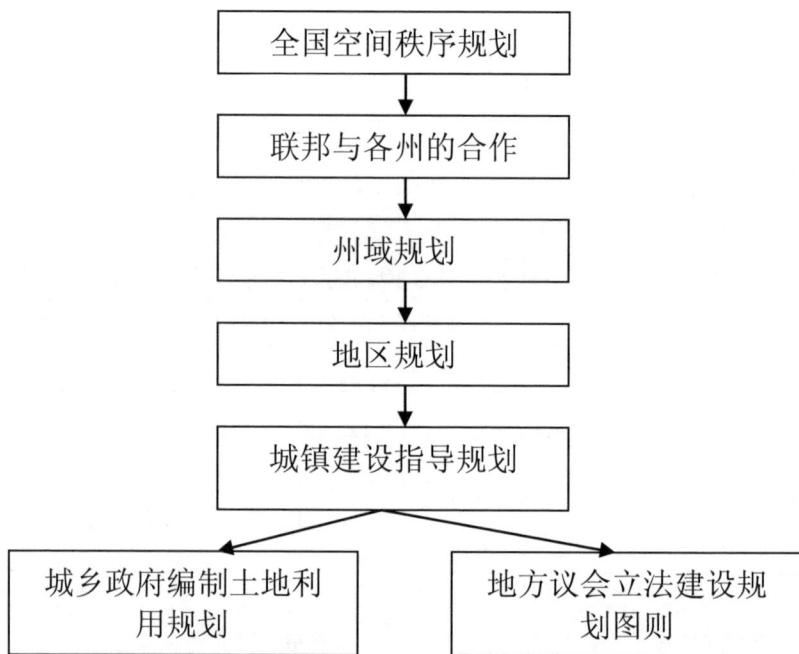

图4-6　德国空间规划体系

二、日本城市化进程中的土地利用：集约利用，立体发展

日本工业化始于明治维新时期，工业化的发展带动了城市化的进程，但直到1940年，城市化水平仍落后于当时的欧美工业化国家。"二战"结束后，日本经济飞速增长，进入城市化快速发

展时期，仅用了30年时间，就完成了欧美国家100多年的城市化和工业化进程。日本的城市化进程大致可以分为四个阶段：准备阶段（1868年～1920年）、初始阶段（1920年～1950年）、快速发展阶段（1950年～1977年）、成熟及逆城市化阶段（1977年至今）。日本城市化进程中的典型特征是市町村合并，体现在土地利用模式上也大致可以分为以下几个阶段。

第一阶段：自然的高密度的土地利用模式

明治维新以后，城市化进程日益加剧，大量人口集中到东京、大阪等大城市，各种工业作坊在城郊附近大量涌现，随之而来的是高密度住宅群的出现。到1920年，仅18%的日本人生活在城市中，从事第一产业的人数为53.8%，第二、三产业工作的人数比例分别为20.5%和23.7%，这是其城市化早期阶段。此时的城市数量较少，规模有限。也就是说，这一阶段的土地利用只是解决人们的居住问题，属于自然的高密度的土地利用阶段。

第二阶段：无序的急剧膨胀的土地利用模式

20世纪30年代后，日本政府通过立法来扶植新兴产业发展，城市人口继续增加，1940年城市人口比例达到37.3%。人口大量涌入城市寻找工作，城市人口激增。1955年城市人口比例上升至56.1%，农业人口下降至41%，将近60%的劳动力在第二和第三产业工作，达到城市化中期阶段。在此阶段，城市化快速发展，城市规模不断扩大，各种生产要素加速集中于大城市，城市"马太效应"明显。

至20世纪50年代后期，大量农民涌入东京、大阪等大城市，大量木结构公共住宅突然间在市中心地区蔓延，同时，住宅用地无限制、无计划地向城郊扩张。

由表4-2可知，从1965年起，东京人口开始向外净迁移，但东京周边的神奈川、千叶、琦玉三县的净迁入人口却快速增加。60年代一些开发商开始大规模进行土地开发，一直延伸到市内上班所能达到的城市周边最远的地区，给城市郊区生态环境带来严重破坏。70年代，日本政府为了满足居民的需求，并能集约利用土地，日本民间出现了商品公寓住房的销售市场，而且房价可以按揭。这样，原来房子与房子之间的空地没有了，同等面积的土地建筑面积明显增加了。这一住房市场吸引了许多开发商，在关西地区，城市郊外大量土地被用于这类无序的住宅建设，城市周边地区不断被蚕食。

表4-2 日本城市化发展情况

时间地区	1945~1950	1950~1955	1955~1960	1960~1965	1965~1970	1970~1975
东京市	224.7	124.0	127.0	68.1	-5.9	-52.7
周边郊区	-21.9	5.4	44.7	154.2	199.9	178.0
东京圈地区	222.6	129.4	171.7	222.3	194.0	125.3

注：1. 资料来源：根据各年《日本统计年鉴》数据整理。
　　2. 东京市指东京都地区，周边郊区指神奈川、千叶、琦玉三县，东京圈地区指东京都及其周边奈川、千叶、琦玉三县。

第三阶段：土地集约利用模式

到1990年日本第三产业的产值占到总产值的60.8%，吸纳的劳动力占总就业人数的59%。大城市人口达到饱和，外部客观上要求人们转移到三大都市之外的区域性城市中。随着制造业的分散布局，人口和劳动力开始从大城市向小城市和农村分流，城市化从集中阶段进入分散阶段。

与此同时，日本的城市规划师不再局限于土地的有效利用，他们认为良好的景观环境也很重要，应该成为土地集约利用的规则。同时认为，土地集约利用必须考虑与道路网络的对应，要确保工业用地、流通业务与人居环境的便利，同时要与周边城市街道环境相协调。在由于产业结构调整而对土地利用进行转换时，必须确保环境的协调和相对应的城市结构秩序，在容积率、建筑面积方面要坚持中密度的土地利用原则与城市总体规划的基本方向保持一致。

三、新加坡城市化进程中的土地利用：因地制宜，高效利用

新加坡是一个几乎没有农村的国家，城市面积占总面积的绝大部分，城市化水平基本达到100%。同时新加坡又是一个典型的人多地少的国家，据统计，1960年新加坡国土面积为580平方公里，通过不断地填海造地，2008年增长至710.2平方公里，2010年达到740平方公里。2008年全国总人口已达到483.94万人，从国土面积和人口分布情况来看，平均每平方公里的面积要承载大约7000人的压力。

随着人口的不断增加和居民收入的提高，居民对住宅用地的需求逐渐加大，新加坡经济发展对土地资源的需求也在不断增长。对于涉及城市土地利用相关的居住、商业、工业、基础设施和特殊用地，新加坡非常重视城市规划，设立了相关的组织机构（图4-7），通过全方位土地高效集约利用措施很好地协调了这些关系，走出了一条在有限的资源约束下可持续发展的土地集约利用道路。

——从住宅用地看，合理推行组屋政策。

1964年新加坡前总理李光耀提出"居者有其屋"计划，由政府组织的建屋发展局如果需要建政府组屋，可以在任何地方征用土地，并且远远低于市场价格。从1995年开始新加坡政府规定必须按照市场价格征用土地，建屋发展局必须向土地管理局购买土地，但是能以远远低于私人开发商价格，这样不仅降低了建造政府组屋的成本，而且保证了政府建屋所需的大规模土地，防止土地投机买卖。对于需要拆迁安置的贫民窟和私人地域，将土地清理和住房建设同时进行，以保障拆迁居民有房可住、变动较少和住上条件更好的房屋。

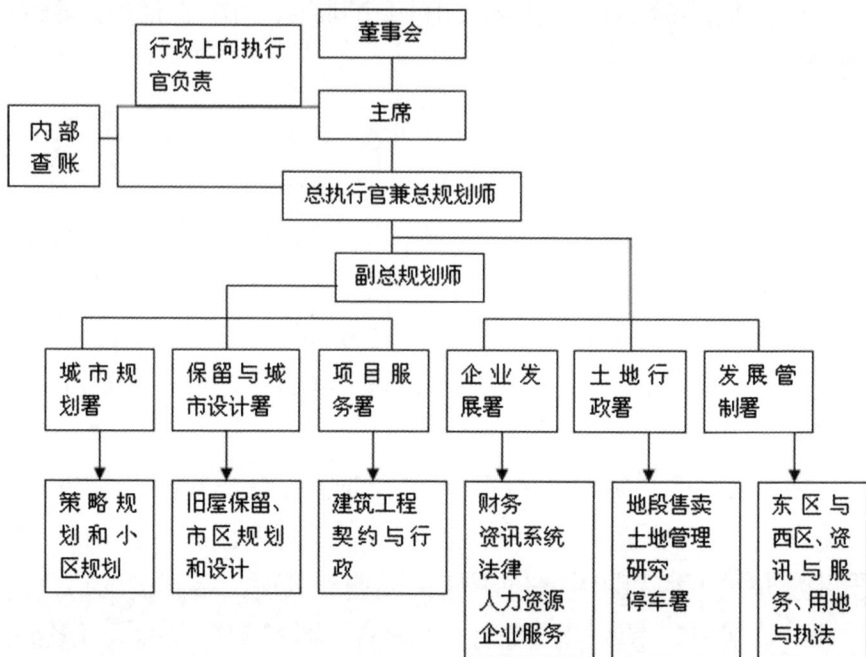

图4-7 新加坡市区重建局组织机构

资料来源：新加坡市区重建局。

——从商业用地看，适应知识经济发展。

从19世纪60年代开始，新加坡的经济逐渐从转口贸易为主转向制造业和服务业，从劳动密集型转向技术密集型和资金密集型，从传统技术转向高新技术和信息技术，以此推动和提升高附加值、低能耗的制造业和服务业，从而奠定了以知识经济为基础的高新技术经济。为了迎合知识经济的特点和新的生活方式，新加坡政府推出了一系列住家办公计划。新家庭办公计划允许居住地带业主在家中开办小型公司，非家庭雇员不得超过6人，不得影响周围邻居。该计划不仅为业主办公提供了灵活性，有效降低了创业者的成本，同时也节约了办公场地、通勤时间和花费。

——从工业用地看，优化年租制政策。

经过40多年的发展，新加坡的工业用地模式和发展政策已经成熟。土地作为工业发展的载体不仅没有受到国土面积狭小的限制，反而走出了一条高效集约用地和工业高速发展的道路。新加坡工业用地的基本目标是将保障工业用地在企业可承受成本条件下的充分供应，从而提高企业成本方面的竞争力。其工业用地政策的核心是政府垄断工业用地供应，通过实施一整套完整的"统一开发+政府管制"供应模式，使工业配置更加合理，价格供应不仅能够降低成本，还能吸引更多的企业投资。

四、台湾地区城市化进程中的土地利用：市地重划，精益求精

我国台湾地区的城市化水平从20世纪50年代的24.07%上升到1978年的63.8%，更上升至2002年的78.1%，40年间城市化水平增长了3倍。1950年台湾总人口约为755万，其中5万人以上的主要城市人口数仅为187万，占总人口比重的25%。经过50余年的发展，至2007年台湾主要城市人口数增长为1807万，约为1950年的9.7倍，而主要城市人口比重则上升至79%，比1950年增长了54个百分点。在城市人口快速成长的同时，台湾城市数目也在迅猛增长，1950年台湾5万人以上的主要城市仅有9个，而2007年则达到了97个，数量增长超过了10倍。尽管从区域结构看，台湾城市人口集中在台北、台中和高雄三个主要都会区，但各都会区内部的结构存在着较为显著的差异。图4-8展示了台湾过去30年间主要都会区人口规模的变动情况。

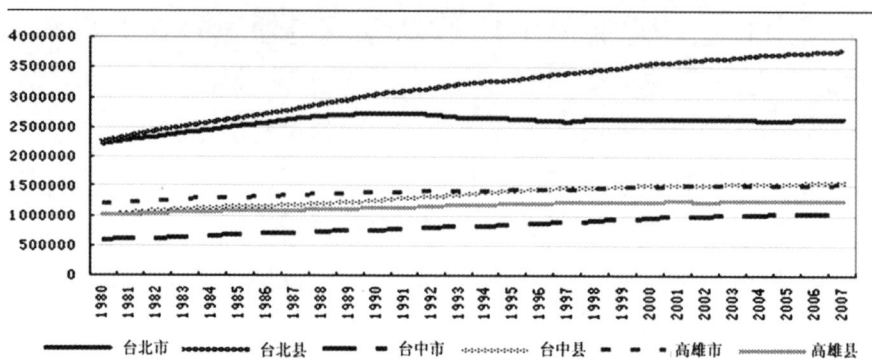

图4-8 台湾地区1980年～2007年三大都会区人口规模变动

对于在城市化过程中出现的土地问题，台湾地区采用了"市地重划"这一土地开发措施。它根据城市化开发需要，发动某一地区的土地所有权人，先交出土地，让市地重划机构使用科学的规划方法，把该地区杂乱的地形、地界和零散不能经济利用的土地，依法加以重新整理，并配合基础设施建设，使每宗土地大小适宜，形状方整，然后在保留公共基础用地的前提下，将重划土地合理地分配给原土地的所有权人，由他们依照城市规划建筑房屋或作其他使用。

所谓市地重划，是指根据都市发展的需要，将都市计划范围内某些不符合经济使用原则的畸零狭小的地块，依法予以重新整理、配置或改善公共设施，从而使该范围内的各地块面积适当，形状方正，并具备有效使用之合理规模与条件，借以加强都市土地利用，增进都市建设。因此，市地重划之消极意义在遏制都市土地继续为不良之使用，而其积极意义则在于可指导都市之健康发展。

台湾市地重划的推动方式，依法令之演变，可分为四种途径：

其一，由当地政府征求地主同意办理。根据都市发展需要，县市政府可以征求部分土地所有权人的同意，兴办市地重划，此种方式的开发主体在民，须民众充分了解其意义，方能见效。

其二，由当地政府强制办理。即由县市地政机关拟具重划计划书，呈上级主管机关核定办理。

其三，由地主申请办理。

其四，由地主自行办理。

前三种兴办途径的执行单位，实际上均为当地政府的地政机关，因费时良久，人员编制有限，不堪负荷，故在台湾地区相关立法中特别规定，要奖励土地所有权人自行组织团体办理重划事宜。

市地重划的基本处理原则为自给自足的方式：重划经费由土地所有权人以重划后保留之未建土地折价抵付；重划区内的公共设施用地，除利用原都市计划公共设施用地外，不足部分亦由区内土地所有权人，按土地受益比例分摊。因此，原土地所有权人的土地，必须部分用来负担公共设施用地，部分保留抵偿重划费用，故其重划后所得的面积会小于重划前之原有面积。但因重划改良新基地的区位条件与开发规模，其利用价值反而提高，地价亦较先前增加。且重划所提供的公共设施，均为里邻性质的道路、沟渠、广场、市场、里邻公园，不含区域性公共设施或其他设施。

目前来看，台湾的市地重划主要有如下一些优点：市地重划来自土地所有权人的反对阻力，较土地征收缓和，且易沟通，公共设施用地，亦易取得；市地重划工程费、公共设施用地，均由土地所有权人分担，不受政府财源限制；市地重划可避免土地所有权人因土地征收致土地所有权损失的情况；市地重划可将因公共设施的开辟造成原有土地畸零不整，变成土地方正，易于建筑，可提高土地的经济、合理使用并能使市容美观；市地重划可消除因土地征收而引起土地所有人间的利益、负担分配不公现象。

当然，台湾市地重划也存在着一些不足，主要表现在：经费筹措不易，土地所有权人负担增加；缺乏政府补助，土地所有权人负担太重，减低土地所有权人参与重划意愿；都市计划巷道无法扩大，土地所有权人间利益分配不均，有碍都市交通功能；街角地之侧街负担不论商业区或住宅区一律给予侧街负担，对住宅区街角地加重负担则不合理；最小分配面积规定影响土地经济利用；市地重划之策划各县市间方法不一，影响政府主导开发；容积率限制，影响土地利用及地价；抵费地集中不易，影响政府取得大面积土地及土地经济利用价值之提升；工作人员异动频繁，影响工作；委托业务缺乏具体之规定；公用事业单位有关工程协调较为困难，影响工作进度，等等。

总体来看，台湾在整个城市化过程中，由于推行市地重划，使一批批在一定范围内不符合经济使用的城市土地规划调整，使之在无需政府财政支出的情况下完成了各项公共设施的建设，有效地改善了城市环境及产业布局。由于土地经过重划整理，公共设施依城市规划安排建设，整个土地使用合理，从而构成一个公共与私人建筑秩序井然、道路纵横、环境优美、生活便利的新市区。

五、香港城市化进程中的土地利用：综合利用，自成体系

香港是一个高度城市化的地区，也是世界上人口最为稠密的地区之一。香港全境的土地总面积为1084平方公里，约有80%的地域属于丘陵山地，唯一较广阔的平地位于新界西北部，主要建成区位于维多利亚港狭长的南北面。由于社会经济发展的需要，对土地的需求也日益增加，政府只有通过填海造陆等方式来增加土地的供给，香港陆地总面积也因此逐渐增加，其陆地边界也有往外扩张的趋势。但是由于香港地理条件的限制，这些增加都是有限的，因此香港建设用地的变化也逐步趋于稳定。如图4-9和4-10所示。

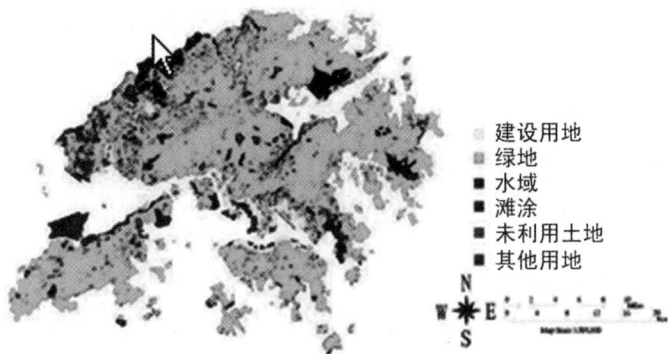

图4-9　香港1993年土地利用现状

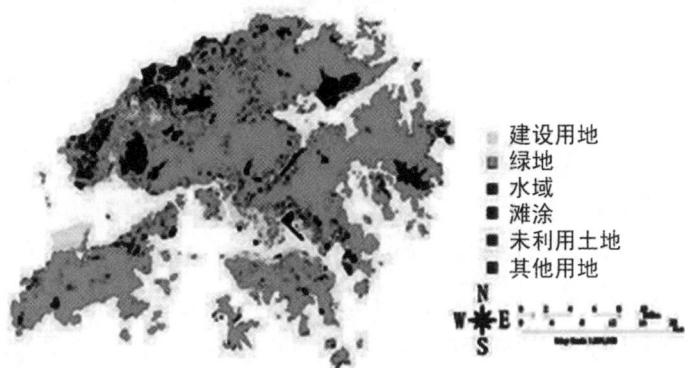

图4-10　香港2006年土地利用现状

由于可供发展的土地严重缺乏，加上历史和政治等因素，香港不能照搬外国经验，从而形成了一种独特的城市规划体系及土地利用模式。

首先，物质空间规划与社会经济发展相结合。

传统的总体规划缺乏灵活性，规划的土地配置与实际的土地需求常常脱节，而且一旦划分之后便难以更改，导致土地使用得不到应有的效益。香港的物质空间规划注重增加就业机会、提高收入和防止环境污染，有效地利用土地、建筑物和基础设施等资源，创造一个具有活力的环境，以提高城市的生产效率和就业机会，满足城市居民的需要。

其次，土地利用模式与土地制度相衔接。

香港的全部发展用地都是由特区政府出售或批租给业主，必须依据地契的规定条款利用土地。如果需要兴建公共设施，特区政府可以收回土地及物业，业主则依法获得补偿。在建设新市镇和市区重建中的土地就是循此制度取得的。所以，特区政府在规划大型项目时，十分注意考虑土地产权，考虑涉及业主人数的多寡和批租期限的长短，估计特区政府要付出多少补偿金等。

再次，重视住房和交通规划研究。

香港的重大规划决策收到了很好的效果，如"十年建屋计划""长远房屋策略""新市镇拓展计划""居者有其屋计划"，建设机场、海港、电气化铁路、地铁和过海隧道等，成为香港城市发展的主要推动力。

最后，保护农业用地和郊野。

香港的城市化地区只占全港面积的20%左右，其余都是郊区。农村和农业用地除了为农业人口提供住房和就业，还是香港的"绿肺"，与城市化地区在生态和景观上互相补充，成为市区居民的休憩地。

六、启示与借鉴

通过对上述这些国家和地区土地利用特征的分析，我们可以得出如下启示：

第一，亟待改变城市化与工业化不协调的局面。根据日本、新加坡等国家和地区发展经验和教训，城市化与工业化协调发展有利于经济社会可持续发展，能够带来发展过程和结果"质"的变化，不仅促使经济增长速度加快，更重要的是促进经济增长的质量提高。因此，在当前我国处于转型发展的关键时期，更应大力推动新型工业化和城镇化健康发展，促进城市反哺农村，工业反哺农业，城市化与工业化、城市与乡村实现互动共融发展，使全民，特别是农民共享工业化、城市化发展的成果。

第二，警惕工业化、城市化过程中带来的大量城市问题。工业公害、住房拥挤、交通堵塞严重、城市地价飙升、城市负荷过重、生活环境恶化等问题给居民生活带来诸多不便，这些都将会给未来经济社会可持续发展埋下致命的祸患。一系列的资源、环境和制度问题已经成为我国城市化快速发展的软、硬两方面的约束，应从前述的工业化、城市化先行国家和地区的城市化快速发展的历史过程中充分吸取教训，引以为鉴，避免"先污染后治理""低效粗放无序"的传统工业化、城市化道路和土地利用模式。

第三，土地管理政策应具有持续性、多尺度性和适当的灵活性。政策的持续性可使土地利用者减少短期目标而增加长远规划。制定政策时应注意地方、区域、国家乃至全球尺度上同一问题的表现，即全方位地考虑土地资源的合理配置模式并与经济社会发展进程相匹配。在符合国家经济社会中长期发展战略和主体功能区发展战略的前提下，可适度授权部分区域根据其特殊的资源情况、经济社会发展水平，以及实际需求制定和采取一些处理土地利用问题的方法措施，以增加政策的灵活性，及时根据城市化发展进程和所处的阶段，促进土地资源及时得到合理更新利用与优化配置，同时实现土地利益均衡合理化分配。

第四，在加强宏观调控的前提下，土地资源管理应充分运用市场手段和规划手段。应尽可能地运用市场竞标等公开的市场运作方式配置土地资源，发挥市场在土地资源配置中的基础性作用，通过市场机制形成价格，避免过度行政化分配和定价，并防止土地资源配置中导致国有资产流失以及腐败行为的发生。充分运用市场手段和规划手段，健全城市和农村土地产权交易机制，提高广域范围内土地科学合理配置度和综合利用效率。

第五，比较理想的土地利用模式选择应该是注重功能混合、生态友好和文化保育的有机结合。抛弃排他型的单一功能分区，采用适度兼容混合型的功能分区，将工作、娱乐、休憩、商务和市民生活紧密结合、有机融合在一起，注意多样性配置，选择紧凑型和精明增长型的城市发展模式和土地利用模式。在土地利用规划中，注意对自然地貌、植被、排水的合理利用和保护，注重保护城市历史文化遗产，保持城市特色，提升城市品位。

第五节　土地二次开发目标和策略创新

从历史发展来看，不断积极借鉴中国香港、新加坡等国际先进城市在其城市化进程中已经探索出来的成熟的土地利用模式及相关政策，结合城市化的不同发展阶段实际需要，深圳就一直没有停止土地改革的探索实践，从1987年国有土地使用权拍卖"第一槌"，到1992年特区内土地"统征"，到2004年特区内外一体化转地，再到目前新一轮土地管理制度改革，深圳其实一直在探索，一直在改革。

一、目标

坪山新区作为深圳新一轮土地管理制度改革仅有的两个综合试点区之一（另外一个综合试点为前海深港现代服务业合作区），承担了较重的改革任务。根据《深圳市土地管理制度改革总体方案》及其近期实施方案（2012~2015年）的总体部署并结合新区发展实际，新区分阶段确定了土地改革目标，即全力推进由"土地增量式"发展向"土地存量式"发展的城市发展新模式转变，争取到

2013年年底，以"整村统筹"土地整备和"单元统筹"城市综合开发为代表的土地二次开发机制探索取得重大进展，在土地重构确权、土地二次开发利用、土地投融资等领域取得阶段性成效；到2015年末，以土地二次开发利用为核心的存量土地循环高效利用体制机制基本形成，土地资源节约集约利用水平大幅提高，区域土地合作利用取得积极成效，土地利用和管理促进辖区经济转型、社会转型和城市转型的作用初步发挥，适应坪山新区发展的土地利用和管理新模式基本形成，改革在推动新区走新型城市化发展道路方面发挥着重要作用。

二、基本思路与主要做法

按照全市统一部署，坪山新区的土地改革工作分为近期（2012～2015年）和中远期（2016～2020年）两个阶段，在遵循"严格审批、局部试点、封闭运行、风险可控"总体原则的前提下，围绕完善国有土地产权、统筹推进土地二次开发、加强土地科学利用与管控，以及推进区域土地合作利用等4个方面进行改革研究。2012～2013年新区着重推进3项工作：一是以金沙、南布、沙湖等社区为载体全面推进"整村统筹"土地整备试点工作，并总结提炼通过"整村统筹"土地整备路径实现土地确权的经验与办法；二是以坪山中心区、坪山河流域启动区为平台，以"单元统筹"模式全力推进土地二次开发模式及配套政策的探索；三是通过优化建设用地管理机制、加强土地批前预控与批后监管、推进处理历史遗留违法建筑、创新基本农田和生态控制线保护机制，以及推进深惠土地合作利用等方面的改革实践，加强土地的精细化管理，提高土地的节约集约利用水平。

三、实践与探索

自2012年5月25日由国土资源部和广东省人民政府联合批复的我市土地管理制度改革综合试点正式启动后，新区积极酝酿筹划改革工作，并于7月13日召开了新区的土地管理制度改革综合试点动员部署会，正式启动改革工作。一直以来，新区土地管理制度改革进度在全市各区中处于前列。主要进展情况如下：

（1）坪山新区在全市范围内最先研究出台了具有开拓意义的深圳市第一套区级土地管理制度改革行动方案系列文件，并得到市土地管理制度改革领导小组及有关部门的高度肯定，在全市各区中率先全面启动改革工作，推动了市区联动的改革局面初步形成。

（2）通过建立较为完善的改革工作机制使改革实现良好开局。一是强化工作责任机制，细化了改革责任分工，明确了新区各部门的任务分工、时间节点、改革成果等内容，建立起了"一级抓一级"，层层抓落实的责任机制；二是优化完善统筹协调机制；不仅在新区层面成立土地改革综合试点的政策统筹和技术协调机构，还争取市规划国土委（市土地改革办公室）成立了指导坪山新区土地改革综合试点工作组；三是由新区规划国土事务中心作为改革的主要技术支撑单位，对改革的目标、改革理论架构、改革路径、顶层制度设计等方面进行系统研究，构建了改革的技术服务保障机制；四是通过建立土地改革联络员制度、编印土地改革工作简报、开通土地改革网站专栏、微博互动等，拓展信息交流的渠道，建立了信息共享机制。

（3）目前，在"整村统筹"土地整备和"单元统筹"的土地二次开发改革工作中，新区土地管理制度改革的理论性探索已基本完成，初步形成了金沙、南布、沙湖等试点社区的"整村统筹"土地整备实施方案，下一步将进入与原村民、村集体的实际谈判工作，然后再通过"整村统筹"土地整备的具体实践，总结提炼土地确权的经验与办法；在研究和总结城市更新与土地整备的基础上，对中心区提出了"单元统筹+子单元从快开发"的开发模式，并提出了"三大统筹、六大策略"的实施策略（"三大统筹"指：规划统筹、单元利益统筹、土地开发模式统筹；"六大策略"为：规划统筹策略、子单元利益统筹策略、中心区拆迁补偿统筹策略、土地开发利用模式统筹策略、出让单元从快开发策略、土地整备安置房建设策略），加快推进坪山中心区的规划实施；同时，在坪山河流域开发建设中遵循河流治理、土地开发、投融资"三位一体"的核心理念，提出实行河长制，并引进城市运营商作为综合整治开发的融资主体，实施单元统筹滚动实施，实行安置先行、稳健升级的策略，充分照顾流域内原住民的基本利益，同时能够在坪山河流域综合整治开发过程中实现产业的转型和升级。

（4）通过试点，探索社区综合转型发展新路径。通过试点，综合运用规划、土地、产权及相关政策，一揽子解决城市化过程中的土地历史遗留问题和社区居民的安置补偿等问题，实现一个平台承接基层党建、城市建设、经济建设、社会建设、社区转型发展等多个目标，形成空间优化与社区社会转型、经济转型相互促进的新格局。目前，几个试点社区均取得突破性进展。同时新区社会建设充分利用土地改革平台，大力推进社会建设"风景林工程"和基本公共服务均等化，提出了"来了，就是坪山人"的理念，努力建设面向新区全口径实有人口的基本公共服务体系，率先在全市实现了社区服务中心"全覆盖"，初步形成具有坪山特色的"政府推动、民间运作、群众参与、共建共享"的社区服务新模式和"三社（社区、社会组织、社工）联动"的工作局面，取得了良好效果。在这方面，新区是主动啃"硬骨头"，就是希望在原特区外农村社区的综合转型和深度城市化、工业化、现代化发展方面能探索出一条新路子来，力争早见成效。

四、特点与难点

（一）特点

一是通过对"整村统筹"土地整备模式及路径的研究与实践，总结提炼形成土地确权的经验与办法；二是以坪山中心区、坪山河流域启动区的开发建设为平台，探索实践"单元统筹"的土地二次开发创新模式；三是通过"整村统筹"土地整备模式和"单元统筹"的土地二次开发模式创新促进社区转型发展和基层社会建设。

（二）难点

从宏观的角度来看，深化土地管理制度改革实质是变革与生产力进一步发展要求不相适应的土地要素资源配置方式、体制机制和政策等生产关系层面的内容，是进一步解放生产力、发展生产力和转变政府职能的必然要求，改革涉及经济社会发展方方面面的利益关系，牵一发而动全身。历史经验告诉我们改革不可能一帆风顺，会遇到各种各样的困难和阻碍，应始终结合改革所处的特定发展阶段、改革所面临的外部环境、改革所依托的基础条件和改革所具备的社会承受力等因素综合考量，选择一条渐进、理性、协调、突破、可持续的改革发展道路。一方面，土地管理制度改革是一项牵动发展、关乎全局的重要工作，需要解决早期快速工业化、城市化过程中产生的各类土地历史遗留问题和历史欠账，涉及重要的利益调整和制度重构，这不仅需要政府层面自身的不懈努力，更需要广泛集中民智民力和充分融合市场的力量，最大程度争取获得广大基层民众和各类市场经济主体的广泛参与和支持。如何进一步加强改革工作的宣传发动和沟通协商力度，创新方式方法，下放决策权力，引导居民自主决策，自我组织，重塑改革发展的社会互信，凝聚改革发展的社会共识，找到改革发展的多元利益交点，不断扩大改革发展的认同和利益交集，有效实现上下互动、协同配合、全民参与的积极且理性的改革局面，是改革的难点之一。另一方面，任何科学的理论都是从实践中得来的，并经付诸实施指导实践，接受实践检验后才能真正有效发挥作用。前期新区在土地改革理论研究方面做了大量工作，但如何做好理论与实践的对接，用理论指导实践，并在实践中不断修正提升理论，是难点之二。例如，新区做了试点社区"整村统筹"土地整备的模型设计、经济测算等工作，但是这些理论研究如何与社区民众的诉求对接，如何将规划愿景变成现实，实现政府与社区（居民）、市场的共赢，是新区面临的巨大挑战。另外，如何将"整村统筹"土地整备、"单元统筹"的土地二次开发等改革工作与新区产业转型升级、社区发展转型紧密联系起来，以改革促进发展，以发展推进改革，同样考验着新区政府改革创新和基层执政能力。

第六节　土地制度改革的选择——走出一条新型城市化的道路

对深圳原农村地区的土地，各政策从不同的角度和目标出发定，相互之间存在不一致甚至冲突，有历史形成的原因，也有政策本身的局限和现实选择的适用主义。土地管理到今天，面对无序发展而又基本已建成的原农村地区现状，只有站在"整村"的角度才能整体审视原农村的土地问题，不仅要统筹政策对象和原有利益的连续性，也要在空间上能实现规划和利益分配的相对均衡。

"整村统筹"土地整备模式，是综合运用和集成规划、土地、产权、城市更新等各项政策，形成一揽子解决城市化土地遗留问题的政策新路径。通过试点，我们初步形成了统筹解决深圳原农村地区土地问题的思路和方法：一是通过规划与土地政策的综合运用为社区"整村"发展做好"规划"（以市规土委创新性的城市发展单元规划为支撑），解决国有土地与社区占有土地交错、规划实施难和土地利用集约度低等问题；二是通过与规划互动的留用多少地、对移交多少地补偿相应"资金"的"土地"发展方案，一揽子解决社区发展留用地指标政策、土地历史遗留、政府补偿标准、社区未来发展保障等问题（形成政府与社区"土地+规划+资金"三位一体的政策大账）；三是通过社区自主的迁换补偿方案确定（形成社区的补偿细账），以发展留用地开发获利为前提，统筹解决各利益主体利益关系平衡（包括一户一栋、一户多栋、外来利益者的安置与补偿、违法建筑遏制等问题）。这个思路随试点实践的深入取得了越来越多的共识。

一、政策集成的历史机遇——政府与集体走到双赢的交汇点

城市更新需要城市开发的市场动力，而土地整备要解决城市功能配套和产业发展空间优化的问题，其目标就是要积蓄城市发展的动力，两者在原农村地区实际正在交汇。

（一）原特区内的启示

原特区内走了一条农村让出更多土地、让城市优先发展的道路，城市配套齐全，经济繁荣。这样的发展环境和经济动力，不仅容纳了原农村自发发展的高密度、高容积率，而且城市的不断升级也为其城市更新提供了市场空间。原农村地区的城市更新活动不断取得进展，是农村与城市发展取得双赢的又一表现。在地域已有限、合法比例高的情况下，为了利益平衡而实施整村统筹更有条件。2012年1月出台的《深圳市城市更新办法实施细则》也提出了"整村"的概念，"福田区、罗湖区、盐田区、南山区的原农村集体经济组织地域范围应当整村划定城市更新单元，鼓励其他各区参照执行"。

（二）原特区外的出路

原特区外存在更多的是城市配套和产业发展不足的问题，原农

村要让自己的土地具有更高的价值，必须让政府建设好的功能配套设施和培育好的产业。要发展城市，政府和原农村集体都要有合作共赢的思维：社区让出土地是为城市发展也是为自己发展；政府发展城市的同时也要充分考虑原农村的发展；只有实现资源共享、优势互补，培育好市场环境，社区留用地的价值和城市发展才能共同提升。如此，特区内的城市更新和特区外的土地整备是殊途同归，真可谓经济规律不可违。

正如深圳市委常委、常务副市长吕锐锋同志2012年7月在坪山调研"整村统筹"土地整备工作时总结的，"以土地改革促土地整备，以土地整备促城市更新，以城市更新促社区转型"，一语中的，道出了新的发展阶段政策选择的内在逻辑关系。

二、政府要"算大账"

"整村统筹"土地整备的工作模式是"政府与社区算政策大账，社区与各利益方算补偿细账"，其中政策大账就是"土地+规划+资金"。在此，政府要有政策延续性的考虑，更要有政策公平性和合作共赢思维的"大气"。

（一）两种路径的选择

由于经济发展的原因，原特区外许多社区的发展滞后，占用土地的密度和层高相对较低。对此，政府有两条政策路径选择：一条是延续现有的政策。政府艰难地发展城市，原农村博弈各种政策，在"前车之鉴"的引导下扩张竖向规模，待市场足够发达时再来城市更新。这样的路径是让整个城市在未来以更高的代价来"埋单"，同时也存在以下风险：城市发展的机会成本在博弈中消耗，也可能形不成足够的市场环境，届时城市更新也将无动力（目前抢建得厉害的社区大城市更新项目动力不足就是例子，需要的用地指标将更多）；另一条路径就是明确相对公平的政策，让违法建筑少的社区得到融入城市发展的先机，与政府共同赢得城市发展的时间，共享土地利益。坪山新区目前的查违最为严格，成效也最为显著，但是政府如果不给予疏导的政策，不给"正道"的发展机会，继续让"老实人吃亏"，违法建筑光靠压是压不住的；社区和村民也会在现有不一致的政策内博取发展的机会，问题依然会延续并累积，最终都将是政府与原农村的"双输"。

（二）关于发展留用地指标

合法用地不足是原特区外农村地区普遍存在的现象。就原特区外总体而言，即使按照土地面积的10%确定，比现定的合法用地指标3.8%高出一倍多，原农村也要让出土地面积13%的已建设用地（即交出已建设用地的55%以上），还能一并处理历史遗留空地和生态用地。当然，我们不能简单地用10%的标准去倒算一个社区的合法用地指标，而是要根据每个社区不同的历史状况、发展情况、区域位置按"土地+规划"的组合来确定。

（三）关于政府资金补偿

按照目前的政策，政府因公共利益搞征地拆迁、为产业发展搞土地整备，涉及原农村的用地及建筑物都要予以补偿（也就是说政府按目前的政策是实实在在要花钱的）。按照城市更新政策，即使将土地不小于15%的贡献规定扩大到30%，也不能解决留用地之外所有土地的收回。因此，在整村统筹中想通过"土地+规划"不再予以任何货币补偿，虽是好的愿望，却是对现有政策的误解，也会让社区不能接受，宁愿延续现有的政策去博得更多利益。

无论从深圳城市发展的前车之鉴还是从政策公平的角度看，"整村统筹"土地整备"土地+规划+资金"的政策大账是对现有政策的集成，不是突破而是优化。一方面，特区外合法用地指标的一定扩张是大势所趋，如二规、三规处理后的用地均能纳入城市更新，我们不能因整村考虑总体指标而量大（即"批发"）就认为给了优惠，反过来，按现有政策单项博弈后的总量（即"零售"）将会更大；另一方面，政府政策大账与社区补偿细账之差是集体账，政府要以公平和长远的政策眼光，不怕让利于落后发展的村集体。正是这种公平，才能激发社区和政府共谋城市化的热情，从而节省社会成本（社区有遏制违建的动力），提高城市化效率，也能让集体经济发展成为保障社区治理结构转型和原村民城市化的支撑。

总体而言，我们已经脱离了那个"缺钱少资"的年代，面对历史积累的新的经济环境和发展条件，正如制度经济学所阐释的基本原理，必须在传承的基础上作出新的制度安排。"整村统筹"土地整备是对深圳现有土地制度的集成创新，正在探索走出一条新型城市化的道路。

1. 与大的发展形势相契合

在政策集成的历史机遇面前，政府要在"算大账"的大气与原农村"算细账"的勇气之间驾驭好、平衡好关系，力防"泄气"。在原特区内取得良好发展的基础上，深圳为更上一层楼选择了特区一体化战略。为实施这一战略，市委市政府已率先在公共基础设施投资上向原特区外、特别是弱发展地区倾斜（给予外生动力）。同样，我们呼吁按照整村统筹的思路给足相对公平的土地政策，将其作为特区一体化战略的一部分，呵护、培育和激发社区的积极性和活力，发挥基层的正能量，以此大大增强特区一体化的内生动力。这也符合新时期群众路线和加强基层管理的改革新要求。

2. 与土地整备的初衷相一致

为优化城市功能结构和空间布局，土地整备就是要用今天的钱来拓展未来城市发展的空间。与原特区内先发展城市再解决农村问题比较，特区外因原农村占地多、占位好，必须优先解决农村问题才能发展好城市。"整村统筹"土地整备就是政府今天将"精力"和"财力"多投向原农村，让原农村和城市融合发展、资源共享，从而赢得城市未来的发展。就坪山而言，相比长远规划的可建设区87平方公里或按2005年确定的生态控制线外用地78平方公里，新区尚有较多可开发的用地，但它们不能现在都用；新区只能先在规划的66平方公里之内（原农村已占用一半）通过创新发展好城市，赢得66平方公里之外可建设用地的未来及生态用地的充分利用。

3.探索互利共赢的土地制度调节机制

土地制度的核心是调节利益，调整管理机制，它与一定的历史条件相适应。与政府没有财力也没有精力统筹考虑原农村发展、原农村以自发的方式发展相对应，是政策的不稳定进而没有权威、产权不明晰进而形成土地悲剧，造就了谁不违法谁就傻的环境，走了一条"权益不明、利益较量、个人博赔"之路。"整村统筹"土地整备是在历史积累的现有经济条件基础上选择走新型城市化道路，即优先投入资源让原农村和城市融合发展，赢得后期城市发展的更多机会，实现互利共赢，是要走"稳定政策、明晰权益、共同富裕、合作共赢"之路。同时，它强调"政府主导、社区主体、居民参与"的工作原则，是"自上而下"和"自下而上"工作方法的结合，试图在政府和社区的相互信任中加强基层建设，形成社区与政府各有分工、彼此合作的工作关系，建立土地管理的新机制。

正如土地管理制度改革综合试点要求的，"整村统筹"土地整备模式是在现有的政策框架内进行集成，是城市更新、土地整备、城市发展单元等二次开发机制的统筹，是工作方式方法的创新，既要在大的空间尺度范围（整村范围）整合政策，便于规划和利益调节，又要在工作思路上由较量对抗的"零和游戏"转变为互利共赢的增量游戏，这需要政府、社区和居民都把眼光放长远。该试点的思路已清晰，但我们希望上下形成更广泛的共识和政策支持的环境。同时，真正进入实施操作层面，肯定还有很多困难和问题，它们更需要通过深入的试点实践来发掘和解决，真正将思路转化为"出路"。

总而言之，新区的土地管理制度改革才刚刚进入"深水区"，"革命尚未成功，同志仍须努力"。

第五章 "腾笼换鸟"与"筑巢引凤":打赢产业转型升级的攻坚战

党的十八大报告指出,我国仍处于可以大有作为的重要战略机遇期。但"十二五"时期,工业发展的内外部环境发生深刻变化,既有国际金融危机带来的深刻影响,也有国内经济发展方式转变提出的紧迫要求,只有加快转型升级才能实现工业又好又快发展。

世界经济论坛发布的《2012年~2013年全球竞争力报告》显示,中国的排名在经过数年稳定上升后,2012下降了三个位次,排名第29位。长期以来,中国主要靠廉价劳动力投入、大量资源能源消耗、大规模投资并在一定程度上牺牲了生态环境而实现高速增长。但众所周知,这种经济发展方式无疑是难以为继、不可持续的。李克强总理今年3月份在上海、江苏两地调研时指出:"我们要用开放促进改革,要以勇气和智慧打造中国经济升级版。"这就要求要通过创新驱动,提升产业层次,补足服务业等短板,全面提高经济发展的质量和效益。

当今世界正处于大发展大变革大调整之中,我国工业发展面临的国际环境更趋复杂,既面临着难得机遇,也伴随着严峻挑战,给我国工业转型升级带来深刻影响。"不谋全局,不足以谋一隅",新区必须认清这个大势,把握住我国产业发展调整的导向和世界产业格局的最新动向，才能瞄准方向，顺势而为，充分发挥比较优势，持续推进新区产业转型升级，深入调整优化产业结构，不断形成新区新的产业发展和竞争优势，力争打赢一场产业转型升级的攻坚战。

第一节　挑战与机遇

一、挑战

一是世界经济增长和市场需求发生新变化。当前和今后一个时期，经济全球化持续深入发展，为我国进一步实施"走出去"战略，提高在全球范围内的资源配置能力，拓展外部发展空间提供了新机遇。但同时，国际金融危机影响深远，全球需求结构出现明显变化，贸易保护主义有所抬头，围绕市场、资源等方面的竞争更趋激烈，能源资源、气候变化等全球性问题错综复杂，世界经济的不确定性仍然较大，对我国工业转型升级形成新的压力。

二是产业转型升级需要更多综合配套环境改善。随着经济全球化的深入推进，一个国家的产业和技术升级，会带来许多其他变化。企业使用的技术变得愈加复杂，资本需求不断增加，生产规模和市场范围持续扩大，越来越多的远距离市场交易频繁发生。因此，要实现灵活和平稳的产业与技术升级，就要求教育、金融和法律制度得到同时改善，而且诸如通信、港口设施和运输网络等硬件基础设施也必须改进。只有这样，新升级产业的企业才可以大批量生产，实现规模经济，成为成本最低的生产商（Harrison and Rodriguez-Clare，2009）。

三是中国已经步入工业化中后期，要求发达地区先行一步。改革开放以来，以珠江三角洲、长江三角洲为代表的我国东南沿海地区依靠承接国际劳动密集型和资源密集型加工制造业的转移，实现了经济快速发展。在工业化起步阶段，这种承接无疑是一种合理选择。但是，在经济发展到一定程度、工业化步入中后期以后，这种产业结构除了利润率不高，还存在物质资源消耗大、对生态环境影响大等问题。因此，在我国经济增长的资源环境约束不断强化的背景下，无论是从成本效益的角度还是从可持续发展的角度考虑，都需要及时推进产业结构转型升级。从这个意义上说，产业结构转型升级对我国一些地方来说已是迫在眉睫，是加快转变经济发展方式的必然要求。打造中国经济升级版，亟待改变当前对传统经济增长动力的过度依赖，从要素驱动、投资驱动阶段，迈向创新驱动阶段；从过度依赖人口红利、土地红利，转向依靠改革来形成制度红利。

四是科技创新和新兴产业发展孕育新突破。信息网络、生物、可再生能源等新技术正在酝酿新的突破，全球范围内新兴产业发展进入加速成长期。我国在新兴产业领域已取得了一定突破，把握好全球经济分工调整的新机遇，加强战略部署和统筹规划，就有可能在新一轮国际产业竞争中抢占先机、赢得优势。同时，随着发达国家纷纷推行"制造业再造"计划，抓紧在新兴科技领域前瞻布局、抢占未来科技和产业发展制高点的竞争日趋激烈，如果应对不当、贻误时机，我国在新技术和新兴产业领域与发达国家的差距有可能进一步拉大。

五是全球化生产方式变革不断加快。随着信息技术与先进制造技术的深度融合，柔性制造、虚拟制造等日益成为世界先进制造业发展的重要方向。全球化、信息化背景下的国际竞争新格局，客观上为我国利用全球资源、加快培育国际竞争新优势创造了条件。但是，跨国公司充分利用全球化的生产和组织模式，以核心技术和专业服务牢牢掌控着全球价值链的高端环节，我国工业企业提升国际产业分工地位的任务还十分艰巨。

因此，从总体上判断，我国工业发展的基本条件和长期向好趋势没有改变，但传统发展模式面临诸多挑战，工业转型升级势在必行。

二、机遇

一是城镇化进程和居民消费结构升级为工业转型升级提供了广阔空间。城镇化是扩大内需的最大潜力所在，巨大的消费潜力将转化为经济持续发展的强大动力。"十二五"期间，我国城镇化率已超过50%，内需主导、消费驱动、惠及民生的一系列政策措施将进一步引导居民提高消费水平，推动居民消费结构持续优化升级，为我国工业持续发展提供有力支撑。

二是信息化、市场化与国际化持续深入发展为工业转型升级提供了重要契机。信息化发展正进入一个新的历史阶段，信息化与工业化深度融合日益成为经济发展方式转变的内在动力。近年来，资本、技术、劳动力等各类要素市场逐步健全，市场配置资源的深度和广度不断拓展，对外经济技术交流合作日益扩大，开放型经济体系不断完善，经济体制活力显著增强。

三是能源资源和生态环境约束更趋强化对工业转型升级提出了紧迫要求。随着资源节约型、环境友好型社会加快推进，绿色发展的体制机制将进一步完善，这为工业节能减排、淘汰落后产能等创造了良好的制度环境，也将促进节能环保、新能源等新兴产业加速发展。同时，由于长期粗放式发展，我国工业能源资源消耗强度大，能源消耗和二氧化硫排放量分别占全社会能源消耗、二氧化硫排放总量的70%以上，钢铁、炼油、乙烯、合成氨、电石等单位产品能耗较国际先进水平高出10%～20%；矿产资源对外依存度不断提高，原油、铁矿石、铝土矿、铜矿等重要能源资源进口依存度超过50%。随着能源资源刚性需求持续上升，生态环境约束进一步加剧，对加快转变工业发展方式形成了"倒逼机制"。

第二节　理论指引

一、经济成长阶段理论

罗斯托是美国著名经济史学家，发展经济学先驱之一，长期致力于经济成长阶段的研究。罗斯托认为，人类社会发展可分为"六个经济成长阶段"：一是传统社会阶段，二是为"起飞"创造前提阶段，三是"起飞阶段"，四是向成熟推进阶段，五是高额群众消费阶段，六是追求生活质量阶段。依据这一理论，世界上先行的工业化国家从农业国到发达工业国的经济发展，大体可以区分为"起飞以前""初级发展"和"现代发展"三个历史阶段。在这三个阶段中，大体上采取了三种不同的增长方式：在"起飞以前"的阶段，经济发展主要依靠土地等自然资源的投入。它的主导产业是农业。在"初级发展"阶段，经济发展主要依靠物质资本积累和物质投入增加。它的主导产业是大量耗费资源的重化工业。由于在这种增长方式下经济发展受到资源有限性的极大制约，而且物质资本（不变资本）的大量投入必然带来利润率的下降、贫困化等经济社会问题，先行国家在"现代发展"阶段，即工业化的中后期转向了以人力（知识能力）资本积累、技术改进和效率提高为主的现代发展。在这个阶段中，推动经济发展的产业，在20世纪早期是服务业，在20世纪后期，则是信息产业。不少经济学家指出，20世纪后期东亚经济发展之所以出现曲折，就是因为没有能够从粗放增长的早期发展方式成功转型为集约增长的现代发展方式。

二、比较优势战略理论

比较优势战略理论是世界银行前高级副行长兼首席经济学家、

著名经济学家、北京大学国家发展研究院林毅夫教授提出来的。比较优势是经济学中最古老的概念之一，在亚当·斯密1776年出版的《国富论》中，这个概念已经在很多地方使用。但对之加以提炼并明确提出的则是李嘉图，在他那里，比较优势是各个国家进行国际贸易的最主要原因。这个理论提出来后得到不断发展。现在经济学讲的比较优势是从各个国家的经济要素的比重结构来分析的，主要是三个方面：一是各地拥有的资本量，二是各地拥有的劳动力，三是各地的自然资源。如果一个地方劳动力相对多，资本相对少，则应发展劳动力相对密集的产业，生产劳动力相对密集的产品，采用劳动力相对密集的技术。反过来，如果资本相对丰富，劳动力相对少，就应该发展资本密集产业，生产资本比较密集的产品，采用资本比较密集的技术。自然资源也是同样的道理。

林毅夫教授认为，产业和企业只有发挥比较优势，才能形成竞争优势；不发挥比较优势，竞争优势是形成不了的。同样，不符合比较优势，就不可能有产业群聚、市场竞争乃至形成竞争优势。如果一个企业通过正常的经营管理预期，能够在自由、开放和竞争的市场中赚取社会可接受的正常利润，那么这个企业就是有自生能力的。否则，这个企业就没有自生能力。在经济中的多数企业是否具有自生能力，关键取决于该经济中的企业在行业和技术上的选择是否与经济的资源禀赋结构相一致。比较优势发展战略就是指要在经济发展的每一个阶段，都选择符合自己要素禀赋结构的产业结构和生产技术。只有在经济发展的每一个阶段选择符合自己要素禀赋结构的产业结构和生产技术，经济中的多数企业才会具有自生能力，从而能够促进经济体的资本积累、要素禀赋结构的提升，实现经济的快速发展。

林毅夫教授同时认为，在发挥比较优势的同时，要十分重视技术创新。具备同一比较优势又有历史传统的地方非常多，各地在竞争中如何脱颖而出是首要问题。破解的关键在于能否实现技术的不断创新。科学家讲技术创新一般是讲新发明，但是对企业家和经济学家而言，只要新采用的技术比现在的技术好，就是技术创新了。这一点对中国这样的发展中国家尤其重要。发展中国家与发达国家有很大的技术差距，许多在发达国家也许早已过时的技术，拿到国内来都比现有的技术要好很多。只要拿过来，就是经济学或者企业家所讲的技术创新。众所周知，最前沿技术的研发费用非常高，失败概率也非常高，当然，研发以后的专利费等收益也非常高。在一般人看来，研发成功、有市场的技术有很大的回报率，但是按照统计学研究，95%的研发不会产生任何可用的技术，剩余5%可用于技术开发的研发中，最终十项研发中真正有市场价值的大概只有一项。对于我们而言，现在有很多技术已经过了专利期，引进不需要成本；即使用成本付专利费，也只需研发费用的三分之一就够了。为什么"二战"结束以后，世界上出现了几个经济发展的奇迹？日本在"二战"结束后，用了40多年时间，到1988年人均收入就赶上了美国。亚洲"四小龙"的香港和新加坡20世纪60年代就进入了经济高速增长阶段，80年代人均收入达到美国的三分之二。我国改革开放后，连续26年实现了平均9.4%的经济增长。所有这些奇迹的发生，主要原因都是经济快速增长时比较好地引进了技术。但是这并不意味着发展中国家不需要研发了。当在某一产业上我们自身具备了比较优势，而比发达国家没有在同一产业上具备比较优势，这种状况下，通常必须自主研发。需要强调的是，重视技术，并不意味着技术越高越好。研发新技术的动因，在于提高产品质量，降低成本，开发新产品。在质量相同的状况下，成本总是越低越好。其实，国内的劳动力便宜，引进技术的同时要特别考虑如何增加更多劳动力的使用。

在产业多样化和升级过程中，关于政府的作用，林毅夫教授认为，政府的作用应该限制在为新产业提供信息，协调统一产业中不同企业间的相关投资，为先驱企业的信息外部性提供补偿，以及通过孵化、吸引外商投资和鼓励产业集群培育新产业。国家同样也需要改善软、硬件基础设施来降低个体企业的交易成本，加快经济和产业发展进程。

三、梯度转移理论

梯度转移理论最初来源于美国经济学家费农的产品生命周期理论。该理论认为，每个国家和地区都处在一定的经济发展梯度上，世界上每出现一种新行业、新产品、新技术，都会随着时间的推移，由处在高梯度上的地区向低梯度上的地区传递；区域经济的盛衰主要取决于其产业结构的优劣，而产业结构的优劣又取决于地区经济部门，特别是其主导专业化部门在工业生命周期中的阶段。如果一个地区的主导专业化部门都是由那些处在成熟阶段后期或衰落阶段的衰退部门组成，那这个地区属于低梯度地区。而如果一个地区的主导专业化部门主要是由处在创新阶段的兴旺部门所组成，该区域则将被列入高梯度地区。创新活动包括新兴产业部门、新产品、新技术、新的生产管理与组织方法等，这些大都发源于高梯度地区，随着时间的推移、生命周期阶段的变化，按顺序由高梯度地区逐步向低梯度地区转移。梯度转移理论给我们的启示是产业发展在客观上存在的区域性梯度差异，使产业转移成为可能，梯度差异是产业转移发生发展的客观基础。

四、雁行模式理论

雁行模式理论（Flying Geese Paradigm）由日本经济学家赤松要（Akamatsu）在20世纪30年代提出，后来逐渐完善。雁行模式理论主要用来说明日本的工业成长模式。赤松要认为，日本的产业通常经历了"进口—当地生产—开拓出口—出口增长"四个阶段并呈周期循环。某一产业随着进口的不断增加，国内生产和出口的形成，将上述情形绘制成图，就如三只大雁在展翅飞翔。在一国范围内，"雁行产业发展形态"先在附加值低的消费品产业中出现，然后在整个制造业的结构中都出现雁行变化情况。日本学者山泽逸平将其扩展，提出了"引进—进口替代—出口成长—成熟—逆进口"五个阶段，从而更加详尽地展示了后进国家如何通过进口先进国家产品和引进技术，建立自己的企业进行生产，以满足国内需求，同时进行出口，而且后来居上取代领头雁的地位，实现经济起飞。赤松要等人更是将雁行理论引申为解释以东亚为中心的亚洲国家国际分工和结构变化的过程，阐释这些国家经济依次起飞的历史过程。

五、劳动密集型产业转移理论

诺贝尔经济学奖得主、美国著名经济学家刘易斯从二元经济现实出发指出，在开始阶段，现代产业部门由于面临着几乎无限供给的劳动力，现代产业部门的工人工资只得长期保持低水平，节约资本的劳动密集型产业得到迅速扩张；随着劳动密集型产业的扩张，传统部门的劳动力逐渐被吸纳，劳动力无限供给结束，城市现代产业部门的工人工资会快速上升，投资者就会把眼光转移到开发资本密集型产业和技术上，工业化就进入了新的阶段。现代部门工资从长期徘徊不前到快速提升的转折点被称为"刘易斯拐点"。刘易斯认为，发达国家由于人口自然增长率的下降，导致了熟练劳动力不足，引起劳动力成本上升，其劳动密集型产品的比较优势逐渐丧失，于是将劳动密集型产业转移到发展中国家，加速调整国内产业结构。该理论的最大贡献是指出了"刘易斯拐点"是产业转移的时机。

六、现代人力资本理论

20世纪50年代，美国经济学家西奥多·舒尔茨（Theodore Schultz）和加里·贝克尔（Gary Becker）等人创立了现代人力资本理论体系。舒尔茨认为，人类改变穷困状况的决定性因素不是空间、能源和耕地，而是人口质量的提高和知识的进步。[1]人力资本是相对于物质资本或非人力资本而言，是体现在人身上，可以提供未来收入的一种资本，是人类自身在经济活动中获得收益并不断增值的能力，包括个人所具备的才干、知识、技能和资本。有技能的人的资源是所有经济资源中最重要的资源；人力资源的投资效益大于物力资本的投资效益；教育投资是人力资本投资的主要部分。贝克尔认为，人力资本不仅意味着才干、知识和技能，而且意味着时间、健康和生命。他特别强调正规教育和职业培训的支出在人力资本投资中的作用。卢卡斯认为，从传统农业经济向现代经济增长模式的成功转型，关键取决于人力资本的加速积累。一个欠发达国家要想转变成为一个现代的经济体，必须经历人力资本加速积累的过程。社会及其公民必须对"发展创造的各种新的可能性"持开放态度（Lucas，2002）。雅各布·明赛尔指出收入之所以存在差别，是因为人力资本的质和量存在差别。丹尼尔森通过精确计算，论证出1929～1957年间美国的经济增长，有23%要归因于美国教育的发展，即人力资源方面。

七、内生增长理论

内生增长理论代表人物有罗默、卢卡斯、巴罗等经济学家。该

---

[1] 西奥多·W. 舒尔茨. 人力投资[M]. 北京: 华夏出版社, 1990: 1.

理论认为，经济能够不依赖外力推动实现持续增长，内生性技术进步是经济持续增长的决定因素。经济长期增长率是由内生因素解释的，也就是说，在劳动投入的过程中包含着正规教育、培训、在职学习等活动形成的人力资本，在物质资本积累过程中包含着因研究与开发、发明、创新等活动而形成的技术进步，从而把技术进步内生化。由于技术进步的存在，要素收益会递增而长期增长率为正。技术进步是追求利润最大化的厂商进行意愿投资的结果，技术、人力资本有溢出作用；不存在政府干预时，经济均衡增长通常表现为次优增长，增长率低于社会最优增长率。由于知识和积累过程存在外部性，需要政府政策干预，出台各种政策扶持研究与开发、促使人力资本形成，等等。

第三节　历史与趋势

纵观"二战"后的世界产业发展进程，全球共发生了四次大规模的产业结构升级与转移，每次产业转移都极大地影响了世界经济的发展。进入20世纪90年代后期，信息、生物技术快速发展和知识经济的蓬勃兴起，有力地推动了经济全球化的进程和发达国家产业结构的升级，引发了新一轮的国际产业转移浪潮，对21世纪世界经济的发展产生了深远的影响。

一、"二战"结束国际产业转型升级历程

第二次世界大战后至20世纪90年代初期，国际经济发生了四次大规模的产业结构调整和国际产业转移。

（一）第一次国际产业转移

20世纪50年代，美国凭借其科技和经济发展水平的全球领先

地位，成为第一次国际产业调整和转移浪潮中的推动者。"二战"后，美国积极发展资本密集型重化工业，同时对日本、联邦德国、加拿大等国通过海外投资进行资本和技术输出。通过承接转移产业，日本和西欧国家大大加快了工业化进程，工业产业的竞争力迅速提高。据统计，1950年～1959年间，日本引进的最新外国技术达2332件，并从1955年开始扩大并更新设备，使最新设备在全部机械设备中所占比重迅速超过当时的欧美发达国家。

（二）20世纪60年代的第二次产业结构调整和国际产业转移

日本经济快速发展，产业结构不断提高，和美国一起成为这一时期产业转移的主导国家。这一时期，美国、日本集中力量发展钢铁、化工、汽车和机械等出口导向型资本密集工业，同时注重发展电子、航天等部分高附加值技术、资本密集型进口替代工业，而把纺织、服装等轻纺类劳动密集型工业和部分耗能多、污染大的重化工业，逐渐转移到韩国、中国台湾、中国香港、新加坡等亚洲"四小龙"和部分拉美国家和地区。亚洲"四小龙"因此获得发展劳动密集型加工产业的契机，逐步实现了由进口替代型产业向出口加工产业的过渡，成为新兴的工业化国家或地区。在20世纪60年代，韩国就推出了专注于出口的产业升级方案，并迅速从低收入国家转变为中等收入国家，进而转变为高收入国家。正如韩国学者林佑赫所描述的："利用自身的比较优势发展劳动密集型的下游产业，韩国通过学习技术、开发人力资本并建立面向全球的规模适宜的工厂等措施，力图将从国外上游产业进口的中间投入本土化。例如，在化学——纺织品价值链中，韩国系统地建立了从纺织品出口，到合成纤维生产，再到基本石化产品的后向联系产业链。"（Lim，2011）

（三）20世纪70年代的第三次国际产业转移

20世纪70年代的两次国际石油危机和70年代中期的世界性经济危机，沉重打击了西方工业化国家高能耗的重化工业，迫使其加快产业结构调整的步伐。这些国家和地区开始发展以微电子技术为主、能源消耗较少的知识技术密集型产业，而将钢铁、化工、造船等粗放型重化工业转移到亚洲"四小龙"等新兴工业化国家或地区。亚洲"四小龙"积极承接发达国家转移出来的资本密集型产业，同时加快产业结构调整，把部分失去比较优势的劳动密集型产业转移到泰国、马来西亚等国家，促进了这些国家的工业化进程。韩国政府认识到，作为升级的一部分，技能开发非常关键。1973年，韩国国家技术认证法获得通过，政府建立了职业技术学校以满足未来对技术能力的需求。在20世纪六七十年代，韩国政府首先引导了研发活动，为私人部门研发活动的快速增长铺平了道路，为专利发明奠定了技术基础和制度基础。韩国研发总支出与GDP的比值从20世纪70年代的0.5%上升到21世纪初的3%，其中私人部门的份额从20%上升到75%（Lim，2011）。[①]在20世纪70年代，新加坡开始在半导体装配这样的劳动密集型产业中失去竞争力。政府让希捷公司相信这个国家能够为其提供成本更低的零部件，于是该公司将它的磁盘驱动器生产设在了新加坡，这使新加坡很快就成为世界上最大的温彻斯特硬盘驱动器生产国。在20世纪八九十年代，随着硬盘驱动器产业开始面临压力，新加坡政府又开始创造市场条件去吸引电脑制造商（Menon，2010）。这一过程正如诺贝尔经济学奖获得者西蒙·库兹涅茨（Kuznets，1966）所指出的，现代经济增长是一个持续的技术创新、产业升级和产业多样化以及基础设施和制度安排改善的过程，它构成了商业开发和财富创造的环境。

（四）20世纪80年代中期以后的第四次国际产业转移

这一阶段，美国、日本大力发展互联网、新材料、新能源、生物、航空航天等高新技术产业，将产业结构重心向信息化、网络化、高技术化和服务化方向发展，进一步把劳动、资本密集型产业

---

① 林毅夫.繁荣的求索：发展中经济如何崛起[M].北京：北京大学出版社，2012：261.

和部分低附加值的技术密集型产业转移到海外。亚洲"四小龙"等新兴工业化国家或地区通过大量吸收发达国家的投资，承接美国、日本转移出来的重化工业和微电子等高科技产业，并将劳动密集型产业和一部分资本技术密集型产业转移到东盟国家和中国，带动了这些国家的经济发展和产业结构的升级。

二、21世纪国际产业转型升级的新趋势

20世纪90年代以来，经济全球化和信息技术革命给世界经济发展带来了巨大的变化，以美国为首的发达国家开始新一轮产业结构调整升级，开始向发展中国家进行大规模的产业转移，发展中国家则通过承接产业转移加快产业升级和经济发展。进入21世纪，全球产业调整转移呈现出许多新特点和新趋势。

（一）全球产业调整升级步伐加快，国际产业转移层次不断提高

随着经济全球化趋势的迅速发展和国际竞争的日益激烈，以美国为首的发达国家为了保持竞争优势，加快了产业结构调整升级的步伐，重点发展具有更高附加值的创新型技术知识密集型产业。如以信息技术为先导的高新技术产业和以金融、保险、专业服务等为核心的现代服务业。而将附加值较低的一般劳动、资本和技术密集型产业向其他国家和地区大规模转移，从而不断形成新的产业转移浪潮。发展中国家则通过承接产业转移加快产业升级和经济发展，发挥后发优势，大力发展传统加工制造业和重化工业，并以此带动相关配套产业和服务业的发展，工业化进程明显加快。在全球产业调整升级步伐加快的同时，国际产业转移的层次也在不断提高，呈现出从劳动密集型产业向资本技术密集型产业、传统产业向新兴产业、制造业向服务业、低附加值产业向高附加值产业不断提升的趋势。而且，随着知识经济的迅速发展，国际产业转移的层次还会进一步提高。

（二）服务业成为产业转移的热点，高新技术产业出现转移趋势

随着发达国家产业结构的转型升级，服务业在经济中的比重已高达70%以上，而制造业比重则降至10%左右，制造业的大规模转移已经接近尾声，而服务业逐渐成为产业转移的新热点，其中金融、保险、咨询、管理和法律等专业服务更是成为产业转移的重点领域，服务业占跨国直接投资的比重趋于上升，已超过制造业而高达50%以上。与此同时，高新技术产业也出现转移趋势。随着经济全球化趋势的深入发展、技术创新进步和扩散速度的加快，以及发展中国家知识产权保护水平的提高，发达国家不仅继续将高新技术产业的加工组装环节转移到发展中国家，而且将配套的零部件生产、物流、营销甚至部分研发活动等也通过项目外包和业务离岸化等方式向外转移，以便最大限度地降低成本和加快成本回收，缩短从研发到盈利的周期。

（三）国际产业转移方式不断创新，项目外包日益成为主流方式

随着产业分工的不断深化和细化，特别是生产专业化和工序分工的发展，跨国公司开始将非核心的生产制造、采购营销、物流配送、研发设计等活动，以项目外包方式分包给成本更低和具有专业能力的发展中国家的企业和专业公司，以降低固定投入成本和实现全球范围内的资源优化配置。从产品价值链看，跨国公司主要控制少数具有竞争优势的核心业务和高增值环节，而将其他低增值部分的非核心业务，如加工制造等，外包给发展中国家，从而实现更加有效率的价值增值。此外，跨国公司还采取业务离岸化的方式将部分服务业务，如计算机软件编程和电话咨询转接等，转移到低成本的发展中国家；同时加强与提供配套生产服务企业的战略合作，带动这些企业随同转移。同以往跨国公司通过对外直接投资设立自己的生产服务企业相比，这些新兴的国际产业转移方式不仅有利于跨国公司优化资源配置和降低成本，而且有助于为承接产业转移的发展中国家培育发展自己的配套企业和产业。这种有助于实现双赢的

结果，也是项目外包日渐成为国际产业转移主流方式的重要动因。

（四）产业链条整体转移趋势明显，关联产业协同转移现象增多

随着经济全球化时代国际竞争的加剧，跨国公司不再遵循传统的产业转移阶段进行投资，而是发挥其社会化协作程度高和横向联系广的优势，主动引导和带动相关行业的投资，鼓励为其配套的生产服务企业和供应商一同到东道国投资，在当地发展配套产业并建立关联产业群，实现零部件生产供应的本地化，从而将产业链条整体转移到发展中国家。此外，为了充分利用当地的各种资源，并使生产出的产品能够适应全球市场的不同需要，跨国公司除了转移传统的制造业外，还将研发、设计、中试、营销甚至公司总部等其他生产经营环节向其他地区转移。这种产业链条整体转移并带动关联产业协同转移的新趋势，是跨国公司加快建立全球生产营销网络和实现全球扩张的必然结果，不仅有利于跨国公司提高资源配置效率和全球竞争力，而且也使得国际产业转移的速度、规模和范围都达到前所未有的新水平。

（五）跨国公司投资日益多样化，主导着全球产业调整转移

跨国公司的对外投资一直是推动全球产业调整转移的主要力量。以往，跨国公司主要采取直接投资或股权收购等较为单一的方式进行投资。近年来，随着国际产业转移速度的加快和方式的不断创新，跨国公司的投资方式也日益多样化，除了传统的直接投资和股权收购外，证券投资、跨国并购、股权交换、合资合作、非股权安排等各种形式的产业投资层出不穷，其中证券投资和跨国并购日益成为最主要方式，目前已分别占全球资本流动的75%和跨国直接投资的60%。作为经济全球化的主导力量和国际产业转移的主体，跨国公司控制着全球生产的40%、国际贸易的60%、国际投资的90%、国际技术转让的80%和研发活动的90%，分公司和子公司遍布世界各地，其中1/2分布在发展中国家，在全球形成错综复杂的生产营销网络体系。因此，跨国公司的投资方向和方式，不仅主导

着全球产业调整转移，而且深刻地影响和改变着全球分工体系。

（六）打造诚信法治政府，持续营造规范、透明、正确激励导向的转型升级环境

世界银行增长与发展委员会在2008年出版的《增长报告：持续增长和包容性发展战略》中指出，"快速、持续的经济增长不是自发产生的，它需要一个国家政治领导人的长期承诺，这个承诺需要以耐心、坚持和现实主义来实现。"一个国家和地区在其产业和技术升级过程中，会发生很多变化。企业使用的技术变得复杂，资本需求上升，生产规模和市场范围扩大，因此更加需要一个"有所为有所不为"的"诚信作为"政府，不断制定透明完善的规则和正确激励转型的政策，营造良好的转型升级发展环境，促进实现灵活和平稳的产业与技术升级，如一方面不断改善教育、金融和法律制度，同时也要不断改进通信网络、交通运输网络和港口设施等硬件基础设施。只有这样，在新升级产业中的企业才可以大批量地生产，达到规模经济，成为成本最低的生产商。由于对于任何给定产业，专业化、集聚和集群可以降低交易成本，增强其在国际市场上的竞争力（Krugman，1991）。因此，北京大学林毅夫教授认为，政府应该提供一些正确的激励措施，引导企业进入与国家的比较优势相一致，有广泛的国际市场，为将来产业升级和多样性提供很大发展潜力的部门和领域。这些激励措施将有利于企业快速形成产业集群，节省其自发形成过程中固有的时间和消费。[①]在欧美等发达国家和地区，政府大都会采取各种激励措施支持产业的升级和多样化。除了产业中性的专利制度，其他措施通常包括支持基础研究、授权国防合同、大型公共采购。地方政府同样向民营企业提供各式各样的激励政策，吸引它们到特定的地理区域去，并投入新的投资。所有这些措施的采用，需要确定具体的产业、产品和金额，

---

① 林毅夫. 繁荣的求索: 发展中经济如何崛起[M]. 北京: 北京大学出版社, 2012: 135.

以达到选优的目的。如美国政府持续地向民营企业和学术研究机构提供强有力的激励，使之为持续的经济增长探寻新的宝贵思路和思想，同时还为基础设施建设、教育和培训提供资金支持，为各产业建立和发展建立起人力技能基础，这些一般通过研发补贴来完成。在欧洲，法国一贯赞成由政府资助的经济方案，使公共部门和私人部门得以协作开发新技术和新产业，政府通常使用直接补贴、税收优惠和政府运行的开发银行来为私人部门提供融资和资本金。英国政府将自己定位为市场塑造者，主要通过产业政策为处于起步和成长阶段的企业提供所需的融资渠道，促进知识的创造和应用，帮助人们提高工作技能，投资于现代低碳经济所需的基础设施建设，并保持市场的开放性和竞争性。

第四节　坪山新区的产业转型升级之路

2008年以来的国际金融危机传递的信息进一步表明，传统粗放的经济发展模式已发挥到了极致，需要来一次全新的产业革命，以"壮士断腕"的勇气推进产业转型升级。从历史角度看，任何一次经济危机都是全球产业布局的"洗牌"过程，落后产能被淘汰，新型产业脱颖而出，成为引领新一轮经济增长的"引擎"。"人无远虑，必有近忧"，因此，在当前，新区充分认识到，与其被动被淘汰，不如主动有作为，只有化危为机，主动调整优化新区产业结构，淘汰落后产能，坚持"高、新、软、优"导向，坚持质量引领、创新驱动，持续不断推动产业转型升级，努力向"微笑曲线"两端迈进，才能使得新区产业和企业更符合未来国内外市场竞争的需要，这既是转变经济发展方式、提高经济增长质量和效益、应对各种经济风险的根本之策，也是"打造中国经济升级版"的关键之所在。

一、产业转型升级导向—— 坚持以质量为标杆

"坚持以质量引领发展，以质量引领转型"，是深圳经济特区新时期的发展战略取向。美国现代质量管理大师约瑟夫·M.朱兰博士曾说，20世纪是生产率的世纪，21世纪是质量的世纪。质量是经济社会发展的生命线。新区在产业转型升级上始终坚持"好"字当头，"优"字争先，始终把提高质量和可持续发展能力放在第一位，以质量促转型，突出"转型发展、创新发展、低碳发展、和谐发展"四大导向，以电子信息、生物医药、先进装备制造和新能源汽车等四大主导产业为重点，着力打造"高、新、软、优"为特征的现代产业基地和新兴产业名城，努力创造产品和服务附加值高、发展质量好、有效适应市场需求的产业发展模式。2012年7月，新区出台了产业转型升级"1+6文件"。其中，"1"是《坪山新区关于产业转型升级的实施意见》，"6"是《关于推进坪山新区产业转型升级的"五个五"工程行动计划》等六个产业转型升级配套文件。"1+6文件"是对转型升级工作全体系、全方位、全过程的支持和支撑，是坪山新区积极营造优越的政策软环境，推进新区产业实现智慧转型和品质升级的重要举措。

二、产业转型升级目标—— "高、新、软、优"导向

（1）规模总量：力争到2015年，实现30%左右的年均发展速度，GDP达到850亿元，经济总量占深圳市经济总量的比重提高到5.7%，培育一个规模总量达到1000亿元级园区，培育销售产值超亿元企业150家以上。

（2）产业结构：力争到2015年，生物医药产业、新能源产业、电子信息产业、高端制造业占全区预期总产值的80%，第三产业增

加值占GDP比重达到30%。

（3）自主创新能力：力争到2015年，规模以上企业科技研发投入占销售收入比重的3%以上，重点企业建有省、市级研发（技术）中心。

（4）节能减排：力争到2015年，全区单位GDP能耗比2011年下降20%以上，能耗高、污染重、工艺落后的产能基本淘汰完毕，建成一批节能标杆企业和循环经济示范企业。

三、"筑巢引凤" —— 全力建设高端产业园区

新区坚持"高、新、软、优"的产业导向，以"规划先行"发展理念，以"四大园区、四大基地"为抓手，突出抓好园区载体建设、招商引资、综合服务三大工作，通过与深圳市药品监督管理局、深圳市外国专家局、医疗器械行业协会等单位沟通，吸引更多孵化企业入驻留学生创业园。坪山新区目前已有三块"金字招牌"：一是2003年海关总署和商务部批准设立的出口加工区，占地3平方公里，海关总署等七部委已批准叠加保税物流、检测、研发、展示等功能；二是2005年国家发改委批准设立的国家生物产业基地，占地3.29平方公里，目前已引进赛诺菲－巴斯德、海普瑞、微芯生物等优质企业项目24家，基地内的生物医药企业加速器目前已完成封顶，预计今年可投入使用；三是2012年10月国家商务部和科技部批准设立的国家新能源汽车基地，占地13.5平方公里，目前比亚迪已率先入驻，同时我们正积极引进国家轿车质量监督检测南方中心等公共服务平台。此外，我们还大力推进先进装备制造、电子信息等园区和留学生创业基地、文化创意产业基地、中小企业总部基地和科技成果转化基地等基地建设，"四大园区、四大基地"的格局初步形成。

四、"筑巢引凤"—— 严格项目引进门槛

新区坚持"高、新、软、优"的产业导向，瞄准行业龙头、上市公司和国家高新技术企业，优化项目筛选和决策机制，确保每个引进项目都经得住市场的考验。

1. 加大深圳优质产能的承接力度

与市经信委、投资推广署、中小企业上市服务中心等部门以及南山、福田等区搭建了项目互动平台，精心组织数场新区与市重大项目对接会，主动承接全市产能转移，使优质资本扎根在深圳。特别是我们与南山区签订了产业合作备忘录，主动与南山区有拓展意愿的优质项目对接，目前重点跟踪的项目33个，其中10亿元以上的项目15个。

2. 加大主动"走出去"招商力度

充分利用省、市搭建的招商平台，主动出击、上门招商。新区成立以来，共引进产业项目122个、总投资近1000亿元。2012年又有海滨制药、安特高科等8个工业项目落地，总投资33.5亿元。目前在建类产业项目28个，投资总额134亿元，达产后新增产值约为454亿元。其中，雷柏科技、佳士科技、国人通信、友利通等16个项目已进入投产期，预计达产后将新增产值约314亿元；明年，预计将有赛诺菲、齐心文具、信立泰、康哲、理邦等12个项目进入投产期，达产后新增产值140亿元左右。此外，新区还与世界500强勃林格殷格翰（Boehringer Ingelheim）达成了初步投资意向，并引进了国药、华电、国电等一批龙头企业。同时，将重点聚焦于新能源、生物等战略性新兴产业，分别在美国、德国以及上海、北京举办坪山新区新能源与生物产业投资推介会，取得了良好效果。

3. 加大存量空间招商力度

平均每季度举办一次产业项目与厂房空间对接会，帮助社区空置厂房引入199个项目，其中，规模以上企业44个，总投资约14亿

元；租赁厂房面积约46万平方米，预计达产产值约42亿元。

五、"腾笼换鸟"——加大落后产能淘汰力度

由于低端企业占据了大量的宝贵产业空间，坪山新区将大力实施淘汰落后产能以消助长战略，采取量化评分和末位淘汰的方式，对全区重污染来料加工企业进行量化考核评分，实施分类管理、区别对待，以评分排名为标准，将企业分成A、B、C三类管理，鼓励A类企业转型升级，对其他企业实施限期治理，不能完成限期整改的企业，通过吊销排污许可证等手段，依法强制关停和淘汰，加快重污染企业的淘汰步伐。2012年共计淘汰清理和转型350家落后产能企业，主要为小五金、小塑胶、小家私等行业企业，其中，重污染企业18家，推动来料加工企业转型110家，特别将重点放在坪山河流域496家落后产能的退出和转移上，预计淘汰后将腾出110万平方米空间，从而为高端产业发展腾挪发展空间。

六、"腾笼换鸟"——积极创建深圳国际创意谷

新区将文化创意产业纳入综合发展规划，确定了马峦山影视文化与生态休闲游、大万世居客家建筑与民俗风情游、近代革命红色文化游、地下矿山工业文化游四大旅游文化品牌。新区成立以来，不断加大文化重大项目引进力度，目前已引入华谊兄弟文化城（投资130亿元）、卡曼国际文化旅游小镇（投资100亿元）、中传深圳产业基地（投资50亿元）、深圳文博产业园（投资30亿元）等重大产业项目，总投资额达310亿元。同时，结合坪山固有的特色文化项目，新区目前正在着力建设一个融传统文化、红色文化、休闲旅游文化、现代创意文化于一体的"深圳国际创意谷"。

其中，华谊兄弟文化城将依托华谊兄弟传媒集团的品牌效应和

行业号召力，引入并聚集文化领域的优秀人才、企业和资本，着力发展电影及电视节目拍摄、后期制作、配套服务、广告制作、主题旅游及其他文化创意设计等产业。文化城定位为文化产业聚集地，以影视剧拍摄为核心，整合相关影视产业。此外，还将加入影视主题公园元素，如教堂、战场等，使人们真切体验影视效果和场景。根据规划设想，其影视制作基地将建设12个面积2000～5000平方米的亚洲最专业的现代化摄影棚，可同时容纳500人以上的摄制组12个，让坪山成为重要的影视拍摄制作中心。同时，项目也会积极引进包括影视、平面、动漫、摄影、特效等文化创意产业的著名工作室，将项目塑造成为全国著名创意品牌示范区。

卡曼国际文化旅游小镇项目主要依托"喜羊羊"之父苏永乐先生领衔的中国原创动漫创作团队和产业投资运营团队，在富域控股有限公司对"喜羊羊"系列产品运作已形成的成熟动漫文化创意产业链的基础上，通过"动漫+产业"的综合开发，以富域控股为龙头，联合其战略合作伙伴莱蒙国际，不断整合动漫创意文化产业上下游关联性企业入驻本项目，通过产业聚集、产业孵化、技术服务、产学研一体化等多种模式，力争将其打造成为"中国迪斯尼"，成就跨世纪"梦工厂"。项目将重点打造动漫产能园、动漫教育园、文化旅游园、生活配套园四大核心功能区，以儿童突破式教育工程的三大早教中心、四个儿童体验乐园和喜羊羊旗舰店为核心，结合所开创"动漫旅游"模式下的酒店、亲子体验等功能，全面打造四大动漫体验儿童乐园。

深圳文博会产业园区总投资约34.1亿元，总建设面积57万平方米。项目依托中国（深圳）国际文化产业博览交易会，打造集文化产品交易、研发设计、创业孵化、信息服务和总部办公于一体的功能齐备、服务设施完善、配套齐全的文化产业园和总部经济区。未来3年，文博会产业园区将建成并运营文博会艺术创作基地、俄罗斯列宾美术学院写生采风创作基地、文博会景德镇研究院创作展示交流基地。未来5年，设立俄罗斯列宾美术学院深圳分院、文博会艺术创作中心、高端工艺美术品研发中心等功能区域。

中传原创艺术城是以"原创艺术+数字科技+青年创业"为特色，规划建设"创意产业研发总部、创意产业园区、创意产业学院、艺术家创作基地、创意产业营销中心、国际创意社区"六大功能分区的文化项目。艺术城项目分两期开发，开发总投资为60亿元，包括主体、延展两部分。主体部分为中传创意产业集聚区，一期占地30万平方米，建筑面积60万平方米；延展部分为利用坪山古村落资源，对现有建筑进行整修，整修建筑面积20万平方米，将成为传统与现代交相辉映的原创艺术天地。

第五节　转型升级要有大智慧——新型城市化与产业转型升级系列研讨会观点集锦

坪山新区自成立以来就坚持"大发展要有大智慧"的理念，每年择机举办高端论坛，借助"外脑"智慧，为坪山新区的发展开阔视野，启发思路，把脉诊断，指引方向。针对产业转型升级和战略性新兴产业发展，新区于2012年举办两场论坛和沙龙研讨活动，与会专家提出了许多真知灼见和好的意见建议，为新区产业转型升级提供了强有力的智力支持。

一、2012新区新型城市化与产业转型升级论坛

2012年7月14日，在坪山新区成立三周年之际，坪山新区和深圳市规划国土委员会联合组织以"新型城市化与转型升级"为主题的"坪山论坛"，数位知名专家学者从不同角度对坪山新区如何打造新型城市和转型升级、如何形成有效实施机制等献计献策。论

坛系统梳理了2009年6月30日坪山新区成立以来坚持走新型城市化道路的探索实践，回顾了新区3年来在"转型升级"方面的发展历程，展示了坪山新区3年来功能新区建设的成果经验。8位国内知名专家学者，就坪山新区如何科学转型升级，如何形成有效实施机制，实现新区"点、线、面"相结合的开发模式等方面纷纷献计献策，为坪山新区探索出一条"经济、社会、城市、文化、生态"五位一体的新型城市化道路。

（一）**充分利用市场，发挥企业作用——国务院发展研究中心资源与环境政策研究所副所长李佐军研究员**

李佐军研究员围绕地方政府在投融资平台受限的情况下，新区应如何推动坪山河流域的综合开发进行了全面阐述。"在坪山新区前期的发展过程中，政府要起到规划引领的作用，现在城市的规划已经出来，政府在大的制度建设上也已经初步形成，下一步有些方面，政府要逐步退出，包括一些重大的项目，将来政府要发挥行业组织的作用。"政府一要善于引进和培育产业集群的种子企业，通过种子企业在坪山生根发芽结果；二要利用行业协会、行业商会发展产业集群；三要高度重视产业集群中小企业的作用。"政府的精力是有限的，对市场的敏锐度是有限的，地方政府的投融资平台更是受到限制"，李佐军研究员建议政府不应过多、过深地介入到具体的产业发展、项目建设中去，应充分利用市场力量，发挥企业作用。

（二）**政府与社会要形成良性互动——广东省社会科学院党组成员、副院长刘小敏**

刘小敏副院长围绕着新区如何创建"小政府、强政府，大社会、好社会"，更好地为辖区居民提供公共服务这一问题进行全面解读。

他认为，小政府的理解就是精简、开明、潇洒。精简就是机构精简、职能定位清晰；开明就是我们要勇于向社会放权，不该由我们管的事放出去，政府不要管那么多事，不要大包大揽；潇洒，就要实现政府的自我解放。

强政府，其实小政府和强政府是辩证统一的，做到服务强、管理强、自己强，行政权力规范运作，在立法公正的情况下，绝对不与民争利。

大社会，让传统的社会体制来一个大发展，大力发展社会组织。"我就担心我们的自治和人在弱化，特别需要大社会。坪山新区3.5万户籍人口，60万实际管理人口，异地务工人员的比重有多大？这么大的比例，我们究竟希望他们参与社会建设多少？唯一的道路就是把他们自己组织起来，自己管理、自己服务、自己监督，一定要把他们组织起来，这样才是好的思路，这才是大社会。"刘小敏结合坪山实际如是说。

好社会，就是整个社会的价值理念、个性价值理念，要秉持人民利益至上这一核心，把解决好人民群众切身利益的问题摆在至高无上的地位，尽可能把维护老百姓的利益摆在首位，政府与社会之间要形成一种良性互动。

（三）主导企业应带动周边配套生产链——广东省城乡规划设计研究院总规划师、教授级高级规划师马向明研究员

马向明总规划师围绕着新区引导原居民通过"整村统筹"的土地整备，实现片区经济、社会、城市综合转型的问题阐述了自己的观点。

由于产业的周期和城市的周期不一致，产业单一的城市遇到产业衰退会引起一系列的问题，所以，一个城市要具有灵活性。马向明通过中大商圈的形成、福特不同时期组织结构的改变、工业区和商业区主导企业带动周边生产链等实例分析了城市片区的综合转型。

同时，关于原居民在城市化的进程中怎么转变，他建议，在龙头店周边建一批小店，让村民在这里就业，以解决缺乏技能的原居

民的就业问题。另外，借鉴新加坡城市化中原居民的例子，一边是原住民，另外一边是向市场公开，让他们既有保护又能在竞争中得到发展。

（四）地方政府投融资平台受限，应更多考虑市场力量——重庆大学发展研究中心副主任、博士生导师、可持续发展研究院副院长蒲勇健教授

蒲勇健教授围绕新区如何利用投融资平台和社会资本开展大规模基础设施建设问题进行了全面阐述。

目前中央政府、银行都对地方政府的投融资平台限制直接融资和贷款，原因有三方面：一是现在地方政府债务还款期已到，银行考验地方政府信用；二是国内外唱衰中国经济的舆论；三是产能过剩，而政府的基础设施建设又非常重要，两者间形成很大矛盾。

"政府在有还贷信用危机时，应更多考虑市场的力量。"蒲勇健教授认为要解决地方政府投融资平台融资受限问题，一是需要金融创新，银行现在是不直接给地方政府投融资平台贷款，地方政府可指定一些事业法人单位，在企业担保的情况下进行融资；二是以一个事业法人单位担保进行贷款，因为它自己有银行战略合作伙伴；三是双方开展战略合作。

（五）经济、社会、城市、文化、生态"五位一体"——中国科技成果管理研究会文化专业分会理事、中国民间文艺家协会理事、深圳市文联专职副主席杨宏海先生

杨宏海副主席围绕新区如何抓好经济、社会、城市、文化、生态"五位一体"统筹发展做了阐述。

要发展、统筹五位一体，杨宏海是这样来表述的，"我们要构建一种特色文化，我们要发展一种绿色经济，我们要营造一种宜居城市，我们要建设和谐社会，我们要保持优良生态，这就是经济、社会、城市、文化、生态五位一体。"

文化产业、文化创意产业，无非有两种：一种是无中生有，一种是有中求特。绿色经济,今天的坪山一点小小的忧虑就是,那么漂亮的植被,但是存在很多火柴盒的建筑,这让坪山看上去不太完美。营造宜居城市,杨宏海建议,不要把树砍掉,特别是已经长大的树,一般的山不要动它。他表示华侨城之所以成功,就是吸取了新加坡著名的设计师孟大强的理念,就是抒发自然,天人合一,更多地因地制宜,这也是国际化城市的标准。

（六）提升精干高效团队的执行力,首先要打造学习型团队——深圳市社会科学院社会发展研究所所长杨立勋研究员

杨立勋研究员围绕新区如何打造一个高效执行的精英团队做了全面分析。他认为,提升精干高效的团队执行力,首先要打造学习型的团队,要成为高效率的团队必须学习。其次是要实行服务型管理。既然是服务,服务的流程就需要再造,需要不断优化。最后团队要有精神、有文化,提升企业家精神就是为了节约企业成本和提高企业效率。

（七）将特色与城市更新结合起来——北京大学社会学系副主任、北京大学社会学人类学研究所副所长、北京大学深圳研究生院人文学院副院长于长江教授

于长江教授围绕在走新型城市化道路过程中,新区应如何打造出自身的特色做了全面阐述。他倡导,走新型城市化道路,一定要形成特色。他以古罗马建的城市,长安、莫斯科、巴黎、伦敦这些城市为例,说明城市离不开特色。他建议,坪山新区的城市建设可以适量吸收中国原有的乡土社会的东西,把它纳入城市多元化的一部分,建构特色,发挥特色的空间。可以将坪山客家围屋做成旅游业,尽可能保留客家人经过风风雨雨存下来的东西,将坪山自己的特色与城市更新结合起来,共同促进新区的发展。

关于企业,于长江教授表示,现代人都很注重引进大的企业,而且为企业做了很多服务,他认为,在现代市场经济下,企业并不是一个稳定的东西,企业可能赚钱也可能赔钱,有可能发展也可能倒闭，这个本都是现代市场经济中企业很正常的变化。新区在引进企业时应有一个清醒的认识，要有所保留，特别是对他们未来可能发生的情况预先做一些安排。

（八）要牢牢把握产业融合和产城融合——深圳综合开发研究院企业与市场研究中心主任、TCL 通讯设备股份有限公司独立董事刘鲁鱼研究员

刘鲁鱼研究员围绕新区如何打造转型升级平台、推动战略性新兴产业发展、构建适合区情的现代产业体系进行了深入的探讨。

坪山新区成立以后，确定了几大战略性新兴产业，刘鲁鱼表示，确定区域的产业需要有大的智慧。在产业发展方面，一定要有超前的意识、充分弹性的意识，不要画地为牢，在产业发展上面一定要牢牢把握产业融合和产城融合的概念。不仅要注重大项目、大企业，而且要有一个企业群落的概念，做到大中小企业相互糅合。

此外，坪山在发展产业、发展企业群落、招商引资时，要注意招募金融企业，不能指着几大银行、几大基金，而要招募在深圳最领先的私募基金公司、民间投资机构。他表示，现在新型产业的组织者实际上是金融从业者。

在城市化方面，他表示坪山新区可以再超前一步，可以大力强调公共服务。如果有了强有力的公共服务，而且是普惠型的公共服务，就可以打造非常有活力、非常有亲和力的城区。

二、2012战略性新兴产业发展与产业转型升级研讨沙龙

2012年12月9日，坪山新区召开"战略性新兴产业发展与产业转型升级研讨沙龙"活动。本次研讨沙龙邀请了包括3名中科院院士在内的众多学界、业界以及政府有关部门的专家，为坪山新区贯彻落实市委市政府提出的"特区的特区、城市的亮点、产业的高地"的战略部署，着力"建设高水平的功能新区，打造转型升级的

平台"而献计献策。活动中，专家们对坪山新区战略性新兴产业发展和产业转型升级总体方向及实现路径进行了热议。与会专家一致认为，坪山新区在明确产业大方向的同时，对具体项目的引进要考虑价值链因素，力求从产业发展高端环节切入，抢占产业发展高地；同时保留适当比重的制造业，避免产业"空心化"。在本次活动中，坪山新区聘请了包括孔祥复、姚开泰、吴云东等3位中科院院士在内的9位知名专家学者以及企业界人士，作为坪山新区生物产业发展咨询顾问委员会高级顾问。

（一）生物产业的发展要关注到可持续性——中科院院士、南方医科大学肿瘤研究所名誉所长姚开泰教授

姚开泰院士认为，生物产业的发展要考虑到快速和慢速的关系。他举例说，21世纪生物产业发展的核心之一是"后基因组"时代，比如说，小孩出生后就可以进行基因组的测试，保留基因芯片并分析出以后可能患的疾病。目前这项工程进入第二代技术，但测试一个样本需要几十万元。专家预测，该项工程从第二代到第三代的跨越需要5年至7年，要进入实际运用还需要5年至7年。如果个体基因的测定成本降到1000美元之内，这项工程的市场前景无可限量。现在国家重点实验室都是采用进口设备，如果能够加强设备的国产化，那么这个产业的应用面将非常广，市场潜力也很可观。姚开泰还建议，可以充分考虑现代化生物医药和保健食品结合的手段，比如目前通过科研手段已经在食物中发现抗肿瘤成分，因此可以考虑发展具有医用价值的保健食品项目。

（二）发展生物医药产业正当其时——中科院院士、北京大学深圳研究生院副院长吴云东教授

吴云东院士认为，目前人口老龄化趋势明显，人们对健康的要求越来越高，这决定了生物医药产业良好的发展前景。现在国际上纽约、波士顿，国内北京、上海都形成了生物医药产业"群"的概念，这取决于良好的经商环境、高端的人才支撑、发达的金融支持

以及知识产权法律法规的完善。这些优势深圳其实已经具备，坪山新区可以依托深圳乃至香港在这些方面的优势，大力发展生物医药产业。吴云东院士表示，此外要重视科研单位的作用，许多大型企业和项目的进驻，很重要的因素是希望能与科研机构进行联合。可以通过科研机构的力量吸引大型生物企业进驻，这样就可以形成良性的发展环境。

（三）对于产业引进应该从价值链上进行考虑——北京大学城市与环境学院王缉慈教授

王缉慈教授认为，坪山新区产业引进不光是要考虑产业类型，更要考虑引进的项目必须处在价值链的高端，并提出产业的选择更重要的是看企业在产业链上处于什么样的地位。坪山新区引进和发展战略性新兴产业一定要高起点，要从价值链环节进行考虑，要明确引进的项目必须处于"微笑曲线"的高端环节。

（四）制造业需要保持一定比例——深圳大学中国经济特区研究中心副主任袁易明教授

袁易明教授表示，根据近年来世界经济形势的变化，坪山新区需要保留相当比例的制造业，防止产业"空心化"趋势。坪山新区高端制造业的比重不能低于35%，最好能保持在40%以上，这样才能支撑深圳的产业不至于出现"空心化"的趋势。袁易明教授同时认为，现在坪山新区急需解决产业发展环境和公共配套问题，从而更好地留住好的企业和高端人才。

（五）产业引进要充分考虑到技术更新的问题——深圳综合开发研究院企业与市场研究中心主任刘鲁鱼研究员

刘鲁鱼研究员认为，从以往的经验看，许多当初看上去先进的产业，在短时间内由于技术更新就被淘汰。对此，他建议需要保留一定的制造业，产业空间上保持相当的弹性。此外，刘鲁鱼认为，产业引进要考虑到产业的融合性，不要划定过于清晰的产业边界。

（六）提供正确的激励促进产业转型升级——台湾生产力中心协理陈诗龙先生

陈诗龙先生以台湾产业转型的经验，建议坪山新区要提供正确的转型升级模式，形成转型升级的运作机制，制定鼓励设计研发或销售的奖励措施。

三、2013坪山新区"未来产业与坪山未来"专家咨询研讨会

2013年11月23日，坪山新区举行了以"未来产业与坪山未来"为主题的2013专家咨询研讨会。来自国务院发展研究中心、中国社会科学院、北京大学、深圳大学、深圳市委政研室、深圳市政府发展研究中心、深圳市创新投资集团、国信证券等国内知名专家、学者共商坪山新区未来的产业发展大计，聚焦坪山未来产业的发展趋势、问题研判和战略选择等关键问题，为坪山新区的未来产业发展把脉支招。

（一）根据产业结构趋势，发展潜力产业——国务院发展研究中心区域经济与发展战略研究部研究室主任刘云中研究员

刘云中研究员认为，在产业革命变迁向人类的最终需求回归的趋势下，未来产业发展应注重健康、长寿、良好的生态环境、服务和享受等方面需求，重点考虑发展生物医药、基因技术、健康服务业等在未来具有引领作用和快速增长潜力的产业，并让市场和企业做主体，在具体的资源配置和创新过程中发挥决定性作用，政府应在制定发展战略、规划、政策和标准，加强市场活动监管，提供各类公共服务和基础设施等方面更好地发挥作用。

（二）加快构建坪山新区现代产业体系——中国社科院工业经济所工业发展研究室主任吕铁研究员

吕铁研究员认为，坪山新区产业发展应着眼于发挥比较优势和

培育竞争优势，通过加快提升发展电子信息、装备制造、汽车制造等先进制造业，加快培育发展生物医药、新能源（汽车）、新材料和新一代信息技术等战略性新兴产业，加快集聚发展现代物流、金融保险、信息服务和文化创意等生产性服务业，加快推进新区现代产业体系的建设。

（三）增强人才吸引力，积极培育创新创意环境——北京大学城市与环境学院王缉慈教授

王缉慈教授认为，坪山新区发展生物医药产业，形成产业集群，一是需要充分利用毗邻香港和良好的自然生态环境，增强人才吸引力，为高端产业人才提供更好、更便捷、更舒适的生活环境，使得人才真正能够留得下来。二是需要积极培育创新和创意环境，成立产学研资联盟等生产性服务机构，促进企业之间互动交流，把"水"搅活，促进形成更多更好的企业自主研发创新氛围，使地方有活力，才能真正形成产业创新集群。

（四）深化产学研融合，力促产业创新发展——北京大学全球治理研究中心副主任兼秘书长范德尚博士

范德尚博士总结介绍了美国斯坦福大学在推动产学研融合与科技创新方面的成功经验，并提出，一是要打破高校和产业界之间的僵化体制，加强二者间的联系与合作，使高校的人才和知识能实现在产业界的顺利流动，建立科技成果转化的长效机制。二是要深化产学研融合，吸引优秀智力资源，培育多学科融合、优秀人才聚合的研发团队，通过与高校长效合作、开展研发，在高技术产业最前沿的研发方向上做出产业发展的战略决策；三是应借助市场、民间、社会的力量，培育自发的、分散的、由政府引导的科研创新体制，以此促进产业创新发展。

（五）提高门槛，融合信息化、新型工业化——深圳大学经济学院党委书记钟坚教授

钟坚教授认为，坪山新区发展产业要将信息化、新型工业化充

分结合起来。提高两个门槛：一是环境保护的门槛要相应提高，淘汰一批低档次的企业，留住一片青山绿水就留住了一切，否则健康产业、养老产业都是空话，都是不大可能的。二是劳动保护的门槛相应提高，让低档次的产业没办法在这里生存，置换成一些高档次的产业，实现产业转型升级的目标。

（六）借鉴苏州生物纳米产业园发展经验——深圳市委政研室经济处处长余雁刚博士

余雁刚博士总结了先前所考察调研的苏州生物纳米产业园的发展经验，并认为发展战略性新兴产业，一是要"谋划发展，眼光独到"。紧紧盯住全球产业动态和倾向，顺着技术转移浪潮，围绕重点产业领域，精确制导、精准招商选商；二是要"规划超前，规范发展"，不断营造产业发展和人文环境比较协调的小环境；三是要"嵌入高端，聚智聚才"。要十分注重打造高水平的研发平台，因为高端人才不光看生活的环境，更看能不能形成合作开展研究的良好研发环境；四是要"甄别赠送"。优惠激励政策要用对地方和企业，并且要易于操作和执行；五是要"服务专业周到"，建设"一站式"的服务中心，打造高等级的公共服务研发平台；六是要"耐心发展，不急不躁"。发展战略性新兴产业等前沿领域要有一种"傻乎乎"的精神，不能急于追求它的成长，拔苗助长。

（七）结合自身优势，谋划布局健康、安防产业——上置集团董事局主席施建先生

施建先生认为，坪山新区应抓住自身优势产业导入的机会，一是要充分利用丰富的山水生态资源，前瞻性地规划和发展包括医疗、养老服务在内的健康产业；二是要关注安防产业良好的发展前景和潜力，在坪山打造智慧谷创新产业园，通过加强安防产品的集成、创新与应用，构建深圳坪山安防创新产业基地。

（八）立足产业基础，构建健康产业园——国信证券经济研究所业务发展部总经理丁艺珂先生

丁艺珂先生认为，健康产业和生物产业有密切的交叉和相互的关联，坪山新区要在已有的国家级生物产业基地基础上，打造生命健康产业园，有三种思路可资借鉴：一是构建一个"大健康"产业园区，以包含现有的生物产业基地在内的"一个园区、多个基地"模式进行建设。二是将健康产业和生物产业区分对待，建立更倾向于服务业、独立的健康产业园。三是考虑到健康产业涉及的子领域、子行业过多，而且部分子行业需要依托产业链条的支持和产业平台的支撑，因而可打造分散布局、由若干园区组团形成的产业新城。

（九）生物医药园区建设要借鉴国际先进经验——深圳市创新投资集团有限公司周伊博士

周伊博士认为，坪山新区发展生物医药产业园区应注重以下几方面的工作：产业规划和政府支持、招商的策略、专业素质和人脉网络、园区的形象设计策划定位、园区的功能和服务。根据国外的科技园区建设经验，六大经验可以借鉴：一是形成产业集群；二是坪山特色；三是产学研创新网络；四是风险投资；五是创新发展的园区文化；六是创新园区服务工作。

（十）新能源和新能源汽车产业前景光明——深圳市创新投资集团有限公司袁博博士

袁博博士认为，最近几年是新能源行业爆发的起点，未来将处于高速成长的阶段。新区发展新能源汽车和新能源产业，应关注到这样几点：一是光伏未来合理利润的发展趋势，短期来说光伏的EPC和BT企业是投资机会，长期来说电站运营是投资机会；二是锂电池，高管隔膜、电芯和电池管理系统有较强的盈利能力；三是关注新能源汽车整个行业的发展趋势，一旦行业发展起来，整个产业链都会有比较大的投资机会。

第六章 "来了，就是坪山人"：
探索实有人口基本
公共服务均等化

党的十八大报告提出要"有序推进农业转移人口市民化，努力实现城镇基本公共服务常住人口全覆盖。"按照因地制宜、分步推进，存量优先、带动增量的原则，以农业转移人口为重点，兼顾异地就业城镇人口，统筹推进户籍制度改革和基本公共服务均等化。全面放开小城镇和小城市落户限制，有序放开中等城市落户限制，逐步放宽大城市落户条件，合理设定特大城市落户条件，逐步把符合条件的农业转移人口转为城镇居民。加快推进基本公共服务均等化，努力实现义务教育、就业服务、社会保障、基本医疗、保障性住房等覆盖城镇常住人口。

国家统计局发布的《2012年全国农民工监测调查报告》显示，2012年全国农民工总人数达到26261万人，比上年增加983万人，增长3.9%。其中，外出农民工16336万人，增加473万人，增长3.0%。住户中外出农民工12961万人，比上年增加377万人，增长3.0%。举家外出农民工3375万人，增加96万人，增长2.9%。本地农民工9925万人，增加510万人，增长5.4%。

随着农民工规模的扩大，农民工问题也日益凸显。大量农业转移人口难以融入城市社会，市民化进程滞后。被纳入城镇人口统计的2亿多农民工及其随迁家属，未能在教育、就业、医疗、养老、保障性住房等方面平等享受城镇居民的基本公共服务。百年大计，教育为本。在教育方面，据国家统计局的调查，有17%的农民工带子女随行并在当地城市就学，在公办学校、民办学校和农民工子弟学校就读的比例约为7：2：1。多数民办农民工子弟学校得不到公共财政支持，其义务教育经费没有列入财政预算，主要靠收费维持运转，既影响了教育质量，也加重了农民工负担。城镇内部出现新的二元结构矛盾，制约了城镇化对扩大内需和结构升级的推动作用，也存在着社会风险隐患。

国家层面也先后出台了方针政策加以引导化解。2002年国家提出了对农民进城就业实行"公平对待，合理引导，完善管理，搞好服务"的方针，清理和取消了针对农民进城就业的歧视性规定和不合理收费。党的十六大以来，国家层面对农民工的政策又有重点突破，2006年国务院颁布了《关于解决农民工问题的若干意见》，解决农民工问题成为各级政府的一项重要工作。

党的十八届三中全会明确提出要"建立新型户籍制度，全面放开建制镇和小城市落户限制，有序放开中等城市落户限制，合理确定大城市落户条件，严格控制特大城市人口规模。稳步推进城镇基本公共服务常住人口全覆盖，把进城落户农民完全纳入城镇住房和社会保障体系，在农村参加的养老保险和医疗保险规范接入城镇社保体系"。但是尽管如此，直接关系到"农民工市民化"的根本性制度性因素——户籍制度在各个城市中真正执行和落到实处还需要相当长的时间，执行模式的探索也需要不断地完善，农民工及其家庭成员在享受义务教育、高考、劳动就业、医疗卫生、保障住房、社会福利以及政治权利等方面与城市市民仍有着明显的差别。新生代农民工真正融入城镇居住、就业、生活仍然是任重道远。

第一节　人口二元结构的消解

改革开放以来，随着工业化、城市化的发展，人口不断向城市集中，全国各类城市的外来人口不断增长，很多城市的外来人口大大超过了本地人口。从理论层面分析，在传统的城乡人口二元结构的基础上，市场化改革的力量又在城市催生了新的人口二元结构。全国各类城市特别是大中城市和经济发达地区的城镇，同时形成了传统的城乡二元结构与改革以来出现的新二元结构叠加在一起的双重二元结构。凡是有外来人口的城市和城镇都存在着双重二元结构，在外来人口大量集聚的大中城市，双重二元结构表现得尤为突出。如果说传统计划经济体制下的城乡二元结构主要是行政力量主导结果的话，那么改革以来随着工业化、城市化进程的加快，包括农村剩余劳动力在内的大量外来人口向城市流动迁移所形成的新二元结构则是市场力量和政府行为共同作用的产物，但这种新二元结构却是在传统城乡二元结构的基础上形成的，二者之间的共同本质在于不平等地对待某一群体。可以说，双重人口二元结构是我国城镇化、城乡一体化发展面临的主要社会结构性障碍。

户籍制度是中国的一项重要公共政策，是与社会生活密切相关、为千百万人所关心的问题，直接关系到政治、经济和社会秩序及广大人民群众的切身利益。但随着市场经济体制的建立，现行户籍制度已无法适应中国经济社会全面发展的需要，并出现种种弊端，这一点在常住人口大大超过户籍人口的深圳表现得尤为突出。统计数据显示，2012年末1054.74万人的常住人口中，户籍人口为287.62万人，非户籍人口767.13万人，非户籍人口占常住人口的比例高达72.7%。

户籍制度是我国对其公民实施的以户为单位的户籍人口管理政策。户籍表明了自然人在本地生活的合法性。在多数学者看来，户籍制度的起点，是1955年6月9日由国务院颁布的《关于建立经常户口登记制度的指示》。这部行政法规明确了要在全国范围内建立经常性的户口统计制度。1958年1月9日，全国人民代表大会常务委员会第91次会议通过《中华人民共和国户口登记条例》。不但"户口"借此完成了从法规到法律的升级，城乡有别的户口登记制度与限制迁徙制度也在法律上固定下来。"条例"第10条第2款规定："公民由农村迁往城市，必须持有劳动部门的录用证明，学校的录取证明，或者城市户口登记机关的准予迁入的证明，向常住地户口登记机关申请办理迁出手续。"从此，二元户籍制度正式确立。强制性成为了户籍制度最根本的特点。新中国成立以来，中国户籍管理制度的变化大致可划分为3个阶段：第一阶段，1958年以前，属自由迁徙期；第二阶段，1958年～1978年，为严格控制期；第三阶段，1978年以后，半开放期。

长期以来，国家人口管理方针的制定与实施均建基于此项制度。我国户籍制度的特点是根据地域和家庭成员关系将户籍属性划分为农业户口和非农业户口。这种做法在建国初期曾起到积极作用，但随着城乡交流的日益广泛，该制度已引起愈来愈广泛的争议与指责。户口，或许是烙在每个人身上的、计划经济体制上的最深印痕。关于户籍制度的弊端，研究者认为大致包括以下几个方面：一是削弱了人力资源等经济要素的自由流动，阻碍了经济的可持续发展。二是阻碍了城市化进程，对农业现代化及农村人口的转移形成体制性障碍，不利于我国农业人口城市化顺利进行。三是遏制了消费市场的进一步发展。目前有数千万农村人口在城市打工，处于流动状态。然而，由于他们不具备城市永久居民身份，工作预期不稳定，其消费行为并没有城市化。四是加剧了城乡割裂，阻碍了城乡统筹，加剧了社会分化。与住房、消费（如购车）、教育、社会保障等利益直接挂钩，不同的户籍有不同待遇，不仅人为地把本应平等的身份划分为三六九等，而且加大了贫富差距。五是不能对中国的人口流动进行有效的管理。六是户口管理使中国公民具有不同身份。如果某人没生活在户口所在地，那么他将被视为外来人口，享受不到该地的各种福利，以及充足的就学和就业机会，这也是当前户口管理所受社会和学界非议最多的方面。

以农民工为主体的城市外来人口是我国改革开放的直接产物，他们实质上是城市的新移民。外来人口工作在城市，生活在城市，奉献在城市，与城市原住民共同构成了现代城市生活的有机整体。只是因为传统城乡二元户籍制度的影响，他们没有获得城市户籍身份，被视为城市的外来人口，享受不到城市的基本公共服务，也难以参与城市的公共事务中。在事实上的城市人口二元结构中，外来人口面临的主要问题是户籍身份、上学就医、房屋居住、社会保障、公共参与等公民身份问题和基本公共服务问题。中国社科院人口研究所所长蔡昉研究员认为，由于户籍制度决定了农民工与城市居民在身份上存在着本质差别，农民的生活和工作状态比城市居民差得多，他们更容易陷入贫困状态。由此导致他们在经济资源上的长期匮乏，在社会关系、心理、文化和政治参与上长期隔绝，从而与主流社会隔离，并逐渐被边缘化（何汇江，2004）。

长期的不平等境遇，使城市外来人口的不公正感不断积累，由此造成日益严重的自卑感和对社会的强烈不满，其社会后果堪忧。著名经济学家厉以宁教授认为，在城乡二元体制下，户籍分为城市户籍和农村户籍，城乡被人为地割裂开来，城市和农村都成为封闭性的单位，生产要素的流动受到十分严格的限制，城市居民和农民的权利是不平等的，机会也是不平等的。在某种意义上，农民处于"二等公民"的位置。这是我国改革实践快速发展与相应的制度变革明显滞后所造成的消极后果。

另外，由于人口二元结构问题长期得不到解决，还会引致和积累一些新的社会问题，比如"留守儿童"问题。由于大多数农村青壮年劳动力转移，留在农村的更多是老人和儿童，出现了大量小孩要承担照顾老人，老人被迫承担孙辈教育的"隔代责任"，许多孩子的教育和管理处于空白状态，影响了农村儿童的教育和培养。许多常年见不到父母的孩子成了心理上的"孤儿"，变得性格孤僻，有些变得无法与父母相处。这样的儿童成人后，也会带来许多的社会问题。近些年来，媒体曝光的各地不法分子侵害留守儿童的案件也越来越多，给受害儿童带来了深重的精神和身体创伤，也引发了整个社会的关注。

全国妇联2013年发布了《中国农村留守儿童、城乡流动儿童状况研究报告》。该报告指出，中国农村留守儿童数量超过6000万，总体规模扩大；全国流动儿童规模达3581万，数量大幅度增长。留守儿童的分布高度集中在一些劳务输出的大省如四川、河南、安徽、广东、湖南等。四川、河南的农村留守儿童规模最大，分别占到全国农村留守儿童人数的11.34%和10.73%。其次是安徽、广东、湖南分别为7.26%、7.18%和7.13%。调查显示，46.74%农村留守儿童的父母都外出，在这些孩子中，与祖父母一起居住的比例最高，占32.67%；有10.7%的留守儿童与其他人一起居住。

这些孩子不仅在生活、教育和人身安全等方面难以有保障，因为缺少父母之爱，容易导致儿童"亲情饥渴"，从而心理、性格等方面出现偏差，如孤僻内向、情绪消极、胆小怕事。相当一部分留守儿童的生活如网络上所形容的那样——"父母在远方，身边无爹娘，读书无人管，生活没保障，两眼泪汪汪"。不但如此，更严重的是有些留守儿童，还遭到不法分子的侵害，最近几年网络媒体曝出此类案件为数不少且频率不断增加。据天津市武清区检察院提供的数据，2010年1至12月份，该院共受理未成年人遭性侵害案件9件9人，其中猥亵儿童犯罪7件7人、奸淫幼女2件2人。在这些案件中，被侵害人中55%的是留守儿童。发生留守儿童遭性侵害案件增多的原因是多方面的，既有深刻的社会历史背景，也有农村社会管理的具体问题。特别是有关部门和农村基层组织忽视了对留守儿童的教育、管理和保护，造成这些留守儿童自我保护意识不强，给不法分子可乘之机，这是留守儿童受到不法侵害的主要原因。留守儿童遭性侵害，不但严重危害了被害儿童的身心健康，更造成了极其恶劣的社会影响。在越来越多的农民外出打工，参加城市化建设的同时，谁来保护这些留守儿童的权益和身心健康不受侵害，已成为当今农村的一个突出问题，亟待获得更多关注和实际行动，切实从立法、管理和公共服务层面加以有效遏制和化解。

还比如，因为不能市民化，上一代农民工中付出了血汗，但不再有"劳动价值"的老伤残病弱者不得不离开城市，回到乡村。当数千万乃至上亿的农民工进入退休年龄回到农村后，其养老保障以及由此带来的各种问题可能进一步加剧社会矛盾，影响农村基层社会和政权的稳定。

长期以来，由户籍制度引发的矛盾与争论越来越多，户籍制度改革的呼声，也愈发强烈。户籍制度改革是当前备受关注的话题之一。已故著名社会学家、中国社科院名誉学部委员陆学艺先生认为，目前中国的社会资源和机会在不同区域和不同社会成员间存在不合理分配，如城乡发展不均衡、收入差距拉大、社会公共事业有待发展等，其根源都在于经济和社会发展的失衡。当前是中国调整社会结构的关键时期。在城市化进程中，逐渐消除社会成员间的身份和待遇差异，是改善社会结构的核心。积极稳极地推进城镇化，应该把中小城市的户籍逐渐放开，把已经进入到城镇的2亿左右的务工人员户籍问题逐渐加以解决，促进解决就业问题，增进他们的社会福利，例如享受子女入学和购房优惠等社会保障政策，这既能够体现社会公平正义，同时还具有拉动内需的效果。

改革开放以来，国内各大城市在对待人口二元结构问题上，形成的传统思维方法和应对措施主要局限在从社会治安的角度加强对外来人口或流动人口的严格管理和严密控制。这种治标不治本的思想观念和管理模式，基本特征是以城乡二元思维去解决二元结构问题，其严重的局限性和滞后性是不言而喻的。当前，因人口二元结构所引发的各种经济社会问题正在加速集聚裂变，造成了日益严重的社会"断裂"，其对城市和谐发展与持续繁荣构成了巨大的挑战。因外来人口引发的各种经济社会问题，必须从破除动态二元结构这个根本上去认识和解决，任何不触及动态二元结构的思维和政策，都不可能真正解决外来人口问题，因而也就不可能真正塑造现代城市文明。

陆学艺先生认为解决中国流动人口问题的思路其实很简单：改革二元分割的户籍制度，摘掉农民工的"农民"这两个字的帽子。农民就是农民，工人就是工人。所有现代化国家，都有一个大部分、绝大部分农民转变为工人、市民的过程，并没有搞农民工这一套。我国是在当时的国情条件下，农村容纳不了这么多劳动力，农民要发展，城市也需要用工，但户籍制度等没有改革，不得已，只好当农民工。应该说，农民进城当工人，这是符合历史规律的；但搞成农民工这一套，这是计划经济体制后遗症的表现，也是我们改革不及时、不到位的恶果，所以给农民工带来了许多的苦难，给社会给政府造成了这么多的"麻烦"。客观地说，这都是计划经济体制、户籍制度惹的祸，本来可以不是这样的。因此，要解决农民工问题，不能就事论事，就农民工问题解决农民工问题，那是永远也解决不好的，而是应该从根本上改革现在已经形成的农民工这套体制和做法。

世界银行前高级副行长兼首席经济学家、北京大学国家发展研究院林毅夫教授指出，改革开放以来，户籍制度虽然在一定程度上保证了人口的流动比较有序，但负面效果就是公共服务不均等，如城乡二元结构里的不均等、城市里面的居民和农民工的不均等。目前城镇化的比例为51%，但是城市户籍人口只有35%，进城务工人员有近2亿人不能平等享受城镇的公共服务。并且，双轨制下的城镇化，既抑制了消费，又影响未来发展的潜力——如果农民工子女不能接受到好的教育，那么人力资本形成相对较少，将不能适应未来经济发展的需要。

不过，著名经济学家、北京大学光华管理学院名誉院长厉以宁教授对城镇化进程中城市开放户籍持谨慎的态度，他认为，"户口一元化是方向，但不能急于求成，否则会留下不少后遗症。""如果急于求成，匆忙宣布户口一元化，城乡社会保障一体化的经费问题怎样解决？中小城市负担不了支出，将来债务累累，怎么办？城市的环境能否一下子支撑大量农民工及其家属的迁入？""瓜熟蒂落，瓜不熟就摘下，瓜不会甜。"厉以宁教授认为，如果匆忙实行户口一元化，一些城市效率必定因此下降，实际上是把它们推到"骑虎难下"的境地，将来会越来越感到困难。因此，最好的办法是走一条稳妥渐进的道路，即实行"新社区先行，中小城市次之，大城市再次，特大型城市最后"，循序渐进，水到渠成，这才是符合中国国情的户口一元化的基本途径。

第二节　实有人口基本公共服务均等化

坪山新区目前管理人口约63万，其中户籍人口仅3.6万，户籍人口与非户籍人口的比例达1∶18，远高于全市1∶6的比例，面临人口结构倒挂严重的现实。如何为户籍制度改革探索积累新鲜经验，如何促进外来人口和本地人口的融合，实现互助友爱、和谐融洽共同发展？这也是新区自成立以来一直在深入思考和探索的关键问题。

我们认识到，一方面，新区是深圳后发展地区，基础设施、公共服务和社会建设等各方面历史欠账太多，老百姓对新区期望很高。与此同时，社会生活方式和意识观念还处于"半城市化"状态，新区原住居民身份虽然从农民变成了市民，但是传统观念没有根本性转变，外来务工人员虽然进入了城市，但在心理上没有归属感，行动方式上随意性比较大，而新区可用财力又相当薄弱。可以说，在社会建设上面临着严峻而急迫的挑战和任务。但另一方面，如果在新区建设的起步阶段就高度重视社会建设，不走"先经济、后社会"的老路子，而是以社会建设实实在在的成效来赢得老百姓的认可、支持，反而能更好地推动经济建设、城市建设，形成社会建设与经济建设、城市建设相互促进、协调发展的良好态势，这也是坪山作为新区所应肩负的历史使命之一。

基于这样的考虑，新区在推进开发建设过程中，始终坚持把社会建设摆到与经济建设同等重要的位置来同步考虑、同步推进。在社会建设上，坚持"增强自觉性、提高前瞻性、加强实效性"，一方面抓常规性工作的加快推进，另一方面抓规划先行，研究先行。与北京大学、深圳社科院、深圳市委党校的专家学者合作，开展社会建设课题研究，加快理清社会建设思路，在新区综合发展规划的引领下，出台了《深圳市坪山新区社会建设规划纲要（2012年~2015年）》等系列文件，提出了"一个突出、一个优先和五个加强"的社会建设工作思路和"十二五"期间新区社会建设工作目标，制定了"五年规划—三年行动计划—年度工作方案"的实施策略。

"一个突出"，即突出以土地整备推进社会建设，实现社区转型发展和城市空间结构优化，推动城市综合变革。"一个优先"，即以优先保障和改善民生推进社会建设，着力解决人民群众最关心、最直接、最现实的民生问题，实现基本公共服务均等化，提升民生净福利水平。"五个加强"，即以加强城市建设推进社会建设，完善城市功能，提升城市品位；以加强社区建设推进社会建设，建立健全社区综合治理机制，推动社区转型发展；以加强社会管理创新推进社会建设，深入开展"织网工程"，维护社会稳定，彰显公平正义；以加强社会组织建设推进社会建设，转变政府职能，打造服务型政府，构建"小政府、大社会，小管理、大服务"的社会管理格局；以加强市民素质建设推进社会建设，培育家园意识，促进社会和谐。"工作目标"，即到2015年，社会建设水平与全市同步，基本公共服务体系和社会保障体系初步完善，社会管理科学高效，社会组织作用明显增强，市民素质显著提升，社会更加和谐稳定，初步建立起具有时代特征、深圳特色、坪山特点的社会建设新格局，打造一座在深圳东部具有强大区域辐射和影响力的民生幸福新城。

新区突出抓了如下几项主要工作：

（一）完善制度规范

作为深圳的后发展地区，新区基本公共服务严重短缺，路网密度、千名中小学生拥有教师数、千人医疗机构床位数等指标远低于全市平均水平。特别是人口结构严重倒挂，新区户籍人口与非户籍人口的比例达1∶18，远高于全市1∶6的比例，占人口绝大多数的外来务工人员没有归属感，迫切需要通过探索一套能够覆盖全部实有人口的公共服务体系，推动外来人员与本地居民融合发展。广东省委常委、深圳市委书记王荣同志指出，要让来深建设者能够"落下来，稳下来，富起来，融进来"，新区提出"来了，就是坪山人"的理念。按照这一理念，我们立足新区实际，以"同城人，同待遇"为目标，把非户籍人口纳入新区社会经济发展总体规划，使基本公共服务全面平等地惠及全区户籍和非户籍居民。新区加大了政策扶持力度，制定印发了《坪山新区推动实有人口基本公共服务均等化实施方案》，从就业保障、公共教育、公共医疗卫生等8个方面提出基本公共服务均等化措施51条，每一措施都提出了各年度的目标任务，争取每年有进步、每年有提升，切实把这项工作落到实处。

（二）加大财力保障力度

新区成立以来每年连续实施解困送暖、就业惠民、住房安居保障、公交畅通、优质学校扩容、平安社区、和谐家园、星光安享晚年、劳务工关爱、美化净化绿化等"十大民生工程"，着力解决群众最关心的就医、入学、文体服务等问题，3年来在民生上的投入达到74.74亿元，其中教育10.89亿元，医疗卫生12.12亿元，社会保障和就业3.06亿元，城乡社区事务13.08亿元，人口与计划生育0.23亿元，公共安全5.24亿元，安全生产监管1.2亿元，住房保障支出19.21亿元，交通运输8.14亿元。共新增九年制公办学校1所，幼儿园17所，新增公办学位3800多个；新增病房床位71个，三甲医院聚龙医院已动工建设；已开工保障性住房16000套；新建1个新区图书馆，完善了2个街道图书馆和23个社区图书馆，大工业区体育中心、坪山体育馆、16座高标准篮球场和54套社区健身路径设施等建设完成并投入使用；搭建服务全口径人口的公共就业网络平台，累计完成户籍及非户籍居民就业技能培训58377人次，累计解决户籍居民就业岗位1354人次、非户籍居民2.6万人次；积极拓宽青年就业渠道，沙壆社区大同社会工作服务中心被认定为全市首个青年见习基地；加大职业技能培训提升力度，2012年5月，经市人力资源局批准我区成立了全市2008年以来唯一一所职业技能鉴定所。

(三) 实现社区服务中心全覆盖

传统管理体制下的基层公共服务，其侧重点、服务的效率、服务的专业水准乃至服务的作风，与形势的发展、与党委政府的要求、与民众的期望还有很大差距。从发达国家和地区的社会发展历程来看，当前历史条件下，引进专业机构和专业人员，在社区开展专业的社会和社区服务，不失为有效途径。新区迅速抓住了市委市政府推进社区服务中心建设的机遇，在2011年上半年全市第一批5个试点中，成功申请1个，并率先建成投入使用；下半年全市第二批提出100个试点计划，新区主动申请22个，率先在全市完成了"一社区一中心"的配置，初步形成具有坪山特色的"政府推动，民间运作，群众参与，共建共享"的社区服务新模式，取得了良好效果。经过一年探索实践，新区各社区服务中心服务居民累计58万余人次，开展社区活动3976场，开展个案服务667个，孵化社区社会组织70个，发展志愿者1814人。更为可喜的是，因社区服务中心建设的突出成绩，2013年12月11日新区被国家民政部评选为全国"社区管理和服务创新实验区"。目前新区的主要做法包括：

一是切实保障投入。在新区财力十分紧张的情况下，2011年一次性安排1000万元作为社区服务中心专项建设经费，其中，每个服务中心在市里下拨25万元运营费的基础上，新区配套25万元运营费、配套20万元场地装修经费。今年社区服务中心年度预算为558万元。各个社区也非常支持社区建设，各社区服务中心场地，由社区免费提供。不少社区甚至将原用于出租的场地提前收回或向外租赁场地交给社区服务中心使用。

二是形成"四个一"服务规范。公开招标择优引进8家社工服务机构140名社工进驻社区（连同其他领域的社工，新区社工已达230人），为每位社工统一配备"一套社工服、一部自行车、一本服务日志、一册宣传资料"，定期送服务"进村入户"，形成错时服务制、活动预报制、社会组织孵化、志愿者管理制度等行之有效的标准服务体系。

三是努力实现服务人群的全覆盖。社区服务中心不仅服务本地原居民，还服务辖区其他居民；不仅服务老人、青少年，还服务青工；不仅服务健康人员，还服务残疾人等特殊困难群体。

四是打造系列特色服务品牌。突出社区服务特色，形成"一社区一品牌"，涌现了"青苹果乐园""爱心银行""老百姓艺术团"等服务品牌。

五是强化对社区服务中心的日常考核评价和绩效管理。在全市率先出台社区服务中心管理办法。对社区服务中心工作绩效由受服务群众、社区综合党委（工作站）、街道办事处（社会事务办）、新区社建局以及新区聘请的第三方机构等多方进行综合评估；建立由新区社建局牵头的社区服务中心每季度业务讲评机制，举办社区服务中心专题培训班，邀请专家学者为全体社工授课，并组织50多名社工前往香港，学习社区服务的先进理念和方法；建立对社工的走访机制，加强对他们的人文关怀；建立奖惩及退出机制，并设立社区服务专项扶持资金160万元，对服务成效显著的机构和个人予以竞争性扶持。

六是加强研究。抓好社区服务中心制度设计，研究课题《社区服务体系的构建和完善——以深圳市坪山新区社区服务中心建设为样本》被国家民政部列入委托合作研究课题。

（四）积极培育新型社会组织

党的十八届三中全会明确提出要"激发社会组织活力"。在推进社区服务中心和其他社会建设工作过程中，新区也深刻地认识到了社会组织的独特作用，因而也更加注重研究制定扶持社会组织的政策措施，注重引进、培养各类新型社会组织和扶持、引导其健康、有序发展，初步形成了三社（社区、社会组织、社工）联动的工作局面。

一是加快政府职能向社会组织转移步伐。把社会组织能够"接得住、管得好"的事情逐步转移出去给社会组织承接，为社会组织发展让渡空间。如新区残疾人综合服务中心在全市率先通过政府购买服务的方式，委托社会组织运营，提升了残疾人服务的专业水平；新区人力资源协会也已在整合就业资源、劳动力供需对接方面发挥重要作用。

二是加大对社会组织引进、成立和孵化的扶持力度。在新区社会组织基础薄弱的情况下，在大力引进社会组织的同时，在市民政局的支持下，新区深化社会组织登记管理制度改革，全面推行社区社会组织登记和备案"双轨制"，对慈善、公益等8类社会组织实行直接登记，重点培育群众生活类、社会服务类和文化体育类草根组织；并以社区服务中心为依托，建立23个社会组织孵化基地，为社区社会组织提供场地活动、发展咨询等服务，目前已注册和备案29个社区社会组织。

三是设立了70万元社会组织发展专项资金，对优秀的社会组织予以奖励。现在已经向老百姓艺术团、姑嫂联谊会、麒麟醒狮队等5个社会组织发放扶持资金22万元。同时，对服务成效不合格的社会组织进行限期整改和通报批评，督促接受资助的社会组织进行财务公开，提高社会组织整体素质。

新区社会组织从零起步，目前已培育发展了220个，2013年就有61个，社会组织参与社会管理和公共服务的范围进一步扩大，能力进一步增强。

（五）持续关爱外来务工人员及其子女

2009年，美国《时代周刊》年度人物日前正式揭晓，中国农民工成为当年榜单上的唯一上榜群体。《时代周刊》评价称，在金融危机肆虐全球的时期里，中国经济仍在高速发展，并逐步带领全球走出金融危机的阴影，首先要归功于千千万万勤劳坚忍的中国农民工。毋庸置疑，改革开放30多年来，位处南海之滨的广东和经济特区深圳能取得今天的发展成就，与广大外来务工人员的努力奋斗是密不可分的。可以说，如果没有外来工，就不会有广东及深圳的工业化、城镇化和现代化。外来工是广东及深圳现代化进程中一支非常重要的建设力量，也是今后全面实现小康社会必须依赖的主力军。2010年8月，时任广东省委书记的汪洋同志邀请100多名外来工一起观看反映珠三角外来工生活的电影《所有梦想都开花》，倡导整个社会尊重、感谢、厚爱外来工，希望外来工兄弟姐妹们都能自尊、自立、自信、自强，拥有梦想，积极奋斗。

截至2013年9月，新区中小学共有3.27万人，其中，公办学校17841人中，外来务工人员子女有6900人；民办学校14859人中，外来务工人员子女14785人，外来务工人员子女学生共21685人，占学生总人数的66.31%。新区对在民办学校就读的外来务工人员子女，凡符合新区"1+5"条件入读的学生给予每人每年度2084元的学位补贴。

2012年8月，坪山新区联合南方都市报，开启了首届留守儿童"坪山周"活动。经过大家共同精心的安排布置，活动取得圆满成功，树立了政府机构参与介入留守儿童公益活动的良好形象，也给孩子们留下美好的回忆，给在深外来工群体留下深刻的印象。2013年7月29日，第五届南都留守儿童圆梦行动"坪山周"再次拉开帷幕，继2012年首次举办"坪山周"活动后，本届活动再次吸引到众多孩子和家长报名，除了集中参观坪山新区的多个历史和人文景观，还组织孩子们深入社区、走进大自然，与美丽的坪山风光亲密接触。作为一个年轻的新区，这深刻反映了坪山对留守儿童的关爱和对外来工群体的关爱。留守儿童"坪山周"活动，正是践行这样的理念而开展的一项多姿多彩、充满爱心和正能量的活动。基于新区人口结构的实际情况，新区组织策划的这项活动一方面让父母在坪山新区、在深圳工作生活的留守儿童能够有机会感受到父母所在的这个城区的山水、历史、客家文化和现代产业，增强对新区的认同感，这个过程也是对外来建设者这么多年为深圳贡献的感恩回报；另一方面，坪山新区的城区面貌、产业结构、人文氛围等都有了新的气象，也希望借着"坪山周"的公益活动，展现新区的新风采。

另外，新区还创造性地开设了"七彩课堂"，旨在为外来务工人员子女提供学习交流的舞台，深受外来务工人员的欢迎。青春家园项目组针对立足外来务工人员子女健康成长的实际需求，以"七彩课堂"为主题，分别建立个性化的"彩课表"，由青春家园社工、义工科学安排服务内容、方式和频次，通过学业辅导、亲情陪伴、趣味游戏、社会认知、知心交流以及美术、歌舞、体育活动和义务劳动等德智体美劳五育并举，围绕学业辅导、亲情陪伴、感受城市、自护教育、爱心捐赠等内容开展志愿服务活动，帮助异地务工人员子女提高文化素质，养成良好学习习惯和品行，实现学有所帮、孤有所依、闲有所乐、全面发展，切实为异地务工人员子女提供持久关爱。2013年新区又新增了来深建设者子女及家庭服务项目、智障人士社区增能服务项目、幸福园区项目等3个项目，进一步深化外来人口服务工作，促进社会融合，增进社会幸福和谐。

第三节　从"盆景"到"风景"—— 打造社会建设"风景林"

改革开放以来，我们在很大程度上一直崇拜发展主义哲学。30多年过去了，回过头来再审视，发展确实给中国带来了巨大变化，但发展并没有解决中国的所有问题，相反带来了一系列严重问题，其中社会"亚健康"状况就十分令人忧虑。

有鉴于此，近些年来从中央到地方都越来越重视社会建设，开始以一种更加理性成熟、更为科学全面、更具历史责任的眼光审视我们的发展质量。不少地方在各自的社会建设实践之中，逐渐摸索并形成了许多好做法好经验。即便如此，与改革开放30多年来经济建设所积累的丰富实践与理论、所形成的成熟路径与方法相比，社会建设可以说才刚刚破题，还显得十分稚嫩和滞后。在社会建设领域不断探索实践，不断更新理念，不断创新理论，不断完善路径和方法依然任重而道远。

深圳这些年在社会建设上积极推进和率先探索，创造出了不少极具示范意义和推广价值的实践经验，时任深圳市委副书记、市委政法委书记、市社工委主任王穗明同志十分形象地称之为"盆景"。2012年市委市政府选取了基层党建工作区域化、社区服务中心、社区居民议事会、社区公益服务以及楼（栋）长等首批五大"盆景"项目，着力在全市范围内广泛"移植"和"栽培"，以此促进形成社会建设"风景林"。

新区是深圳的后发展地区，与市里其他成熟的兄弟区相比差距还十分明显。但新区没有选择"先经济、后社会""重经济，轻社会"的传统发展路径，而是始终坚持把社会建设摆在与经济建设同等重要的位置来同步考虑、同步推进，积极探索新区的社会建设实践，重点推进社区服务体系建设、"织网工程""六型社区"、群众工作"双向模式"、全口径人口的基本公共服务均等化等工作，不断加大"风景林"建设力度，取得了一定的效果。2012年全市社会建设风景林工程推进现场会在新区成功举办。

新区在2011年实现了社区服务中心"一社区一中心"全覆盖，形成"政府推动，民间运作，群众参与，共建共享"的社区服务新模式和"三社（社区、社会组织、社工）联动"的工作局面。新区不断探索"一中心多站点"的社区服务模式，努力实现服务内容和服务人群的全覆盖，使居民在家门口就能享受到尽可能齐全的服务。扎实推进居民自治发展议事会，制定居民说事、理事、议事、办事、评事、查事"六步工作法"，配齐"八有"（有议事厅、热线电话、值班表、流程图、记录簿、公示栏、意见箱、备忘录）设备，形成了居民"民主提事、民主决事、民主理事、民主监事"为主要内容的"四民"基层治理新模式。扎实推进基层党建工作区域化建设，以党群活动中心为依托，以专业社工为力量支撑，形成了"三个特色党群中心"（以"五个服务"为特色的坑梓金田风华苑、全市首个党群邻里活动中心的坪山万胜苑、以"党群+社工"为特色的家德工业园）。在实施社区"网格化"管理基础上，扎实推进楼（栋）长制建设，制定了《坪山新区楼（栋）长制实施工作方案》，在新区范围内实现了楼（栋）长全覆盖。同时，不断开发公益性岗位，先后成功开发公益性岗位近2000个，既为新区居民提供了就业机会，也大力倡导推行公益服务的理念和文化。

打造社会建设"风景林"，重在实效，本在为民。新区着力于充分发挥新区各级各部门、基层党组织、各类社会组织、居民自治组织、人民群众的联动作用，真正使新区社会建设"风景林"工程取得"听民声，知民意，解民忧，抚民心，帮发展，推转型，促和谐"的良好实际效果。打造的社会建设"风景林"工程，是一项民生民心工程，也是一项和谐幸福工程，其所有工作的根本出发点和落脚点就是"以人为中心"，切实让新区群众生活得更快乐，感觉到更幸福，让我们的社会更有人情味，更加充满阳光和爱。

第四节　织一张服务群众的"网"——"织网工程"综合试点探索

坪山新区是全市社会建设"织网工程"唯一的综合试点。2012年以来，按照市委、市政府的统一部署，在市社工委的大力支持下，坪山新区强力推进社会建设"织网工程"，综合试点工作取得阶段性成果，新区"织网工程"已具雏形。提出了新区织网工程"一库一队伍两网两系统"的框架体系，致力打造以"云平台、大数据、优流程、全服务、新队伍"为主要特点的"织网工程"坪山模式。新区在全市率先试点"织网工程"，积极为全市社会建设"织网工程"探索经验。

一、试点的意义

——通过实施"织网工程"，夯实社会服务管理基础，助力基层管理体制改革。基层管理实践中，由于一些社会问题长期积压、贻误、发酵，影响了基层基础的稳定，迫切需要通过实施"织网工程"，建立大数据库，找齐找准服务管理对象，同时实行网格化管理，下沉工作力量，夯实社会服务管理的基层基础，为基层管理体制改革的顺利推进提供重要支撑。

——通过实施"织网工程",实现扁平化管理服务,助力绩效政府建设。坪山新区是大部制改革的产物。人少事多的现实,迫切需要通过实施"织网工程",借助信息化手段,全面梳理管理和服务事件,创新服务管理工作模式,再造政府工作流程,制订工作标准规范,实现事件及时分流、诉求快速处理,建立机构精简、人员精干、服务管理精细的高效能政府。

——通过实施"织网工程",建立云平台和大数据,助力坪山智慧城市建设。坪山新区是"国家智慧城市"创建的试点。"织网工程"是智慧城市建设的基础工程。新区建区不久,"信息空白""信息误差""信息孤岛""信息壁垒"现象并行存在,迫切需要通过实施"织网工程",建立互联互通、共融共享的公共信息资源库,建立统一、规范的社会服务管理工作平台,为智慧城市建设打下基础。

二、试点的理念

"织网工程"顶层设计贯穿三个理念。"统筹""整合"和"创新",这是坪山"织网工程"顶层设计中贯穿始终的三个理念。一是统筹的理念。"织网工程"涉及面广,体系庞大,需要统筹规划、循序渐进。要遵循"信息化—数字化—智能化—科学化"的发展规律,以信息化为基础,以数字化为成果,以智能化为手段,最终实现社会服务管理科学化目标;要实事求是,量力而行,分步推进,"先织大网,再织小网,先网大鱼,再网小鱼";要整体设计,试点先行,以点带面,以示范社区建设推动"织网工程"在全区铺开。二是整合的理念。"织网工程"要顺应基层管理体制改革趋势,体现资源整合、优化组合、集约利用。要整合各部门业务系统,实现"织网工程"信息平台统一分拨,形成工作合力;要整合信息员采集队伍,减少重复扰民,增强工作专业性;要整合社会服务管理的各方力量，下沉网格，夯实基层基础，确保"小事不出网格，一般性事情不出社区"。三是创新的理念。创新要成为"织网工程"体系设计和实施推进的重要引擎。要科技创新，将先进的科技创新成果应用于"织网工程"，将微信、APP等高端技术应用引入服务和管理；要管理创新，优化工作流程，实行事件分级分类的自动分拨，实现扁平化、精细化、规范化、科学化管理；要服务创新，通过虚拟网实现"一窗式"服务，通过提供服务获取管理信息，通过细化服务类事件实现服务全覆盖。

三、试点的目标

坪山新区提出，社会建设"织网工程"重点要织好两张网：一张是整合各种系统信息的"虚拟网"，另一张是以网格化为基础的服务管理"实体网"，一虚一实，两网交织，编织一个横向到边、纵向到底的服务管理工作网，推动公共服务和社会管理精细化程度的整体提升。

按照这一思路，把整个新区划成了21个格、450个小格，每个格都有专人负责采集信息，专人负责信息的处理，实行网格化管理。新区将原有的出租屋管理员、计生管理员、司法调解员、劳动、安全监督人员等"五员"整合起来，并实现社区管理、服务与人员素质的"几统一"。"织网工程"把社会服务和管理的触角伸到基层，进入工厂也进到各个社区，做到横向到边、纵向到底，对社会的服务和管理"心中有数"。

新区借鉴北京朝阳、湖北宜昌、南京仙林的先进模式和经验，立足深圳市情和坪山实际，提出了新区"一库一队伍，两网两系统"的框架体系，致力打造以"云平台、大数据、优流程、全服务、新队伍"为主要特点的"织网工程"坪山模式，积极为全市社会建设"织网工程"探索经验。

所谓"云平台",就是探索建立具有坪山特色的"织网工程"智慧社会综合信息平台,作为区级事件分拨中心,在重新梳理形成198项矛盾纠纷和问题隐患等管理类事件的基础上,新增社会保障、劳动就业、计生服务等40项服务类事件和数字化城管的所有城市管理事件,实现管理和服务事件全覆盖。

所谓"大数据",就是在云架构的基础上,建立坪山新区大数据库。大数据库实现上至市、下至社区的四级互联互通,信息全面、鲜活、统一、权威、实用,能够发挥大数据在综合分析和支持决策方面的优势作用。

所谓"优流程",就是整合提升各地先进经验,形成比较完整完善的"织网工程"运行机制:实现信息采集和处理分离,保证客观公正;对各级工作事项进行梳理,分级分类明确职责,制订标准化工作流程,实时事件自动分拨,缩短管理链条,实现快速反应;制定"织网工程"工作标准体系,编制统一规范的实务手册,完善相关工作机制体制,提升政府服务管理效能。

所谓"全服务",就是坚持服务基层的理念,将服务延伸到社区,在社会服务管理网设立社区党建、社区管理、社区服务、社区自治等功能模块,并将社会服务管理网拓展为新区、办事处、社区统一的协同系统,创新"一窗式"服务模式,实现全覆盖便民服务。同时,通过拓展社区家园网服务功能,扩大服务受众,提升服务覆盖率。

所谓"新队伍",就是通过整合建立网格信息员队伍,为"织网工程"的系统运行提供人力保障。信息员职责包括实有人口、法人、房屋、城市部件等公共基础信息、管理事件和服务事件的全方位采集,使信息员成为社会服务管理工作的"流动哨"和"千里眼",成为基层重要工作力量,成为联系群众的重要桥梁和纽带。

四、试点的阶段性成效

按照市委、市政府的统一部署，在市社工委的大力支持下，"织网工程"综合试点工作启动以来，坪山新区党工委、管委会从组织领导、决策部署、人力配置、财力保障等各方面倾斜支持。新区成立"织网工程"综合试点工作领导小组，新区主要领导任组长，分管领导任副组长，各牵头一个专班开展工作，专程赴北京等地考察学习"织网工程"先进经验。目前，各项工作稳步推进，取得阶段性成效。

——建立了日常工作"六项机制一个体系"，加强统筹协调。由新区党工委书记杨绪松同志主持的领导小组工作例会两周一次，已召开7次，及时研究解决了一批重大问题；实行重点督办制度，新区督查办将"织网工程"纳入新区重点工作督查体系；建立宣传培训工作体系，目前共分8批培训3000人次，等等。

——加快信息化建设。经过3个月的攻坚，"织网工程"信息化建设已取得阶段性进展：一是初步完成公共基础信息资源库建设。已联通市公共基础信息资源库，搭建了新区镜像库，初步建立上下联通、动态鲜活的新区公共基础信息资源库。二是升级改造社区家园网。在全市率先实现社区家园网全覆盖的基础上，致力推进家园网与社会服务管理网的无缝对接，同时，创新家园网服务渠道，在手机家园网的基础上，增加家园网APP应用，开通微信公众服务平台。三是搭建社会服务管理网。重新梳理出198类问题隐患，设定了事件处置的五级自动分拨机制，完成40项服务事项在社会服务管理网"一窗式"办理的系统开发。四是建立综合采集系统。制定最新人口、法人、事件、房屋信息采集表，完成综合信息采集系统开发，确定PDA设备采购型号。五是初步搭建指挥决策系统。完成统计、分析工具和模型的初步设计，正在研究教育、卫生、经济、安全生产预警指标体系。

——划分网格并组建信息员队伍。根据1000间（套）一格的标准，首先在坪环、沙湖、江岭、秀新四个示范社区进行了网格试划，之后在全区推广操作，将全区预划为450个基础网格。在此基础上，新区各职能部门各自划分业务管理网格，建立业务网格与基础网格协同工作机制。依据基础网格划分，进行了队伍整合，成立新区智慧社会服务中心，为综合办直属事业单位，同时撤销城管局下属的新区数字化城管中心，其职能和人员编制整体划入；按照市提出的"一格一员、定格定责、信息采集与处置相分离"的原则，根据网格数，综合考虑工作量，全区配备信息员836人左右。以出租屋综管信息员为基础，整合计生协管员、数字化城管信息采集员，同时吸纳办事处和社区部分工作人员作为补充，组建网格信息员队伍。信息员队伍管理实行"四个统一"：统一招聘、统一培训、统一待遇、统一管理。

——推进示范社区建设。以坪环、江岭、沙湖、秀新社区为试点，先行先试。目前四个示范社区的创建工作有序展开，进展顺利。按照新区统一规划，四个示范社区从社区实际出发，突出打造"管理坪环""智慧江岭""民生沙湖""融合秀新"特色模式。按照"织网工程"操作规范，各示范社区组织网格信息员队伍对信息采集、录入、比对进行实操，同时，社会服务管理网试行采集上报事件自动分拨机制，智慧社会服务中心探索信息员队伍管理模式。

第五节　社工的价值——凝聚社会正能量

改革开放30多年来，我们在经济建设方面确实取得了长足的发展，但社会民生以及福利保障却远落后于工业化、城市化的步伐，以致经济社会发展呈现出"一条腿长一条腿短"的不协调格局。如果社会中的弱势人群长期生活在穷困之境，社会矛盾就难免累积滋长，社会关系也将日渐冷漠隔阂。其长期后果是社会发展缺乏活力，阶层固化，矛盾恶化，冲突不断，这显然不是一个现代文明社会所该有的。

社会上的每户家庭和每个人，无论男女老幼、贫穷富裕、血缘地缘，都是我们整个社会肌体中弥足珍贵的单元细胞。社会是人的交往的集合体，人与人之间的关系当是互助而非紧张，关怀而非冷漠，接纳而非排斥，平等而非歧视。"Live, and let live"，我们自己要通过努力生活得更好，同时也应该帮助和带动周边的人尽可能地过得更好，诚如《墨子·尚贤下》中所言："有力者疾以助人，有财者勉以分人，有道者劝以教人。"

在和谐幸福社会及"来了，就是深圳人"的感召下，越来越多的人已经自发地参与到关爱他人、乐于助人的行列中来，成为深圳义工、志愿者或是社会工作者中的一员。这里面，社工群体逐渐成为一股举足轻重、充满活力的新生力量。在坪山新区，也有这样一群身着红马甲的社工，他们满怀热情、真挚和耐心，穿梭于大街小巷，行走在社区之间，为每一户有需要的家庭捎去爱的温暖和善的甘露。正因为他们的存在，独居的老人们重展了快乐的笑颜，留守的孩童增添了趣味的第二课堂，无助的残疾人和低收入家庭感受到了集体的关爱和温暖。他们无愧于友善的信使、爱心的传递人、社会价值的创造者，我们应当毫不吝惜地给予这些辛勤工作的社工们更多的掌声和鼓励。

社会工作者是一份爱心职业、奉献职业。它是以服务居民、协同政府、创造价值为己任，依靠自己的信念、知识和技能为社区居民提供专业化的服务，好比如通过助人自助让孩童、青少年茁壮成长，帮助其健康全面发展；为特殊群体提供心理疏导和关爱帮扶，同心助力共渡难关；协同政府提供基本公共服务，调解基层矛盾纠纷，融合社会关系，等等。在有着上百年社会工作历史的美国，他们对社会工作的核心定义也是帮助解决各种社会问题，其中包括帮助贫困者、残障人士和受不公正待遇者，帮助酗酒和吸毒者，保护妇女儿童，改善少数族群的生活状况等。

社会工作者也是一份最贴近基层，最了解民情的职业。一个出色、优秀和居民拍手叫好的社工，必然是与社区居民靠得最近的社工，是时刻把社区居民放在心里，日常里与社区居民零距离在一起，能够家长里短地交流谈心的社工。可以说，社区的每一户家庭，每一个角落都是社工们的办公室和工作场。

社会工作者还是一份极具挑战性且需坚强信念的职业。要做好社工这份工作绝非易事。首先它需要极强的社会责任感。如果没有这种强烈的责任感和使命感的话，居民任意一次不解或拒绝，工作的挫折或失败，都足以让其忍不住泪水而作出放弃的选择。其次还需要扎实的专业素质。社会工作有一套独特的工作原则、步骤和方法，掌握基本的专业理论是必须的。想要更好地完成工作，还必须及时掌握诸如社会心理学、文化人类学、公共行政学、组织社会学、教育学以及必要的法律等专门知识，对社区的历史背景以及当地的风俗习惯的了解也是不可或缺的。同时也需要良好的沟通技巧。社会工作者能否成功、顺利地开展工作，与其在居民心中的接纳程度有一定的关联。若能善用沟通技巧，拉近与居民的心理距离，进而打开居民的心扉，那么就能更好、更有效地开展工作。可以说，这些把社会工作视为自己的长期职业追求，并能在岗位上用心服务居民的社工们，确实值得大家尊重和赞许。在今年全国两会上，民政部部长李立国允诺，将尽快建立健全社工薪酬保障和成长发展体制，切实解决社工们"成长的烦恼"。

万事开头难。从无到有，从少到多，新区的社工机构经历了一条摸索、创业的发展历程。2011年6月，新区与深圳市民政局签订了首个市、区《推进民政事业改革合作协议》，将社会工作领域改革创新作为一项重要合作内容，探索一条适合坪山社会工作发展的新路径。一是打造"三位一体"的社会工作格局。着力加快公共服务职能转移，以购买服务为主要方式，为社会组织发展让渡空间。经过探索，初步形成了"以项目为主、岗位为辅、社区服务中心为平台"三位一体的社会工作发展模式。二是拓展社工服务领域。新区在社会工作一片空白的情况下，从购买社工岗位开始，不断拓展社工服务领域。现已从传统服务领域拓展到社会组织、民族宗教、社会福利等共计14个领域，目前在新区各部门工作的岗位社工达38人。三是推动社工服务实体型、项目化。注重创新服务形式和手段，设立了7个社工服务项目，其中，"和谐家园"项目为新区干部挂点的困难家庭开展服务，"幸福园区"项目为新区广大企业的来深建设者提供心理辅导等服务。四是加强社会工作人才队伍建设。2012年2月28日，新区率先出台了国内首个社会工作人才专门性扶持政策——《坪山新区社会工作人才扶持办法（暂行）》，从继续教育、激励机制、权益保障三个方面推出16项扶持措施，帮助社工们更好地成长为行家里手，更好地为社区居民服务。新区为此每年投入130余万元，吸引社工人才扎根坪山。开展社工继续教育培训，邀请香港督导和深圳本土督导授课，多次组织社工赴香港学习交流，提高社工服务技能和水平。五是塑造社工良好形象。实施"四个一"工程，服务队成员每人"一部自行车、一套社工服装、一本服务日志、一册宣传资料"，定期送服务进家门；与专业公司合作，制作了新区社会工作宣传片；邀请著名词作家、曲作家创作了社工主题歌曲。截至目前，在新区服务的社工机构达到15家，其中本土社工机构3家，开发社工项目5个，社工总人数达253人，平均每万人拥有社工4名，在全市各区中比例最高，义工数量也迅速发展到4600余人，因社会工作成绩突出，在2012年和2013年的全市民政工作会议上，新区作了典型发言。

不经意间，新区已走过了4年多艰辛创业的日子，新区的社会工作事业也有了一个良好的开端，逐渐形成一个集聚正能量的良好氛围，日益为广大居民所了解、接受和认同。新区社工的意义和价值也正是在这种了解、接受和认同中得到体现和升华。

实践和实效告诉我们，不论是"和谐幸福新城"梦想的实现，还是"人、产、城"的完美融合，都已离不开这群有热情、有信念、有毅力的社工们的参与和奉献。正是他们用信念和行动去扶助特殊群体，融合社会关系，协同政府治理，化解社区纠纷，熨平社会矛盾，才使得新区整个社会进步发展的正能量和幸福总量不断增加、不断累积。

第六节　促进社会融合——一个亟待破解的深层社会问题

伴随着工业化进程，外来人口（农民工）流入城镇给中国城镇社会带来最深层次、影响最深远的问题就是社会融合问题（Social Integration），或者说是中国在工业化、城镇化进程中的城乡融合问题。社会融合概念最早是由法国实证主义社会学家涂尔干在研究自杀率时提出（Durkheim，1966），后来被广泛地应用到社会学研究中，是一个多维度的概念，目前尚无明确的定义。许多研究者认为社会融合指不同个体或群体与某个群体的内聚性（Cohesiveness），表征是个体在某个群体中的参与程度和认同程度及群体成员之间相互依赖程度（Schwarzweller，1964；Scott，1976）。Myers（1999）将社会融合分为结构性社会融合和社会心理或情感融合；Landecker（1951）将社会融合分为四种类型：文化性社会融合（Culture Integration）、交流性社会融合（Communicative Integration）、功能性社会融合（Functional Integration）和规范性社会融合（Normative Integration）。Scott（1976）认为社会融合分为情感融合和行为融合，情感融合指个体在群体内的身份认同、价值取向以及向群体投入时间、劳务与个人资源的意愿；而行为融合则强调人际间社会互动的频率和强度。

由于制度和体制原因，与发达国家不同的是，中国的人口流动是在城乡二元经济和城镇非农产业缺乏劳动力吸纳能力的背景下发生的，以从乡村到城镇的非正式或非永久性流动为主，大批农村流动人口（农民工）也只能流入城镇的非正式部门（钟水映，2000）。一般认为，社会融合是个体和个体之间、不同群体之间或不同文化之间互相配合、互相适应的过程，并以构筑和谐社会为目标（任远、邬民乐，2006）。

学界研究认为，农民工要达到与所在城市的实质性融合，存在诸多困难和阻碍，包括制度因素和非制度因素。其中最直接的因素是户籍制度、就业制度、教育制度、住房制度、社会保险制度等，其他政策和制度也有重要影响；其次，社会歧视阻碍了农民工与城市社会的相互适应和认同，这种歧视来自城市居民群体和政府以制度形式规定下来的就业身份（卢海元，2004）。并且由于所处社会阶层、从事职业、居住环境和语言文化等方面的差异，农民工的交往活动受到很大限制，大多数农民工的社会交往圈子通常只能局限于农民工群体内部，形成了"城市里的村庄"与"城市中的老乡"这一特殊的居住场所与社交圈子，是农民工置身城市却不能和市民进行全面社会互动的原因之一（卢海元，2004）。由于在社会关系、心理、文化和政治参与上长期被隔绝，外来务工人员（农民工）与城市主流社会隔离，并逐渐被边缘化（何汇江，2004；卢海元，2004）。研究表明，外国移民在接受国的融合要经历定居（Settlement）、适应（Adaptation）和完全同化（Total Assimilation）三个阶段（Sauvy，1966）。虽然大部分的农民工往返于城乡之间，他们中的大部分最终不得不选择回乡（白南生等，2002），可能只经历了所谓的"定居"和"适应"过程，但随着在城市滞留时间的延长，也有部分人举家迁移（卢海元，2004）。

在坪山新区，除了一部分外来务工人员是居住在工作所在单位的宿舍里，更多的外来务工者是分散生活、居住和就业在各个社区中，因此社会融合问题在新区表现得更为突出的是在社区融合这个层面上。"社区"一词源于拉丁语，意思是共同的东西和亲密的伙伴关系。该词最早由德国社会学家滕尼斯提出并经我国著名社会学家费孝通先生翻译引入。具体来说，"社"是指相互有联系、有某些共同特征的人群，"区"是指一定的地域范围。因此，社区可以理解为相互有联系、有某些共同特征的人群共同居住的一定的区域。一般而言，根据社区的结构特点及其生产、生活方式的差异，可以分为城市社区和农村社区。城市社区是指从事非农产业，具有人口密度高、人员构成异质性强、组织结构复杂等特征的人类生活共同体。相较之下，农村社区则具有人员构成同质性强、流动性弱、血缘关系浓厚等特征。

对于尚处在"半城市化"阶段的坪山新区而言，我们的社区既有城市社区的表象，也有诸多农村社区的特征。一方面，深圳自改革开放30多年来，五湖四海的劳动者纷来沓至，人口激增，实际管理人口已逾千万，户籍人口与非户籍人口达到1∶6，新区则到了1∶18。伴随着经济社会转型发展，这些人口的融合必然成为突出问题。另一方面，早在2004年年底，原特区外18个镇218个自然村的27万村民全部转为了城市居民。深圳从此没有了农村，没有了农民。虽然身份转变了，但原特区外的大部分居民在生活方式和心理适应上，距离真正融入城市，实现城市化，还需要相当长的时间。这两方面都关系到社会融合，需要持续通过引导、规制和潜移默化的举措来逐渐影响和转变，过程较为漫长。所以，外来人口的社会融合问题必然是一个既关乎社会稳定，又关乎长远发展的大问题，是经济社会转型发展时期的一个十分重大且具有挑战性的课题，理应引起足够重视。

国际历史上因社会融合不畅或社会冲突所带来的教训是相当惨痛的。例如2005年法国就发生了一起蔓延至全国约300个城镇的严重骚乱，大量汽车和建筑被焚烧破坏，很多青少年被逮捕。而这场骚乱的起因是两位来自北非的少年为躲避警察的追捕，跑进了变电站，不幸遭电击身亡，从而引发了这场社会冲突。究其深层原因是长期以来的种族歧视，以及失业、贫困得不到改善所累积的社会紧张和对抗情绪集中爆发所致。当时法国新出台的公共政策又进一步加剧了阶层隔阂，例如一些中心城市仅在富人区实施安全政策，忽视了大多数民众的需求。另一个较为久远的事件发生在曾一度是美国第四大城市，被誉为"世界汽车之都""音乐之都"而如今已经破产的底特律。1967年，处于底特律社会底层的黑人居民因种族歧视等原因与白人社会发生了流血冲突。当时的美国总统林登·约翰逊动用了5000人的联邦军队入城，冲突造成40人死亡，数千人受伤，7200人被捕。通用、福特和克莱斯勒等当地三大汽车业巨头全部停工停产。骚乱使得大量白人阶层带着资金和技术逃离市区，移居郊区，零售商和小业主也随之离开，与此同时，世界汽车产业格局也在发生变化，整个城市的税收不断下降，无法满足城市正常运行。现在的底特律市区内，到处是被遗弃的建筑和房屋，毫无活力与生机可言，2012年时还被《福布斯》评为美国"最悲惨城市"第一名。

因社会融合不足导致的社会冲突带来的教训令人深思、警醒。在人口流动性不断增强的大背景下，社会融合问题越来越受到各方关注和重视，许多地方也在不遗余力地予以化解，比如苏州和东莞。苏州的张家港市成立了新市民事务中心，其最早的名字则叫暂住人员管理服务中心；东莞则设有新莞人服务管理局，其前身是出租屋管理办公室。虽然只是名称之变，却折射出两地关于流动人口管理理念的巨大变化。正如张家港新市民事务中心的一位负责人说的："外来人口管理，过去就是人员登记、出租屋管理、计生、治安等几项工作，约束性强，人情味不足，虽然管理上有效，但感情上毕竟有隔阂。"除了更改名称外，两地还不断拓展针对流动人口的服务内涵，比如服务就业，外来人员只要报名登记，就可就近获得劳动技能免费培训。比如服务入学，实现外来人员的子女全部就近入学，其中60%以上在公办学校就读。比如改善居住条件，通过政府投资、社会捐资、企业集资等途径，建立外来人口的集中居住区。比如改革创新积分入户政策，以同城同待遇不断增进外来务工人员的归属感和幸福感。

北京通过城中村改造培育新市民，促进本地人与外来人口的社会融合具有典型借鉴意义。2012年北京城乡结合部发生的重要事件就是基本完成了对50个重点城中村的旧村改造，"一村一策"的改造方式标志着北京城乡结合部的发展进入到城市化发展的新时期。这50个村分布在9个区33个乡镇街道，38个地处规划中心城区，12个地处规划新城地区，涉及户籍人口21.4万人，流动人口超过100万。"人口倒挂"的特征使得"城中村"改造面临双重挑战，一方面是"本地人"的市民化问题，这不仅涉及原村民的职业身份的转化，更涉及他们"洗脚上楼"的生活方式转变；另一方面就是大量"外地人"的服务管理问题，由于"城中村"长期居住了大量外来人口，因此"城中村"改造将彻底改变他们的生存方式。专家认为，解决前者的关键在于推进经济和文化等方面对原村民的引导，使他们成为适应城市生活方式的"新市民"；而解决后者的关键则在于给予外来人口一定的生存空间，并积极推进对外来人口的服务与管理。北京城乡结合部的发展需要在防止"城中村"的"摊大饼"式外扩的同时，不断推进城市"新市民"的培育过程，稳步改善"本地人—外地人"之间的关系模式，由此形成二者在城市中的有效融合。

新区自成立以来，也一直在外来人口社会融入方面努力进行着探索和尝试，特别注重从社会的基本单元——社区入手。因为新区始终认为，社区是社会的子单元，是构建和谐幸福社会的基石。要实现社会的大融合，基础是要做好社区的小融合，要让每一位生活在社区、工作在社区的人都能感到尊重、平等，能有机会和渠道参与新区的建设和发展，并能公平地分享到基本的公共服务；让每一位新区人对这片热土产生深厚的归属感，体察到这个地方的善意和温暖，并报以善意和正能量的积极回馈。

我们深知，不论外来人口（农民工）在城市居住停留多长时间，都会经历一个再社会化的过程，其社会联系和社会网络（Social Network）都会得以重新构建。相关研究也发现，通过社会支持网络的帮助，人们可以更好地解决日常生活中的问题和危机，并维持日常生活的正常运行。在社会层面上，社会支持网络作为社会保障体系的有益补充，有助于减轻人们对社会的不满，缓和个人与社会的冲突，从而有利于社会的稳定（贺寨平，2001）。通过正式制度之外的社会支持网络的建构，可以帮助农民工逐渐积累社会资本，获取社会资源，更好地融合到城市社会的生活中去，提高他们在城市生活的满意度（李汉林，2003；王奋宇、赵延东，2003）。因此，社会支持网络的作用对于农民工的社会融合意义重大（李良进、风笑天，2003）。

4年多以来，新区大力倡导"来了，就是坪山人""同住一社区，同为一家亲"的理念，努力营造一种守望相助、贫弱相扶、富有爱心、关系融洽的和谐社区关系，极力培养外来人口的社会支持网络。新区全面推进富裕型、自治型、和谐型、服务型、学习型、生态型的"六型社区"建设，打造一个环境宜居、邻里融洽、活力无限的新型社区。新区大力推行基本公共服务均等化，4年多来共新增公办学位4200多个，开工保障性住房2.79万套，新建各类图书馆（室）26座，建成大运体育馆、16块高标准篮球场和54套社区健身路径设施，等等。新区率先实现"一社区一服务中心"的全覆盖，实现每万人配备4名社工。新区还在积极探索社区治理新模式，不断焕发社区活力，促进社会融合和转型发展。社区是社会的缩影，社会是社区的集合。一个社区的融合能够增进社区居民的福祉，几十、上百甚至更多的社区融合就能汇成社会融合的大福祉。

来了，就融为社区人，"来了，就是坪山人"！

第七章　文心雕城: 追寻"文化创意新城"梦想

透过世界城市发展史，我们可以清晰地感知：城市是文明的产物，也是文明的生成地和文化的土壤。"城市即文化，文化即城市"，这是西班牙巴塞罗那市提出的一个口号。文化包括物质文化和精神文化。文化是历史的积淀，文化无所不在，城市本身就是一件在融合继承一代代居民和无数精英人士的智慧和远见基础上缔造出来的杰出的文化产品。正如美国著名城市史学家刘易斯·芒福德（Lewis Mumford）在《城市文化》一书中写道：所谓城市，"就是一个人类社区的文化和实力最大集中之点……人类文明的全部问题都聚焦在这里了。"①

第一节　文化·城市·生活

从历史上看，城市从来都离不开文化。首先是物质文化，城市是石头书写的历史，城市是物质文明的承载者，城市是将时间与

---

① MUMFORD L. The Culture of Cities[M]. New York: Harcourt Brace & Company, 1938.

历史凝缩、沉积、结晶的空间构成物。美国著名城市史学家刘易斯·芒福德首先将城市视为一个无所不包的大容器："在城市发展的大部分历史阶段中，它作为容器的功能都较其作为磁体的功能更重要，因为城市主要还是一个储藏库、一个保管者和积攒者等等。"城市社会的运动能量，通过城市的公用事业被转化为可储存的象征形式，从奥古斯特·孔德到W. M. 惠勒，他们认为："社会是一种'积累性'运动，而城市正是这一活动过程中的基本器官。"①在这个大容器中，城市的生命力、城市的灵魂则是它的集体记忆、历史文明和精神文化。

城市是人的城市，人的生活构成了城市的生活，在人的各种群体性活动中会逐渐形成独特的城市文化，并且把各种记忆和文化符号沉淀流传下来。美国著名社会学家帕克认为："城市是一种心理状态，是各种礼俗和传统构成的整体，是这些礼俗中所包含并随传统而流传的那些统一思想和情感所构成的整体。换言之，城市绝非简单的物质现象，绝非简单的人工构筑物。城市已同其居民的各种重要活动密切联系在一起，它是自然的产物，而尤其是人类属性的产物。"②英国著名社会学家、城市与区域规划的先驱人物格迪斯（Patrick Geddes）和布兰福德（Branford）也曾先后指出说："城市积累着、包蕴着本地区的人文遗产，同时又以某种形式、某种程度融会了更大范围内的文化遗产——包括一个地域，一个国度，一个种族，一种宗教，乃至全人类的文化遗产。因此，城市的含义一方面是一个个具有个性的城市个体——它像是一本形象指南，对你讲述其所在地区的现实生活和历史记录；另一方面，城市又成为人类文明的象征和标志——人类文明正是由一座座富有个性的具体城市构成的。"

---

① 刘易斯·芒福德. 城市发展史——起源、演变和前景[M]. 宋俊岭，倪文彦，译. 建筑工业出版社，2005: 74.

② 帕克，等. 城市社会学[M]. 宋俊岭，译. 北京: 华夏出版社，1987: 1-2.

第二节 文化·软实力·竞争力

当今时代,城市间的竞争不仅体现在物质财富的生产,更根本更深层地体现在人文和精神层面的竞争,最终必然是以文化论输赢,以文明比高低,以精神定成败。城市的魅力在于"硬件",更在于"软件"——城市的软实力。城市软实力的实质是反映城市在参与发展和竞争中,建立在城市文化、公共服务、市民素质、社会和谐、形象传播等非物质要素之上的,体现为城市文化感召力、环境舒适力、城市凝聚力、科技创新力、区域影响力、参与协调力的一种特殊力量。一个城市的魅力和吸引力,归根结底在于城市特有文化和内在特征上,即体现在城市的人文精神、文化产业和市民心态上。

工业革命时期和当前经济全球化时代,新的发展契机不断出现,城市有了飞跃式的发展。但不是每个城市都能从这些发展契机中占得先机,一些城市比如利物浦、费城和匹兹堡都因为长期以来以工业生产为主的过时模式作为城市基础,很难适应新时代对城市发展的要求,城市发展长期陷入泥沼和低谷。但是另外一些城市却能够适应时代潮流,成功地蜕变并繁荣下来,比如纽约和曼彻斯特等城市。彼得·霍尔(Peter Hall)研究了为什么一些城市能够相对较快地完成这些变化,他认为,改革创新的决心来自城市文化的核心。罗伯特·弗里德尔(Robert Friedel)称之为"改良文化",刘易斯·芒福德(Lewis Mumford)称之为"全民的杰作",就像是城市的本能,而蒂姆·戈林奇(Tim Gorringe)则将其称为"创造精神"。可以说,这种改革创新的能力是一座不断实现自我更新的城市的文化基础。

一座"软实力"凸显的城市也必然是一座高度重视人文精神培育的城市。城市精神,究其实质,就是一座城市所带有独特魅力的公共精神，是城市人文精神的重要表征，是城市文化的重要内核。城市精神是构建城市先进文化的核心，植根于城市历史、体现于城市现实、决定着城市特质、引领着城市未来，是城市软实力的核心。对此，德国著名历史学家、历史哲学家奥斯瓦尔德·斯宾格勒曾有精辟的概括和诠释，他说："将一个城市和一座乡村区别开来的不是它的范围和尺度，而是它与生俱来的城市精神。"古今中外历史悠久的城市几乎无一例外地形成了自己的城市精神，即便是历史很短的城市也是如此。

然而进入20世纪，以特大城市扩张为代表的城市化运动，在一定程度上过多关注于城市形象设计和功能配套，在进行大规模城市基础设施建设的同时社会发展相对滞后，导致城市精神生活空虚，生活样式单一，市民因成为城市的依附而倍感失落和迷茫。于是城市的人文关怀思想被发掘和弘扬。人文关怀理想即是城市发展要以人为本，要形成更加美好的城市生活，以人的发展为城市发展的终极目的，以市民的需求主导城市未来方向。市民需求随着市民生活水平的提高而渐进深化，这既为城市带来持久的推动力和活力，也为城市演变带来有迹可循的连续文化脉络。

自20世纪七八十年代以来，西欧国家开展城市复兴运动，其中文化旗舰项目成为这些城市复兴的重要战略。在西欧，所谓城市复兴，就是对那些传统产业已经衰落，并且其社会、经济、环境和社区邻里也因此受到损失的城市，通过采取一系列的手段在物质空间、社会、经济、环境和文化等方面进行全面的改善，再生其经济活力，恢复其已失效的社会功能，改善生态平衡与环境质量，并解决相应的社会问题。通过建设文化基础设施、举办盛大庆典活动、文化旅游、体育赛事等文化措施，这些城市综合提升了它们的文化、经济和城市形象。城市文化事业的繁荣发展是城市综合实力和综合竞争力的重要体现，反映了城市的现代城市社会形态和现代市民素质。

从20世纪中叶70年代末，美国在经历了先后两次世界大战后，一跃成为世界超级大国，美国的城市文化也随即进入繁荣时期。相对于最早的自东向西的拓荒开发和其后的资本原始积累时期，这一时期美国的城市文化随着美国人的生活态度与思维方法的根本性改变而带来了质的变化。不满足于现状、不断追求创新的精神成为了美国城市文化的主流。同时信息网络革命加快了美国人的生活节奏，提升了他们的生活质量，更重要的是，它带给了美国的城市和社会一种明确的观念：生存的目的不是对衣食住行的简单追求，而应该是一种超越于衣食住行等基本物质生活需求之上的更高级的精神文化需求。

作为一个主要通过移民形成、多种群共生的国家，多元文化既是对美国传统文化的挑战，更是给美国城市文化发展带来了得天独厚的机遇。近一个多世纪以来，美国城市文化中的建筑、雕塑、绘画、音乐、电影、电视、文学、传媒、教育、体育、博彩等具有独特表现力的文化内容得以迅速发展，并取得了很高的艺术成就。它对于扩大城市影响，提升城市文化品位起到了无可替代的作用。人们为了生活得更加美好而来到城市，城市以其更为丰富的物质和文化完善人们的生活。刘易斯·芒福德在《城市发展史——起源、演变和背景》一书中指出："城市从其起源时代开始便是一种特殊的构造，它专门用来储存并传承人类文明的成果。同时又能扩大自己的结构，以适应不断变化的需求和更加繁复的社会发展形式，从而保存不断积累起来的社会资产。"

有研究对世界16个城市进行"城市舒适度"的评比，共列了23个项目分别予以评价，最后进行总分评比。归纳起来，其标准可分为下列3类：（1）良好的自然条件及其利用。包括美丽的河流、湖泊、大公园（群）、一般树丛、富有魅力的自然景观、洁净的空气、非常适宜的气温条件等。（2）良好的人工环境的建设。包括杰出的建筑物、清晰的城市平面、宽广的林荫大道（系统）、美丽的广场（群）、街道的艺术、喷泉群、富有魅力的人工景观等。（3）丰富的文化传统及设施。包括杰出的博物馆、久负盛名的学府、重要的可见的历史遗迹、众多的图书馆、剧院、美好的音乐厅、琳琅满目的商店橱窗、可口的佳肴、大的游乐场、多种参与游憩的机会、多样化的邻里等。参与评比的城市在前两方面比分接近，可以说大部分城市均具备条件。评比结果，巴黎、伦敦、罗马名列前茅，它们的评分在第三方面，即城市喷泉、剧场、街道艺术、私人画廊、可见的历史遗迹和参与游憩的机会等项多于其他城市。

第三节　国内外文化创意借鉴与思考

一、国内文化创意亮点

在文化大繁荣大发展的利好背景下，全国各地都在进行积极探索，也亮点纷呈。这些文化创意产业发展先进地区和城市的理念、模式、相关政策和最新发展动态无疑是值得关注和学习的，新区也先后组织了对国内知名的文化创意产业项目、基地、园区考察学习，开阔了视野，也带来了更多的认知和思考。

（一）高度重视，统筹引导，各地大力推动文化创意产业发展

在国家层面大力推动文化大发展大繁荣的宏观利好的大背景下，国内各大中小城市，特别是一些具有深厚文化积淀和历史传统的城市，对文化产业发展都高度重视，积极行动，统筹引导，成立机构，纷纷出台相关培育扶持政策，各地掀起了文化建设和文化创意产业发展的新高潮。如作为全国文化中心城市的首都北京早在2006年就出台了《北京市促进文化创意产业发展的若干政策》，2013年10月份又出台了《北京市工商行政管理局关于支持文化产业

创新发展的工作意见》（以下简称《工作意见》）。《工作意见》共23条，围绕"支持文化企业集团化发展""支持文化事业单位改制重组""服务支持各类文化市场主体发展""支持文化品牌建设""引导规范文化中介及有形文化市场有序发展"等5个方面具体提出了支持文化产业发展的政策措施。2011年，北京通过加快文化创意产业集聚区建设，支持文化企业重组、改造和上市，文化创意产业总收入超过9000亿元，增长20%以上。2013年上半年，北京市文化创意产业持续加快发展，一季度文化创意产业收入比去年同期增长8%。其中，旅游休闲娱乐、艺术品交易、广播影视、文化艺术行业收入分别增长25.4%、24%、9.5%、9.5%。另外2010年被国务院定位为国际旅游岛的海南省出台了《关于支持文化产业加快发展的若干政策》，从土地政策、财税政策、投融资政策、市场准入政策、人才政策等方面对文化产业发展给予了系统性的支持。成都市制定出台了《成都市文化创意产业发展规划（2009年～2012年）》，立足成都优势领域，统筹谋划，重点发展传媒、文博旅游、创意设计、演艺娱乐、文学与艺术品原创、动漫游戏、出版发行等七大行业，构建文化创意产业体系。

（二）顺势而为，因地制宜，各地积极打造高水平有特色的文化创意产业基地（园区）

从客观发展规律上看，当一个国家的经济发展到一定水平的时候，人们在满足了基本的物质需求后，对文化产品需要会越来越旺盛，文化创意产业也将会越来越受到重视，发展文化创意产业可谓是顺势而为的必然选择。由于集聚效应、规模效应和便于统一服务引导等经济客观规律作用和政府服务管理职责要求，文化创意产业也同样需要一个合适的发展的载体和平台，才能更好地汇聚各类文化创意企业，更强地凝聚创作和商业人气，更快地形成规模和品牌效应，更早地产生良好经济收益，带动园区及园区周边区域土地价值提升。从调研情况来看，不论是全国文化中心的首都北京，还是具有深厚历史文化积淀和得天独厚的自然资源的杭州、成都，还是被定位为国际旅游岛的海南，每个城市及城市的各个区都在根据历史因素、自身特点、自然资源和其他有利条件积极营造高水平、有特色、知名度高的文化创意产业园区（集聚区），如北京的798艺术区、宋庄·原创艺术与卡通产业集聚区，杭州的翠庄文化艺术村（中国文化传媒集团杭州发展基地）、中国美术学院国家大学科技（创意）园、白马湖生态创意城农居SOHO创意园，成都的宽窄巷子和锦里古街市、成都东区音乐园区（成都·东郊记忆），等等。

（三）软件为核，硬件为表，把握文化创意产业发展规律

文化创意产业发展在本质上是各种创造性、创新性思维的碰撞、交融、集成形成文化产品或服务的过程。所以，最为关键和核心的是要能够汇聚到具有创造性和创新性的"文化大脑"，吸引文化创意专业人士特别是名人、名家、名企、名机构进驻特别重要，可以说这是文化创意产业发展中最为核心的一环，同时根据软件发挥作用的需要为之提供适合创造的良好的硬件条件和服务。如北京的798、宋庄，成都东区音乐园和杭州中国美术学院国家大学科技（创意）园在发展过程中就是采取就地取材，因地制宜地改造利用原有的工业厂房、农村房屋和水泥厂房并融入多种文化元素，为各类文化人士和文化经营商提供了一个创作、交流、展示和交易的平台，这之中并未大规模地推倒拆除，重新建设一片区域。当然，对于高科技、信息化特征明显的动漫产业发展则要求不同，因为这类产业对研发和制作场所环境条件有较为严格的要求和诸多限制条件，因此更多地需要通过新建产业园区来满足发展空间和场所的需要，如海南省的动漫产业基地。

（四）政府引导、专才主体、市场化运作的运营管理模式

在考察中一个比较深刻的体会和感受是，凡是文化创意产业集聚区或园区做得比较成功的大都是采取了"政府引导、专才主体、市场化运作"的运营管理模式。地方政府并未大包大揽，主导发

展，直接参与具体的文化创意创作和文化创意产品经营活动，而是以各类专才为主体，充分尊重文化创意群体的特殊环境要求和心理需求，让市场选择具体的集聚区或园区的文化产业业态，能在市场生存的就保留，不能生存的就逐渐淘汰退出。政府适时适当地进行必要的引导，根据产业发展需要提供必要的扶持和有效的公共配套服务。如北京的798、宋庄，成都东区音乐园，政府更多的是提供咨询、协调、宣传推广、基础设施完善、公共服务配套和其他必要的支持措施。

（五）挖掘本土元素，融入现代元素，构建复合型业态布局

在文化创意产业发展中，本土元素和现代元素都十分重要，相对容易成功的就是在文化创意项目发展过程中既深入挖掘本土元素，又能充分融入现代元素，构建复合型的文化业态，如成都的宽窄巷子项目就极具中国传统文化和成都本土特色，如传统建筑、本土饮食、茶馆、传统技艺表演，同时又有咖啡馆、酒吧、现代音乐。北京的798和宋庄也是一个本土元素和现代元素较好结合并最终取得成功的典型案例。

（六）扶上马，送一程，多样化的培育扶持政策助推文创产业发展

整体而言，国内文化创意产业目前来说仍是方兴未艾，市场整体环境仍不成熟完善，文化创意产业在发展初期往往会面临较多的掣肘和障碍。考察中了解到，各地对文化创意产业发展普遍采取了"扶上马，送一程"的理念，出台了诸多培育扶持的优惠政策，为文化创意产业经营主体在发展初期营造一个相对有利的环境。如北京出台了支持文化产业创新发展的23条工作意见，并制定了《北京市文化创新发展专项资金管理办法（试行）》，符合一定条件的文化创意企业，将能够获得一定额度的贷款贴息、投资奖励及补助。海南、杭州等地也出台了专门的政策，从土地政策、财税政策、投融资政策、市场准入政策、人才政策等方面对文化创意产业发展给

予系统性的支持。

二、国际文化创意亮点

他山之石，可以攻玉。论及文化创意产业发展，不可不把眼光和视野投向一些国际文化名城，它们都有着较长的城市发展历史、独特的城市文化魅力和精彩夺目的文化创意亮点，始终处于文化创意发展前沿，引领着世界发展趋势和潮流。新区也针对性地做了部分学习考察和调研。

（一）提升"软实力"，激发"新活力"

20世纪70年代以后，伴随着英国大规模工业改造进程的开始，以伦敦为核心的众多工业城市的许多工业企业或关闭或转型，传统的纺织、采矿、钢铁、机械制造等"夕阳产业"逐步萎缩或停滞，电子通信、生物工程、软件等行业比重日益增加。工厂迁移、关闭后腾出来的地方，有的成为文化事业中心，有的变成博物馆，还有的成为新建居民区和公园绿地，一些老工业城市重获新生。如制造之城伯明翰，自1991年开始建设国际会议中心，吸引了世界著名的交响乐团、歌剧团和芭蕾舞团纷至沓来；利物浦成功改造了包括画廊、海洋博物馆以及电视新闻中心在内的规模宏大的艺术、休闲和零售商业为一体的综合设施，甲壳虫乐队的丰富文化遗产和英国肥皂剧Brookside的成功，都进一步改善了城市形象。伦敦、爱丁堡、格拉斯哥成为城市复兴理论指导下最早的成功典范。

在英国伦敦，泰晤士河自西向东从伦敦市区穿过，给整座城市带来更多的活力和精彩。河的南北两岸，汇集了众多的风景名胜。设计者用创意艺术手法打造出一片时尚滨水空间，伦敦眼、千禧桥、新千年广场等都成为新看点，并且通过文化创意产业的植入，改造河南岸的老工业区和旧城区，也使其变成城市的新亮点。

泰特现代美术馆（The Tate Gallery of Modern Art）原先是一座

大型发电厂，目前里面还保留了一些发电厂的机器设备。通过创意设计，将发电厂的厂房改建为现代艺术馆的展厅，里面展出有毕加索、达利等众多现代大师的艺术作品，以及许多超现实、"后现代"的先锋"艺术作品"。每天前来参观的游客络绎不绝。

伦敦码头区改造是20世纪80年代后伦敦中心区最大规模的房地产项目之一，包含商业、住宅、办公等复合功能。伦敦码头区开发有限公司（LDDC）历时17年，将一个22平方公里近似废弃的老工业区改造成英国及欧洲最繁忙、最重要的商业、商务区，改变了伦敦市金融和商业中心的格局，巩固了伦敦世界金融中心的地位。

"还河于民"是伦敦市政府整治泰晤士河的初衷。通过多部门的努力，泰晤士河滨河地带超过100处开放空间得到整治和改善，而且市区很少有私人住宅靠河而建，滨河空间真正成为市民的免费公园、公益性的开放式旅游景区。

柏林作为世界联合国教科文组织（UNESCO）较早授予的世界"设计之都"，其文化创意产业的实力强劲，发展也迅速，在世界设计版图中占有非常重要的地位。成立于1968年的柏林国际设计中心（IDZ）是一个连接商业、社会和文化的交流沟通的平台，通过获得政府预算经费支持，为各类文化创意机构提供高效的沟通互动与合作网络，资助文化创意组织孵化和各种类文化活动开展，在提升柏林的文化创意活力和影响力中，发挥了重要的作用。

作为一个非营利组织，柏林国际设计中心致力于设计、设计质量分类、科学与艺术以及企业与消费者之间的交流等业务。其工作重点在于促进发明创新和新技术的交流融合、设计和质量管理以及对以上事务进行组织管理，在设计界具有独一无二的网络联系和号召力。柏林国际设计中心采取通过专业人士交互指导促进成员持续教育和个人能力提升的方式，支持网络会员发展。这个组织的成员主要包括德国及国际范围内的设计与创意专业人士、各种设计导向型公司及其代理机构，以及对设计领域感兴趣的个人。

德国、瑞典、英国都十分注重传承和保护历史文化和遗产，他们推行的城市建设理念是"保持特色，不改建；保留历史，不拆除；保护建筑，不陈旧"，从而"留住历史记忆，留下文化遗产"，把历史建筑打造成市民了解历史、亲近历史、阅读历史的文化殿堂，也是一道道有张力的、有厚重感的、堂皇的、绝伦的城市风景线。比如德国，有5600多座博物馆，有27个景点被列入世界文化遗产保护名录。在德国有规定，超过30年以上的建筑即为文物，受法律保护。而对它们的保护并不是单纯的保护，而是在利用中保护，将历史建筑"活化"。比如把古建筑作为办公室或者文物陈列室等，如把柏林墙变成涂鸦艺术的绝美画板，一般都不闲置。新区也有不少历史建筑，比如大万世居、荣田世居、庚子首义旧址、前进报旧址等，也可以在征询历史文物和传统文化保护方面的专家意见后，进行保护性地开发挖掘，将其"活化"为城市功能的新载体，如博物馆、艺术馆、咖啡厅、民俗体验馆等。

（二）串联景点，整合资源

瑞典有皇家宫殿、碧波海湾，有公园林荫、咖啡厅馆，景点遍布整个市区，而他们通过在整个市区范围的各个角落布置众多的自行车租赁点，构建极其便利和完善的自行车租赁网络，将风景名胜串联，将公园、海湾、艺术馆、咖啡厅以一种健康、低碳的运动方式达到了"无缝连接"，体现出一种集锻炼身体、欣赏风景、休闲放松为一体的全新生活方式。新区有马峦山、田头山、聚龙山等山景资源，还有不少值得一看的历史建筑，可将这些区域进行整体规划，修筑头尾相连、景点相接的自行车道和自行车租赁点，以此整合新区的旅游资源，"串珠、连线、成片"，形成集成优势，协同发挥新区旅游资源优势。

（三）"文"镶"武"嵌，以文聚人

"文"指图书馆、博物馆、艺术馆、历史名胜、歌剧院、音乐厅等文娱设施；"武"指公园、体育馆、自行车绿道、网球馆、游

泳馆等休闲运动场所。比如柏林的博物馆岛、爱乐乐团、柏林墙、勃兰登堡门、柏林电影节、弗里德里希剧院、万湖等，比如斯德哥尔摩的斯堪森博物馆、瓦萨沉船博物馆、Konserthuset音乐厅、遍布城市角落的自行车租赁网点等，比如伦敦的大英博物馆、温布尔登全英网球俱乐部、泰晤士河南岸中心、皇家大剧院、皇家节日厅、伦敦塔桥、特拉法尔加广场、海德公园等。这些设施、场所是一种更文明、健康、高雅的品质生活的具象，代表着一种充实、向上、智慧、积极的生活态度，能够营造出丰富多彩的文化生活，又是休闲放松的绝佳胜地，更是灵感碰撞、艺术创作的智慧源泉，能够极大地提升整座城市的生活品质，以此吸引和留住高素质人才。另外，温布尔登是英国伦敦远郊区的一个小镇，也是一个代表着尊贵和神圣的地方，它是全世界网球爱好者的圣殿。由全英俱乐部和英国草地网球协会于1877年创办的（WIMBLEDON）温布尔登网球锦标赛是现代网球史上最早的比赛，就在该小镇举办，比赛于每年6月的最后一周至7月初定期举行。一个多世纪以来，成为全世界网球精英们争夺的全球级别最高的赛事。该镇也是一座借由"办赛事、办城市"而发展兴起的城镇，通过引入俱乐部运营、举办世界性大型赛事、拓展参观游览等手段，极大地推动了整个城区配套和环境的提升，提升了城市在世界范围内的影响力和知名度。

第四节　文化自觉与文化行动

党的十八大报告指出，"文化是民族的血脉，是人民的精神家园。"对于一座新城的建设而言，文化发展同样是不可或缺的重要维度，因为这是生活在新城里的居民的现实生活需要，也是一座城市能否焕发出独特魅力，凝聚宜居人气的重要考量因素，是城市软实力的重要体现。

正是深刻认识到文化对一座城市无与伦比的价值和意义,坪山新区自成立伊始就始终秉持着"文化之于城市,好比灵魂之于人类""文化高度决定城市高度""城市的文化决定着城市的品质"的文化发展理念,不遗余力地发展新区文化事业和文化产业,各类文化活动和机构也是如雨后春笋不断生发,竞相亮相,开展得生机勃勃。可以说,坪山之于深圳,经济上是后发,而文化上得先机。几年来,新区也正用特色文化发展告诉人们一座梦想新城的文化追求。

新区有着自己的文化底蕴,文化之根非常深厚。有名扬海内外、以"东纵精神"为代表的红色文化;有移民文化之根、以"大万世居"为代表的传统客家文化;有好山好水好风光、以马峦山为代表的自然生态文化;还有一批有着改革开放特质、在基层实践中成长培育起来的"腰鼓文化""醒狮文化""麒麟文化",等等。

自成立以来,新区一方面合理保护、开发传统文化资源,不断挖掘历史文化遗产的内核;另一方面大力发展"文化+科技""文化+金融""文化+旅游"的现代创意文化产业,打造新区新的产业增长点。"十二五"期间,新区正逐渐完善文化产业发展政策与机制,加大投入,重点发展设计业、高端工艺美术业、非物质文化遗产业、高端印刷业、文化旅游业等,使各产业初具规模。按照这样的发展目标和战略定位,新区将"构筑一个走廊,突出两轮驱动,坚持三个原则,打造四个品牌,建设五大中心"。

具体来说,即构筑沿坪山河两岸和马峦山山麓的文化创意产业走廊(深圳国际创意谷),突出以华谊兄弟文化城和以富域动漫主题乐园为核心的文化产业发展双轮驱动作用,坚持自主创新、坚持融入深莞惠整合资源、坚持突出重点,打造一批文化创意重点行业:以大万世居为龙头,打造客家文化品牌;以马峦山生态郊野公园为地标,打造新区生态文化品牌;以东江纵队纪念馆为起点,打造红色革命文化品牌;以创意设计为重点,打造创意文化品牌。建设创意文化中心、高端工艺美术产业中心、工业设计与高端印刷产业中心、非物质文化遗产开发中心、文化旅游中心五大文化创意产业中心，不断提高文化创意产业的集聚度、知名度、美誉度和贡献度，真正将文化创意产业发展打造成为新区新的经济增长极。

关于发展文化创意产业，新区有着自己的深刻认识。发展文化创意产业不仅是贯彻落实中央、省、市的决策部署，更是新区调整产业结构、实现转型升级的重要推手。为此，新区下大力气促进文化产业发展。首先坪山不断加快文化产业规划和政策体系的建设，全面调查了解新区文化产业的发展规模、结构及布局，建立了文化产业企业信息数据。其次，制定了《坪山新区文化产业振兴发展规划》，充分发挥规划对文化产业发展的导向作用。不仅如此，坪山还制定出台了文化产业扶持政策，成立文化产业专项扶持资金（基金），进一步加大对文化产业的资金扶持力度。

在成立4年多的时间里，新区已经建成了沿坪山河一带的文化产业聚集区。在这个聚集区里，有深圳首个以雕塑艺术为主题的深圳文博会分会场——坪山雕塑艺术创意园，还有以"集智创新文化基地、产业创意促进高地、传统文化传承圣地、社会建设和谐领地、公共艺术创作天地、原生态休闲氧脑胜地"六大基地为平台的金龟智慧谷。

在2012年深圳第八届文博会期间，坪山新区的文化产业发展也有着浓墨重彩的一笔，那就是与富域控股（香港）有限公司、中国文化传媒集团分别签署了《卡曼国际文化旅游小镇框架协议》和《中传文化产业（深圳）基地项目合作框架协议》。中传文化产业（深圳）基地要建设"三园一院"：动漫游戏产业园、影视传播产业园、中国非物质文化遗产产业园、中国文化传媒研究院（学院）。卡曼国际文化旅游小镇项目则通过"动漫+产业"的综合开发，通过产业聚集、产业孵化、技术服务、产学研一体化等多种模式，力争成为深圳动漫文化旅游旗帜和标杆项目。同时通过推行实施"大项目带动"战略，2012年7月新区又签订了文博会产业园区、美国肯渡动漫影业两大"重量级"文化创意产业项目。坪山新区沿着"马峦山—田头山—坪山河"打造的文化创意产业走廊已初显轮廓。

一、"以利用促保护"，筑造文化旅游新格局

坪山新区文化底蕴深厚，有以马峦山为代表的生态文化，有以"东纵精神"为代表的红色文化，有以"大万世居"为代表的传统客家文化。坪山新区的客家文化资源十分丰富，现有客家围屋160余处，大万世居规模宏大，龙田世居历史悠久。同时，新区各社区还保留着客家茶果、客家山歌、腰鼓舞、舞麒麟、秧歌等丰富的非物质文化遗产。在新型城市化推进过程中，新区充分平衡环境保护、民生改善和城市发展的关系。以"文化+旅游+城市"的发展模式，开发利用客家文化遗产资源，打造如大万世居国家非遗展示园、客家民居建筑生态博物馆等大型旅游文化景区，形成新区文化旅游新格局。坪山更以利用促进保护，对较大规模、建筑质量较好且尚未升级为文物保护单位的客家围屋群恢复居住功能，在保护好建筑传统风貌的同时，按照不同的保护级别对其内部做适当调整，增加必要的市政设施，以适应现代居住生活的要求；对规模较小、呈点状分布在社区附近、保存基本完好且无重大文物价值的进行适当修复，并作为社区文化设施，如老年人文化活动室、青少年活动室、社区警务室、社区居委会等。

二、路在脚下，有梦想就能成功

在新区综合发展规划出台之后，新区就加大了文化创意梦想的进一步构造，一个国际文化创意谷的构想出炉，正在慢慢变得丰满

起来。坪山新区的文化创意新城发展目标有着自己不同的特点，一张发展蓝图已经铺开。上面写道：在充分考虑文化产业与经济建设、生态保护、城市建设等关系的基础上，沿马峦山—坪山河一带打造深圳国际创意谷，力求走出一条产业和城市相融合，经济、社会、城市、文化、生态"五位一体"的发展之路。

在坪山新区168平方公里的辖区内，传统文化资源已经渐渐被激活，焕发出蓬勃的生机。2012年，坪山雕塑创意园成为深圳文博会分会场，为新区实现文博会分会场零的突破，它也是深圳首个以雕塑艺术为主题的文博会分会场。雕塑园的发展也为文化创意谷的打造拉开序幕，在文博会的大舞台上，坪山不再是看客，一个个项目的陆续落户，也让新区扬眉吐气。

华谊兄弟文化城，致力打造"东方的好莱坞"，发展电影及电视节目拍摄、后期制作、配套服务、广告制作、主题旅游及其他文化创意设计等产业；金龟智慧谷，集智慧创新文化基地、产业创意促进高地、传统文化传承圣地、社会建设和谐领地、公共艺术创作天地等基地为平台，全面打造智慧产业；中传文化产业（深圳）基地，全力建设动漫游戏产业园、影视传播产业园、中国非物质文化遗产产业园、中国文化传媒研究院（学院）；卡曼国际文化旅游小镇，通过"动漫+产业"的综合开发，整合动漫创意文化产业上下游关联性企业入驻，打造深圳动漫文化旅游旗帜和标杆项目；深圳文博会产业园，打造集文化产品交易、研发设计、产业孵化、信息服务和总部办公为一体的功能齐备、服务设施完善、配套齐全的文化产业园区和总部经济区。

文化是民族的血脉，决定着城市的命运和未来，当前新区正致力于文化创意新城的打造，用文化的高度决定坪山的高度。一个融传统文化、红色文化、旅游休闲文化、现代创意文化为一体的文化事业发展活力区和文化产业国际创意谷正徐徐拉开帷幕，相信这个创意谷将会对深圳文化产业和事业的集聚、创新、引领发挥积极作用。

朝着文化创意新城的梦想，一群追梦人开始马不停蹄地赶路。随着规划的深入，一个令人激动的文化发展构想也逐渐形成，文化创意新城的轮廓呈现：构筑坪山河两岸及马峦山山麓沿线文化产业带，辐射周边片区文化产业发展，打造传统元素与现代元素完美融合的"文化创意新城"。

第五节　文化创意产业发展略思

一、尊重规律，充分理解文化创意产业发展的内涵和实质

发展新区文化创意产业，首先是要正确理解文化创意产业内涵，充分尊重文化创意产业发展规律和特殊性，才能保证文化创意产业发展路径不偏不误。文化产业在本质上是一种创造型经济和知识型产业，文化产品是一种能够传递思想、形象和生活方式的商品，具有有形的载体或物品的价值与无形的载体或文化的价值，它既要创造经济价值，又要创造文化价值。其中，知识型劳动者和创造者是最重要的生产要素，也是文化创意产业发展的主体。文化创意产业工作者，不但是社会物质财富的重要创造者，也是社会精神财富的重要创造者，不但是有效配置经济资源的重要的市场主体，而且是有效配置文化资源的重要的市场主体，不但要解决社会发展的经济支撑的问题，而且要解决社会发展的精神支撑的问题。因此在新区文化创意产业发展过程中，要充分尊重其自身特有的发展规律，从文化创意产业与文化创意产品的商业属性的物质生产者角度出发，既要遵循经济规律，如价值规律、市场规律和消费规律等，适应消费者的文化产品需求特征，听从并接受市场和价格这个"无形的手"的指挥，解决好"如何更好地面向大众与市场"的问题，

也要从作为文化产业与文化产品的文化属性的精神生产者角度出发，遵循文化规律，如美学规律、创作规律和艺术规律等，引导消费主体的精神需求，不断提升和逐步提高消费主体的审美标准和境界。总之，要充分挖掘文化创意产业的内涵实质，立足于文化创意产业发展自身特有的规律，积极面向市场、面向大众、面向国际，为文化创意产业的发展营造宽松的环境，吸引全社会资源向文化创意产业集聚。

二、因地制宜，科学规划定位新区文化创意产业发展方向和重点

为推进新区文化创意产业快速高质发展，结合文化创意产业发展趋势、深圳市关于新区的文化发展定位和本地文化底蕴及生态资源优势，因地制宜，深入研究，既发挥自身比较优势，又积极瞄准发展前沿，科学规划定位新区文化创意产业发展方向和重点。目前国际上文化创意产业发展的主要趋势是高度重视文化创意的开发和拓展环节，高度重视数字技术、网络技术和软件技术等现代信息技术手段的支撑和应用。新区发展文化创意产业，应牢牢把握这一基本特征和发展趋势，以"高、新、软、优"为切入点，瞄准文化创意和科技创新，即"文化+科技""创意+科技"两大主攻方向，重点发展创意设计、动漫、影视制作、工业设计、文化旅游、非物质文化遗产开发等产业。

三、突出特色，积极挖掘本土元素，有机融入现代元素

有创意才有生命力，有特色才有发展前景。新区的文化创意产业发展，要积极充分挖掘较为丰富的本土客家文化、红色文化、生态文化，有机融入美学、科技、创意、世界文化潮流等新元素，与

新区文化创意产业发展更加深度融合。同时还可以把代表中华文化精神的核心观念注入新区文化创意产业的各个环节，体现在新区文化创意产业的产品和服务上。从政策层面，政府要大力进行扶持，一方面要在新区培养懂经营、懂市场的本土文化企业家，另一方面还要重视发挥草根阶层的创意，培育新区老百姓的文化创意意识，鼓励他们善于把自己日常生活中的文化才艺和技艺转化成市场产品和个人财富，政府、市场、民间协力共同营造一个良好宽松的文化创意产业发展的环境和氛围。

四、引凤筑巢，与高水平专业团队建立长期战略合作关系，加大配套服务和支持力度

文化创意产业发展，关键在人才，核心在团队。只有吸引高端文化创意人才和高水平的文化创意团队加入，才能带来先进的产业发展理念和有市场竞争力的文化创意产品和服务。要进一步优化新区文化创意产业人才发展环境，做好本土文化创意人才的培育、高层次创意创新人才和领军人物的引进，使人才成为新区文化创意产业发展繁荣的有力支撑。要主动出击，以全球化的开阔视野、求贤若渴的真诚态度、完善的配套服务吸引高水平的文化创意人才、团队和名人名家加盟新区文化创意产业发展，加强与知名专业院校（如中国美院、中国美协、高校相关专业院所）、特色学院、品牌企业的联系与对接，建立长期战略合作关系，引凤筑巢，提升软实力，不断提升新区文化创意产业发展的创新能力和核心竞争力。

五、市场运作，探索规范高效的文化创意产业经营管理模式

文化创意产业最终是要靠市场生存，接受市场优胜劣汰法则的

检验。从以上考察调研的项目来看，虽然政府在发展之初有一定的政策扶持，但最后无一例外走的都是市场运作、规范化管理的路子，经过市场检验，赢得市场声誉，受到市场和顾客的认可，最终形成知名的文化创意品牌，成为地方城市的一张张名片，如北京798、宋庄艺术区，成都的宽窄巷子、东区音乐园、海南三亚的动漫基地。"文化是土壤，创意是种子，产业是果实"，文化创意产业发展需要一个培育期，政府加以扶持，但培育期过后企业就应该积极主动去找市场，找利润，找生存空间，参与市场竞争，在竞争中发展壮大起来。简而言之，新区文化创意产业的经营模式是要坚持企业化运作、市场化运作，建立现代企业制度，在市场中求生存求发展，走做精做大做强的发展之路。

六、创建品牌，走特色取胜、精品取胜、市场取胜的文化创意产业发展道路

从考察各地经验来看，凡是比较成功的文化创意产业项目、园区、集聚区都在国内外逐渐形成了较高知名度、具备较大的影响力，赢得市场青睐，成功走出了一条特色取胜、精品取胜、市场取胜的文化创意产业发展之路，最终成为当地政府的知名文化品牌。因此在新区文化创意产业发展过程中，要以有远见的发展思维，汇聚专业团队（如中国美术学院、中国美术家协会）的智慧，共同谋划并建设一批创意和科技含量高、市场潜力好、辐射带动作用强的重大文化创意产业项目，推进产业融合与联动发展。要大力实施文化创意产业品牌战略，培育一批品牌文化产品、品牌文化企业、品牌文化园区和品牌文化活动，持续塑造具有地方特色、现代气息的文化创意产业城市品牌。

七、打造基地，全力推进深圳国际创意谷建设，形成高端文化创意产业聚落

从考察各地经验来看，发展文化创意产业需要搭建一个良好的平台和载体已是各地普遍的共识。建议新区以基地化（园区化）和楼宇化为主要模式，沿马峦山一带加快推进深圳国际创意谷建设，建设产业载体，形成高端文化创意产业聚落，促进新区文化创意产业集群式发展。同时引进和培育骨干企业，发挥引导示范和资源整合作用，影响带动行业发展。要将华谊兄弟文化城、喜羊羊动漫产业基地、中传文化产业（深圳）基地等项目作为深圳国际创意谷的首批启动项目，加大建设推进力度，切实从用地、规划、金融、基础设施、公共配套等方面提供强有力的支持。在新区文化创意产业基地（园区）硬件建设方面，"与其伸开五指，不如握成拳头"，要整合资源，发挥基地（园区）整体优势，进一步促进基地（园区）通过上市融资、发行债券、吸引社会投资等方式提升基础设施水平；软件方面，要进一步建立健全基地（园区）的管理机制，参考以上所考察地区的经验，成立类似"深圳国际创意谷运营管理公司"的基地（园区）运营主体，以市场化运作的方式统筹园区日常运营管理事务，建立基地（园区）发展的运营管理制度规范，建立基地（园区）建设发展情况的信息报告制度和沟通机制，加大招商引才力度，加强对外交流，引导基地（园区）管理模式创新。

八、创新政策，为文化创意产业发展提供多元化、全方位、全过程的政策支持与公共服务

从各地发展经验来看，为文化创意产业发展提供必要的政策支持和良好的公共服务必不可少，建议新区在用地政策、财政补贴及贴息政策、金融扶持政策、专利政策、人才政策上积极探索创新，尽快形成有利于新区文化创意产业发展的有较强吸引力的综合激励

政策体系。一要鼓励文化创意企业积极参与新区范围内的旧厂房、旧村落、旧城区改造，促进新区产业结构升级和城市功能更新。对新区新建或通过城市更新建设的文化创意产业项目，给予改变用地功能绿色通道和优惠地价等支持。二要在积极申请市里文化创意产业专项资金资助的同时，结合新区发展实际需要设立文化创意产业发展专项资金并制定相应管理办法，用于引导和支持新区的文化创意产业的发展。同时创造条件，搭设桥梁，当好媒介，促进新区文化创意产业企业与各类金融机构、社会资本的对接结合，加强文化与资本结合。三要鼓励新区文化创意专利设计、发明的申请，加强保护力度。四要在新区扶持文化创意产业经纪、代理、咨询、策划等文化中介组织，为新区文化创意企业提供法律、财务、信息、交流等服务。五要加快扶持培育新区文化创意人才队伍，加大力度实施文化创意"名人名家"工程，结合新区文化创意产业发展需要制定专项政策措施吸引名人名家入驻，开办"名家工作室"，提升新区文化创意产业知名度。六要加强与高等院校、特色学院、文化科研机构与新区文化创意产业园区及企业合作，创办特色文化创意学院，吸引各类优秀文化专才来新区进行文化创意创业孵化。与相关机构联合建设文化创意产业人才实训基地，积极为新区培训和物色优秀的文化创意人才。七要借鉴三亚动漫产业园、北京798、宋庄"画家村"等园区（集聚区）的管理服务经验，在新区建立专门统筹协调文化创意产业发展的社会化管理服务机构（如坪山新区文化创意产业发展事务中心），协调文化创意企业、专家、专业机构、新区政府及其他外部之间的关系，加强联系与沟通，促进理解与合作，共同协调解决相关问题，同时加大宣传推广力度。

第八章 "美丽坪山"：从图景设计到策略选择

党的十八大报告指出："面对资源约束趋紧、环境污染严重、生态系统退化的严峻形势，必须树立尊重自然、顺应自然、保护自然的生态文明理念，把生态文明建设放在突出地位，融入经济建设、政治建设、文化建设、社会建设各方面和全过程，努力建设美丽中国，实现中华民族永续发展。"

这是继党的十七大报告之后，十八大报告再次论及"生态文明"，并将其提升到更高的战略层面。由此，中国特色社会主义事业总体布局由经济建设、政治建设、文化建设、社会建设"四位一体"拓展为包括生态文明建设的"五位一体"，这是总揽国内外大局、贯彻落实科学发展观的一个新部署。建设生态文明，是关系人民福祉、关乎民族未来的长远大计。面对资源约束趋紧、环境污染严重、生态系统退化的严峻形势，把生态文明建设放在突出地位，融入经济、政治、文化、社会建设各方面和全过程，体现了尊重自然、顺应自然、保护自然的理念。清华大学国情研究院院长胡鞍钢教授认为："生态文明其实就是把可持续发展提升到绿色发展高度，为后人'乘凉'而'种树'。"

2013年12月，我国改革开放以来首次召开的中央城镇化工作会议指出，"要体现尊重自然、顺应自然、天人合一的理念，依托现有山水脉络等独特风光，让城市融入大自然，让居民望得见山、看得见水、记得住乡愁。"这一段充满自然关爱和人文情怀的生动表述也再次突出强调了在推进中国特色新型城镇化发展过程中，追求人与自然和谐相处，实现人与自然协调发展的重要性和未来发展导向。

第一节　山水田园新城

自2009年6月成立以来，坪山新区始终坚持绿色低碳发展，努力建设生态示范区。新区坚持以规划为引领，编制了新区综合发展规划，并以此为统筹，制定了包括绿色建筑、环境保护、中心区低碳生态试点规划、坪山河流域概念规划、低冲击开发等在内的专项规划，把低碳生态发展纳入新区的战略规划体系，促进人与生态、经济、社会等多系统的和谐共融，打造以"实现人的幸福感"为价值取向的第二代生态新城。

2010年，深圳市政府与国家住房和城乡建设部签署框架协议，共建国家低碳生态示范市，并选定坪山新区作为"低碳生态示范区"。作为"低碳生态示范区"，坪山新区应如何率先在低碳生态城市建设方面走出一条新的发展道路，促进城市发展转型和可持续发展？坪山新区拥有独特的生态自然资源、高标准的生态城市规划，应以建设低碳生态示范区为契机，探索具有坪山特色的低碳生态绿色城市发展模式，为深圳建设全国低碳生态城市发挥示范作用。

新区以建设"低碳生态示范区"为契机，按照低碳生态发展理念，重构新区的生态、城市、社会系统，着力打造宜居、宜业、宜游的山水田园新城。以坪山河综合整治为突破口，通过对两岸城市、产业、社会和生态规划的高水平调整，积极探索工业化先行地区河流全流域综合治理的创新模式，着力打造"水环境治理+产业转型+低冲击开发+投融资"一体化的综合实践区。以水环境治理为重点，加快重污染企业退出，推进污水管网、河道治理工程，顺利通过国家环保模范城市复核，顺利完成了跨界河流水质达标考核任务。以建设环保型绿色建筑为导向，按照低碳生态、打造精品的要求，抓好城市建筑的高水平设计和建设，启动了燕子岭配套员工宿舍等10个绿色建筑标准化试点，聚龙山节能省地环保型住宅项目成为深圳市首个国家"康居示范工程"。以环境提升为当务之急，借助山水和自然环境优势，加强环境综合整治，促进环境提升，使人、建筑、城市、自然融为一体，营造绿色宜人城市，今年又成功创建了7个省级宜居社区。

第二节　绿色出行

一、绿色交通理念

加拿大人克里斯·布拉德肖（Chris Bradshaw）于1994年提出绿色交通体系（Green Transportation Hierarchy），其论点为绿色交通工具的优先级，依次为步行、自行车、公共运输工具、共乘车，最末者为单人驾驶的自用车（Single-Occupant Automobile）。依据布拉德肖的论点，如果能应用上述之绿色交通体系，则可获致下列好处，包括自然环境、社会以及经济方面。

绿色交通广义上是指采用低污染，适合都市环境的运输工具，来完成社会经济活动的一种交通概念。狭义上指为节省建设维护费用而建立起来的低污染，有利于城市环境多元化的协和交通运输系统。从交通方式来看，绿色交通体系包括步行交通、自行车交通、常规公共交通和轨道交通。从交通工具上看，绿色交通工具包括各种低污染车辆，如双能源汽车、天然气汽车、电动汽车、氢气动力车、太阳能汽车等。绿色交通还包括各种电气化交通工具，如无轨电车、有轨电车、轻轨、地铁等。

绿色交通是一个全新的理念，它与解决环境污染问题的可持续发展概念一脉相承。它强调的是城市交通的"绿色性"，即减轻交通拥挤，减少环境污染，促进社会公平，合理利用资源。其本质是建立维持城市可持续发展的交通体系，以满足人们的交通需求，以最少的社会成本实现最大的交通效率。绿色交通理念应该成为现代城市轨道交通网络规划的指导思想，将绿色交通理念注入城市轨道交通网络规划优化决策之中，研究城市的开发强度与交通容量和环境容量的关系，使土地使用和轨道交通系统两者协调发展。这种理念是三个方面的完整统一结合，即通达、有序，安全、舒适，低能耗、低污染。

在编制新区交通规划过程中，新区也正是倡导并秉持着这一理念而开展的，并力图在新区交通网络体系建设和形成过程中全面贯彻绿色交通的理念。

（一）建立一体化综合交通系统

新区积极倡导低碳出行，在交通规划编制中强调建立以公共交通为主体，厦深铁路深圳坪山站枢纽为节点，内通外联、支撑新区跨越式发展的一体化综合交通体系。积极发展智能交通系统，重点建设包括道路运行管理、公共交通管理、政府决策支持、交通信息服务等在内的一体化应用服务系统，提高城市交通系统的运行效率，推进公交都市的建设。

（二）确立"公交＋慢行"的主体地位

新区确立"公交＋慢行"的主体地位，大力发展以轨道、中运量系统、常规公交为主的公共交通，以及以自行车、步行为主的慢行交通，慢行交通主要承担公交接驳、短距离出行以及健身休闲功能。到2020年，新区公共交通的机动化出行分担率达到70%。

（三）全面提高坪山的交通可达性

新区力促粤赣铁路引入深圳坪山站，打造综合交通枢纽，进而寻求更高的站点功能定位。通过国家铁路、城市轨道、常规公交、高快速路等建设，实现至邻近省市2~3小时可达，至香港及市域范围1小时可达，至城市主中心45分钟可达，至周边片区30分钟可达的通行目标。

二、TOD导向

美国学者Peter Calthorpe教授最早提出了"公交主导发展模式"（Transit-Oriented Development，TOD）。这个模式将社区开发设计在沿轻轨铁路和公共汽车网络排列的不连续节点上，它利用了运输与土地使用之间的一个基本关系，把更多的起点与重点散放在离公交车站很近的步行范围内，这样就会有更多的人使用公共交通。每一个TOD都是一个密集的、紧密交织在一起的社区，在公交车站周围密集的、较近的步行范围内有商店、住房和办公室，使得居民很容易得到工作、购物、娱乐和各种服务。在商业区周围是连排住宅和公寓。最后一圈在核心周围400米的半径范围内，包括独立住宅和大规模的商业企业。第一个运用TOD原则的开发项目是美国加利福尼亚州萨克拉门托市圭纳维斯特社区。

TOD分为城市型TOD和邻里型TOD。城市型TOD直接与城市快速公交干道相连接，其内部拥有比较多的商业设施和就业机会，住宅的密度相对较高。邻里型TOD通常与公共交通支线相连接，从支线到干线的距离不宜大于3英里。邻里型TOD内部有居住、服务、商业等功能，居住密度适中，住宅类型多样化，以满足不同收入以及不同人口的家庭的住房需求。1997年，Robert Cever在总结以往TOD规划原则的基础上提出了"3D"原则，即密度（Density）、设计（Design）、多样性（Diversity）的规划原则，通过相对较高的开发，保证公共交通必要的密度要求与开发的经济需求，同时以基于传统价值观的行人导向的空间设计和土地混合使用满足人的多样化选择。

新加坡在其快捷、大容量交通系统的车站设置上具有高密度开发的特点，并通过提供快速、可靠的捷运交通系统，即步行、自行车网络的链接，减少人们使用小汽车的比例。新加坡是使用节点密度坡度，进行大容量快捷公共交通导向开发（TOD）的成功案例之一。随着地铁东西线与南北线轨道路网地不断延长，为了解决城市核心区密集地铁系统所带来的各类问题，以"地区"代替车站作为中转站的"城市转运区"构想被提出。核心区规划通过外环停车场的设计及分区收费政策将主要的车流动线阻绝或限制在开发区边缘或外围，行人可经由停车场或经由贯穿内部的步行系统进入核心区，以公共交通运输、转运为主的这个区域，各个建筑之间互相连接形成步行网络，为行人创造了一个全天候的舒适环境（Singopore URA，1996）。这种多选择的交通系统在满足新加坡交通运作需求的同时，创造出了一个便利、绿色的运输空间。

香港在各城区之间建立了良好的交通联系，并突出多中心居住体系的建设特点，把集中式高层高密度住宅建设和交通枢纽紧密结合，在提高新城人口密度的同时，形成城区紧凑、各链接区开放疏通的绿色城市环境。同时，香港在城市规划中采取发展公共交通而限制小汽车的双重策略，不仅保障了公共交通的通畅，也有助于城市绿色环境的营造，是紧凑型城市理念中可持续性的具体表现。严格遵守"公交优先"的原则是香港城市交通体系最大的特点，优先高效则是香港公共交通体系的主要特征。香港的公交系统主要由地铁、轻轨、电车、巴士、轮渡等多种交通工具支撑。可以说，香港的公共交通系统已覆盖了整个香港地区，基本形成了"四通八达"的公共交通网络。

同样的人多地少，同样的资源稀缺，同样的经历城市化发展历程，着眼于长远发展和人性化要求，新区充分借鉴新加坡和香港在交通方面的发展经验，在交通网络构建上也积极倡导并遵循了TOD发展的基本原则。

（一）构筑"X"型客运交通走廊

新区大力推进城市公共交通发展，结合空间结构、交通出行强度，构筑"两主一次三辅"的客运交通走廊，建立以大、中运量为主体的公共交通体系，串联城市主要片区，引导城市主体结构形成。

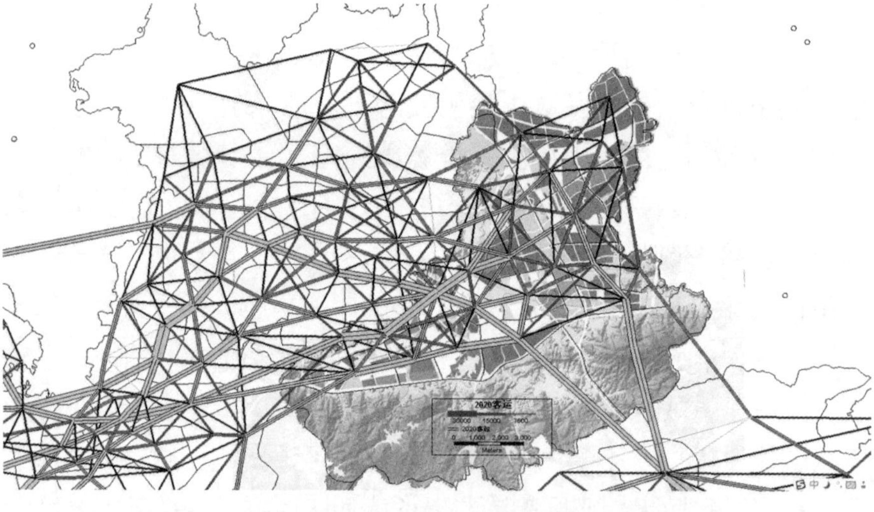

图8-1　坪山交通出行分布预测

（二）加快轨道交通建设，促进轨道沿线用地TOD开发

新区加快推进轨道线网研究，力促东部快线、龙坪线、坪山线等轨道快线与局域线的建设，加强坪山与城市主中心、龙岗中心的轨道快速联系，并在深圳坪山站枢纽实现客运专线与城市轨道的无缝换乘。提高轨道站点周边土地混合利用程度，促进轨道沿线与深圳坪山站枢纽地区的TOD开发。

以70%的居住、就业在主要交通走廊带集聚的紧凑城市为发展目标，协调近远期发展，在"X"型主要交通走廊布置大、中运量公交系统。在发展初期可沿该交通走廊布置中运量快速公交系统，承担发展时期主要公交出行，并为轨道线培育客流。后期随着城市建设的完善，推动轨道建设，构成复合通道。"X"型中运量交通系统包括深汕路—站前路—龙坪大道（东纵路），全程约17公里；新横坪大道—深汕路—金牛路—翠景路，全程约21公里。

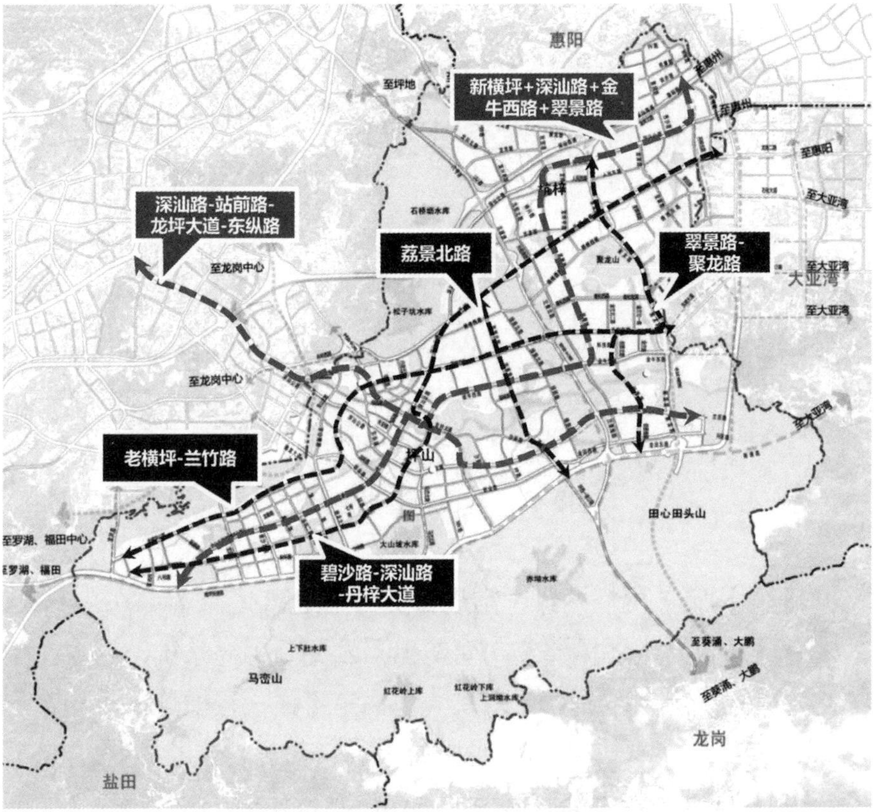

图8-2 坪山公共交通系统

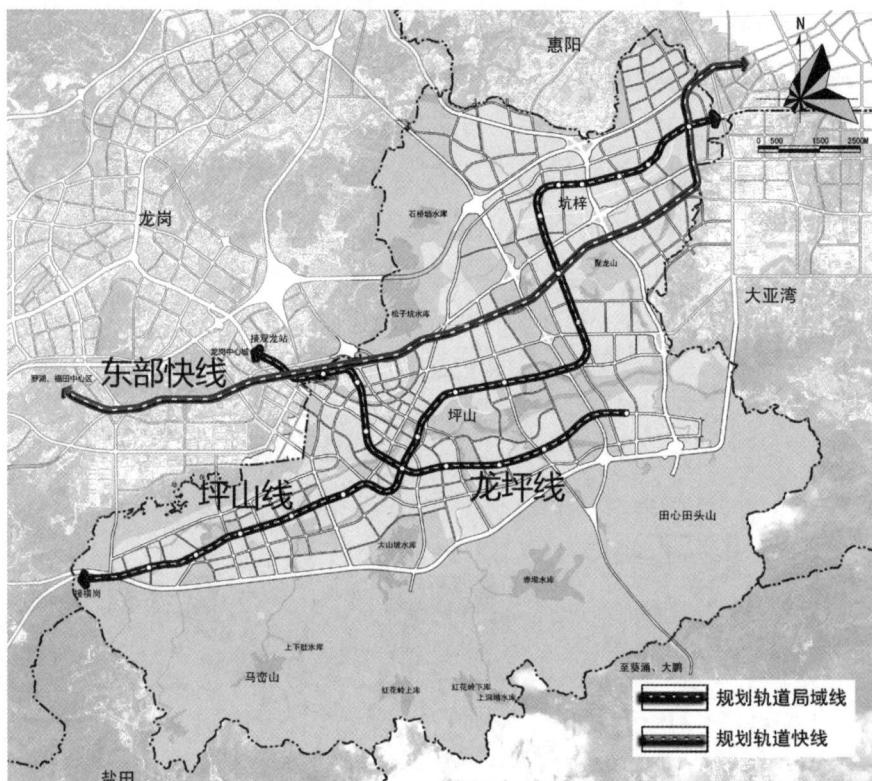

图8-3 坪山轨道交通系统

（三）构筑"两横两纵"常规公交专用走廊

沿客运次要走廊构建"两横两纵"公交专用道系统，为大、中运量公交系统集散客流。"两横"包括兰竹路—老横坪、碧沙路—深汕路—丹梓大道；"两纵"包括翠景路—聚龙路、荔景路。

（四）推进公交设施建设，加大新能源等扶持

落实公交场站设施用地，协调并推进坪山客运站、坑梓客运站的建设；结合中运量公交系统设置3处中运量公交场站设施；推进现有11处常规公交场站设施以及26处规划公交场站的建设及调整，提高公交场站用地的混合利用程度。加大公交政策扶持，积极发展新能源汽车公交；实施公交路权优先、信号优先和其他交通管理优

先措施。

三、慢行空间

美国社会学家杰里米·里夫金指出，我们正在进入一个历史的新阶段——一个以工作不断地和不可避免地减少为特点的新阶段。"慢生活"将成为历史发展的趋势。

慢生活，不是支持懒惰、放慢速度，更不是拖延时间，而是让人在生活中找到平衡，学会放慢脚步，享受生活。因为"快"让人错失了很多美好的事物，只有习惯慢生活，才能快速准确找到定位，而不会迷失自我，在慢行系统中享受悠闲生活和绿色自然。

所谓慢行系统又称慢行交通，就是在"公交优先"的前提下，通过慢行系统网络，实现步行、自行车和公交、轻轨等公共交通的无缝对接，实现低碳环保的绿色出行模式，从而解决道路拥堵、汽车尾气污染、停车难等城市管理难题。许多欧洲国家在这方面进行了积极的探索和创新。

2005年，一项名为"热爱自行车"公共自行车租赁服务首先出现在法国的里昂，目前，骑自行车在欧洲已经成为一种时尚。为提倡"随用随骑、骑后速还"用车理念，巴黎规定每次用车时间在半小时之内免费。实际上，巴黎市内每隔200多米就有一个联网租赁站。大多数巴黎市民骑车车程也不会超过30分钟，这项"自行车城市"计划相当于是免费服务。在丹麦哥本哈根，市中心约有150处自行车停车点，任何人将20克朗硬币放进车链上的孔眼内，便可以使用这种公共自行车，用完再锁在任何一个存车处，取出硬币即可。在伦敦，想租赁自行车的市民用手机给服务中心发条短信，就会收到一个开锁密码，通过这个密码，用户可在市内任何一个租车点自行取车。

通过慢行系统实现从"车行"到"人行"的回归，不仅是在缓解交通压力、改善生态环境，更是在倡导都市人群回归自然、享受"慢生活"，让城市代谢的速度慢下来，让市民的生活节奏慢下来，同时还能减少碳的排放，实现绿色出行。据估计，自2005年5月以来，法国里昂市的3000辆租赁自行车已行驶了1609万公里，这一数据相当于减少了汽车行驶所排放的3000吨二氧化碳气体；推行自行车项目以来，里昂市的机动车流量下降了4%。

慢中有景，慢中有味，新区也在这方面积极进行了规划和探索：

（一）分类制定慢行措施，享受慢行、享受坪山风景

公交接驳方面，新区着力构筑居住与工作、商业片区的联系走廊，形成"慢行—公交—慢行"的网络密度不低于9.5公里/平方公里的发展目标。

在日常出行方面，新区致力于建立服务日常生活出行的宜人慢行交通环境。休闲健身方面，串联马峦山、坪山河、聚龙山等独有的山水资源以及特色客家文化，铺垫坪山享受之旅，寄休闲、健身于山水之乐、古韵今风之中。

（二）加强三级绿道系统建设，鼓励低碳出行

新区依据《珠江三角洲绿道网总体规划纲要》《深圳市绿道网专项规划》，将构建城市、片区、社区三级绿道系统，与区域绿道衔接互通。沿松子坑水库、新中心区、燕子岭、马峦山形成南北向城市级绿道，沿坪山河形成东西向城市级绿道，到2020年，建成40公里的城市级绿道，通过十字形城市绿道，加强与龙岗中心、坪地、大小梅沙、大鹏半岛、大亚湾等地区的生态联系。沿创业路、龙坪大道、高压走廊、外环路修建形成四条片区级绿道，到2020年，片区级绿道长度为35公里。结合社区公园、街头绿地、步行道等形成社区级绿道，到2020年，建设社区级绿道96公里，方便居民绿色出行，丰富日常休闲活动。

2012年，新区对已建成绿道进行连体成片，实现新区绿道的无

缝连接。全年共投入资金1487万元，新建深汕公路城市绿道20公里，坪山办事处和坑梓办事处社区绿道共50公里。新区多次组织单位职工、社区居民开展绿道骑行活动，体验绿道沿途自然风光，提升新区幸福指数；开展以"绿道风筝文化"为主题的宣传活动，展示新区绿道风筝文化创意。

图8-4　组织绿道骑行活动

第三节　打造"生态文明"城区

一、认识"生态文明"

半个世纪前，美国海洋生物学家蕾切尔·卡逊女士的名著——《寂静的春天》问世。它描述了人类可能面临的一个没有鸟、蜜蜂和蝴蝶的世界。书中关于农药危害人类环境的预言强烈地震撼了当时的西方社会，从而唤起了大众和政府的环境责任意识，最终促使联合国于1972年6月12日在瑞典斯德哥尔摩召开了"人类环境大会"，各国政府共同签署了《人类环境宣言》，开始了世界环境保护事业。

自从人类出现之后，特别是进入到工业时代以来，人类向大自然的索取比以往刀耕火种的时期要来得更直接和粗犷，对生态环境的破坏也越发地肆意。"征服大自然"是长期流行于世界的口号。在过去很长的一段时间里，大自然仅仅是人类征服并控制的对象，而非保护和与之和谐相处的对象。种种向大自然不断索取的生产生活行为，在使我们过得更舒适和便利的同时，也导致了全球气候变暖、极地冰川融化、臭氧层空洞、海洋河流污染、土地沙漠化、地下水污染、物种消失、雾霾天气等生态环境问题。这些问题随着全球人口的激增以及需求的陡升，就像沉重的包袱一般，重重压在了地球的身上，使其日益虚弱。

保护环境，其实就是保护我们自身的生存和子孙后代的延续。环境之于人类，就好比是健康之于我们。一座城市，河水发黑发臭，不见游鱼；天空雾霾密布，不见飞鸟；街巷垃圾满地，污水横流；山体黄土裸露，不见树木，在这样环境中，人只会喝到脏水、吸到废气，哪还能谈得上什么健康呢？

经济学中有一个经典的理论模型，叫做"公地悲剧"（The tragedy of the commons）。这个模型假设有一群牧民在一块公共草场上一同放牧，每个牧民都希望多养一只羊来增加收入，而且都很清楚草场上的羊已经过多了，如果再增加，草场就会因超负荷而退化掉。即便如此，每个牧民还是会做出继续增加牧羊数量的选择。久而久之，草场便彻底地退化和废弃掉。之所以称为悲剧，是因为每个当事人都明知道资源会因为过度使用而枯竭，但大家还是抱着"及时捞一把"的心态而加剧恶化的进程。过度砍伐森林、过度捕捞渔业资源及污染严重的河流和空气，都是"公地悲剧"的典型例子。

生态环境也是这样一块"公地"。每个人都希望尽可能地从这块"公地"里获取利益，比如从中获取生产生活所需的物资，却不愿承担因此而产生的后果，比如废气、废水、固体废弃物等。更让人痛心的是，这种把环境都搭进去的成本其实远远超过了每个人所获短期利益的总和，而想要复原环境更是一件极其困难且十分漫长的事情。

2013年有段时间大家格外关注"毒大米"事件，即大米中的镉含量超标，就是因为大米在生长过程中，受到了来自土壤的污染。这些"毒大米"的种植区，有不少矿业企业和以镉为原料的工厂。它们长期违规排放废水、废气和废渣，使土壤和水源中的镉含量偏高。而土壤中的残留镉在短期内是很难被清除掉的。日积月累下来，便会严重影响水稻等农作物的生长，进而影响人们的健康。

2013年5月，习近平总书记在中央政治局第六次集体学习时强调："要正确处理好经济发展同生态环境保护的关系，牢固树立保护生态环境就是保护生产力、改善生态环境就是发展生产力的理念。"这一论断，在生态文明和"美丽中国"越发凸显战略价值的今天，着实令人深省。当前的发展，已不仅仅是为了解决温饱，更应追求速度、质量和效益的统一，实现更全面的、可持续的、人与自然和谐相处的科学发展。

这就要求我们在现有的工作评价体系中，切实引入"生态环境"这个考量维度，增加"生态环境承载力"这条轴线，重新构建起新的发展坐标系；要求我们在衡量发展成效时，能一只眼看经济增长数据，另一只眼看资源消耗和生态环境影响，将河水洁净度、空气清新度、森林覆盖率等生态环境数据加入到GDP中去，提高其"硬约束"力度，从而形成符合自然生态健康要求的理念、体制机制和政策体系。

正如有这样一句公益广告词，"像爱护眼睛一样爱护我们的地球"。地球只有一个，生态环境关乎你我，影响子孙后代。"保护生态环境"绝不该是一句戏言，需要我们唤醒意识，需要社会共同参与，更需要我们的实际行动。新区自成立以来也一直不遗余力地开展环境保护和生态建设工作，初步走出了一条既保护好生态环境，又促进清洁绿色发展的路子。

二、行胜于言

2012年，新区站在"生态文明"的发展高度，强力推进新区环境保护工作，着力提升新区环境质量，切实解决老百姓最关心的环境问题，全力促进新区建设成为人与自然协调统一，经济、社会、城市、文化、生态"五位一体"协调发展的新型生态城区。

一是顺利通过国家环保模范城市复核。2012年，新区顺利完成63家企业的清洁生产审核评估工作，全面推行对新区106家重污染企业危险废物的规范化管理工作，深入开展专项行动打击非法排污企业。6月14～15日，迎接国家环保模范城复核民意检查组、工业企业组、水环境检查组、大气检查组对新区14个点的现场查看，检查结果均已达到国家环保模范城市复核标准。9月，圆满完成环保模范城复核后续整改工作，顺利通过国家环保模范城市复核。

二是圆满完成跨界河流水质达标考核水环境整治任务。开展龙岗河、坪山河流域（以下简称"两河流域"）综合整治工作是事关东江水质、饮用水源安全的大事，更是落实科学发展观和建设幸福坪山的重要举措。新区在狠抓源头控污、强化工程治污、综合整治减污等方面加强领导、加快推进、加大督导，全面提升了新区水环境质量。龙岗河、坪山河流域实现"全因子达标"。两河流域顺利通过省人大的跨界河流水质达标考核，圆满完成了两河流域阶段性整治目标。

三是以"治污保洁"为抓手，大力统筹推进各项环保基础工程建设。2012年坪山新区治污保洁工程共40项任务，已完成27项，完成污水管网建设共计58.1公里，城市生活污水收集率已达81%以上。在新区环保部门的统筹推进及各部门的密切配合下，田坑水流域污水管网完善二期工程（18公里）、坪山河流域污水管网完善二期工程（47.5公里）、聚龙山湿地生态园（64.2公顷）、上洋污泥焚烧厂建设、绿道网建设等新区5个治污保洁重大项目均提前完工。

四是严格执法，加强监管，及时处理环保投诉案件。新区建立了环保准入、监管、淘汰等三大倒逼机制，从源头上防治污染，2012年共受理环保类审批共798件，审批通过712件，否决86件。加强环境监管，做到发现一起、查处一起。2012年，共计吊销排污许可证3家，处罚环保违法案件168宗，淘汰重污染企业21家。2012年，新区从保障人民群众的环境权益出发，维护和谐大局，共受理环保投诉案件1496宗，按时处理率100%，结案率100%，从而有效地化解了各种矛盾纠纷。

五是以"低碳新城"为目标，稳步推进宜居生态建设。新区把建设"宜居生态城市"作为新区最大的民生工程，本着建设一个适宜民众居住、被民众所接纳、满足市民物质和精神上的双重需要的、低碳的、绿色的、可持续的生态新城的目标，积极开展"宜居社区"创建工作，2010年、2011年共成功创建7个省级宜居社区，改善了社区生活环境、提升了居民生活品质。2012年，组织了7个社区参与今年的宜居社区创建申报工作，目前已将7个宜居社区创建申报报告资料报送市人居环境委，并组织社区积极做好深圳市专家评审现场检查工作。

三、天蓝、水净、低噪

在空气质量方面，2012年新区空气质量指数AQI以二氧化硫、二氧化氮、可吸入颗粒物PM10、细颗粒物PM2.5、臭氧、一氧化碳等六项污染物计算衡量。新区全年AQI指数范围在22～185之间，达到Ⅰ级（优）空气质量的天数为147天，达到Ⅱ级（良）空气质量的天数为160天，合计占总天数的83.9%；Ⅲ级（轻度污染）空气质量的天数为51天，占13.9%；Ⅳ级（中度污染）空气质量的天数为8天，占2.2%，见图8-5。

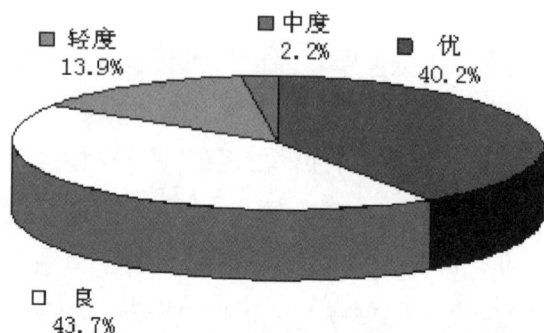

图8-5 空气质量AQI统计图

2012年新区空气污染指数API以二氧化硫、二氧化氮、可吸入颗粒物PM10三项污染物计算衡量。全年API指数范围在12～130之间，达到Ⅰ级（优）空气质量的天数为178天，达到Ⅱ级（良）空气质量的天数为184天，合计占总天数的98.9%；Ⅲ级（轻微污染）空气质量的天数为4天，占1.1%，见图8-6。

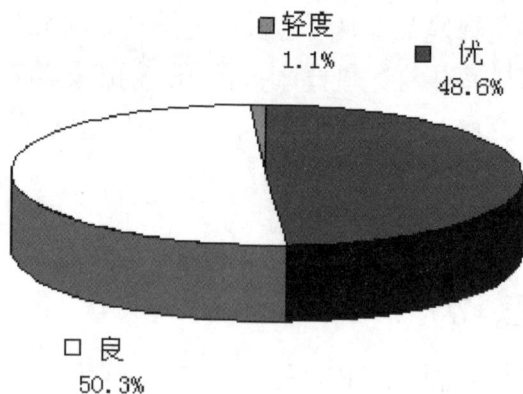

图8-6 空气质量API统计图

在水保护治理方面，赤坳水库、松子坑水库、三洲田水库等坪山新区主要饮用水源水质类别为Ⅱ类，水质为优，饮用水源水质达标率为100%。坪山河的红花潭和上垟、龙岗河的吓陂和西湖村等四个断面普遍受到污染，水质劣于国家地表水Ⅴ类标准，主要污染物为氨氮和总磷。与上年相比，坪山河红花潭和上垟断面平均综合污染指数分别同比下降12.5%、51.1%；坪山河红花潭断面氨氮浓度下降20.5%、总磷浓度上升5.6%，上垟断面氨氮和总磷浓度分别下降34.0%和50.4%；龙岗河吓陂和西湖村平均污染指数均下降28.6%，吓陂断面的氨氮、总磷浓度分别下降50.7%和27.1%，西湖村断面的氨氮、总磷浓度分别同比下降29.2%和26.3%。污染物浓度比上年有明显下降。见图8-7。

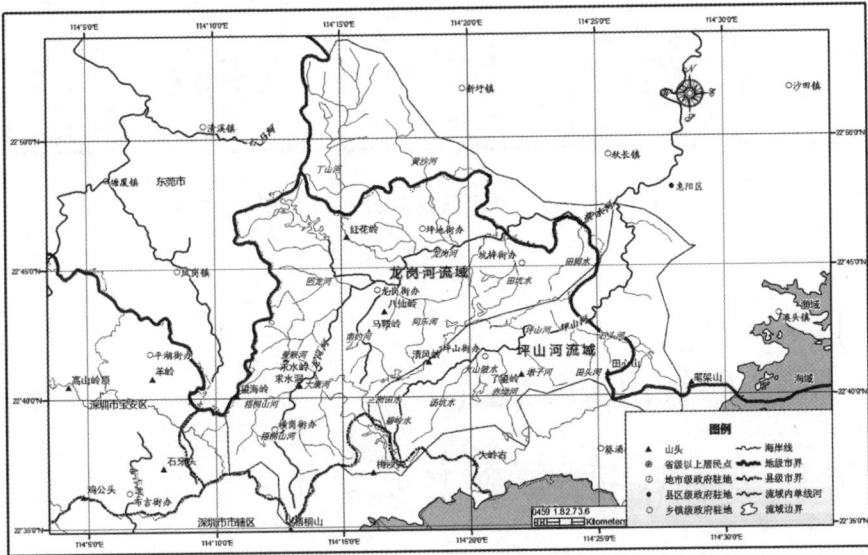

图8-7 河流断面点位图

在声环境保护方面，新区在区域范围内设立了19个环境噪声监测点位，区域环境噪声平均值为57.9分贝，所有监测区域均达到2类声环境昼间功能区标准（60分贝）；全区交通噪声监测点位有7个，交通噪声平均值为70.1分贝，超过交通干线噪声标准（70分贝），达标率为71.7%。新区声环境总体处于轻度污染水平。见图8-8。

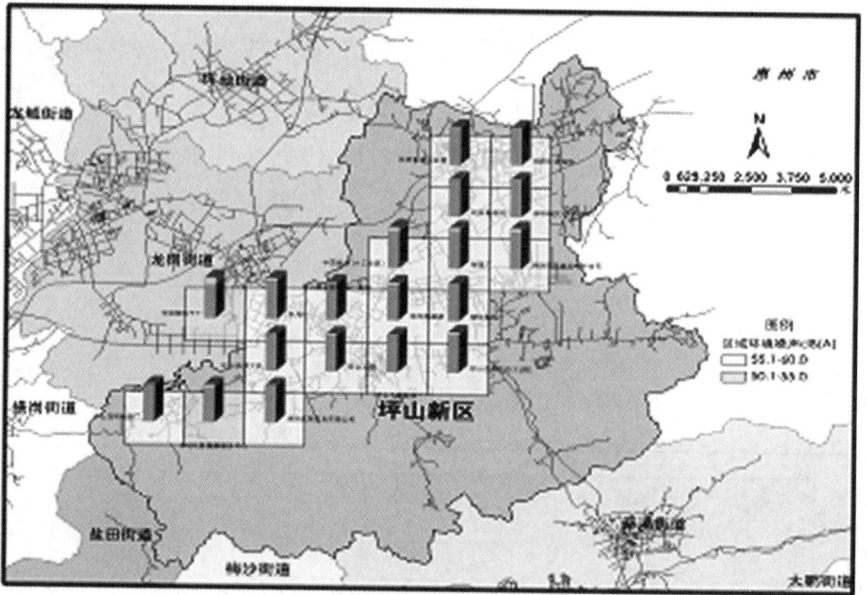

图8-8　坪山新区区域环境噪声平面分布

第四节　低冲击开发策略选择

一、何谓低冲击开发？

随着城市化进程的不断加快、人口的持续增长，给自然环境，尤其是水环境带来了巨大的压力。然而，传统的城市开发方法不但没能缓解这种压力，反而使其加剧，主要表现在：（1）通过建设大面积不透水地面致使地表径流增加、径流速度加快、聚集时间缩短，导致水质下降；（2）通过加速土壤侵蚀、沉淀物移动、有机有毒物质扩散和其他污染沉积等改变土壤性质，严重破坏水体质量。我国的滇池、淮河由于是采用了单一"工程思维"来治理，不仅没有取得预期的效果，反而损害了水生态，加剧了对水环境的危害。

20世纪90年代以来，人们逐渐认识到土地开发和工程方法可以减少这些不利的环境影响，低冲击开发模式（Low Impact Development，简称LID）由此应运而生。这是发达国家新兴的城市规划和生态学概念。自这个概念提出以来，低冲击开发模式一直得到城市规划和生态学领域的专家的大力推崇。所谓低冲击开发，其基本内涵是通过有效的水文设计，综合采用入渗、过滤、蒸发和蓄流等方式减少径流排水量，使开发区域尽可能接近开发前的自然水文循环状态；其核心思想是在城市化的过程中，采取各种有效手段减轻城市建设对生态环境的冲击和破坏，是一种城市与自然和谐相处的城市发展模式。这对建设"绿色城市""生态城市"以及城市的可持续发展具有重大意义。

国家住房和城乡建设部仇保兴副部长认为，人类社会要学会人与自然和谐相处，前提是城市与自然和谐共生，这是低冲击开发模式的理念。并且，当前低冲击开发模式要实现六个转变，即：从单向治理向水生态整体修复优化转变；从重末端治理向侧重源头治理转变；从开发—排放单向利用向循环利用转变；从简单地对洪水截排向与洪水和谐相处转变；从水环境低冲击向综合性低冲击模式转变；从城市低冲击向区域整体低冲击发展模式转变。

仇保兴副部长还认为，城市建设不仅应对水环境是低冲击的，对任何生态、文化环境因素都应是低冲击的。例如，采取"紫线管理"对传统古建筑群、历史街区、历史文化遗产、古代墓葬群、古城镇遗址等予以保护，减少对城市发展的冲击；采用"绿线管理"减少对森林植被、湿地、水源地和公园绿地的冲击；采用"蓝线管制"减少对水系、江河湖海景观带的冲击；采用"黄线管制"将具有负外部性的重大基础设施项目（如污水处理厂、污水泵站、垃圾场、垃圾焚烧站、公交站等）所需的空间控制起来。从本质上讲，生态城市的规划建设就是从绿色建筑、绿色交通、绿色产业等方面入手进行系统治理，减少城市对环境的干扰。

坪山新区组建之初，即被列为低冲击开发模式的试点，聘请了专业研究团队进行这方面的规划、设计。据我们所知，目前世界上低冲击开发做得最好的是美国的西雅图。2012年6月，新区在美国考察学习期间参观了西雅图一个样板社区：错落有致的独栋小别墅，鸟语花香、树木林立，安居井然、其乐融融，仿佛走入桃花源里。西雅图市公共事业专家佘年博士介绍，该小区是由过去的一个贫民窟改建而成，社区不但外观宜人，更是经受住近年来历次暴雨侵袭，其中特别应用了低冲击开发的暴雨径流控制技术。这种技术利用吸水土壤和当地植被，用生态蓄水池、可渗路面、滞留草沟、雨水花园、绿色屋顶、生物滞留花坛等简单易行的办法，从源头上控制暴雨径流，就地减轻或消除暴雨对城市带来的水灾危害。当前，城市对暴雨径流的控制方法一般是通过排水系统分散收集雨水后，再统一排泄到江河湖泊之中。我国城市的排水系统普遍比较落后，暴雨之后市区沦为泽国早已屡见不鲜。而改造现有排水系统，达到发达国家城市排水系统的标准，需要投入巨资，耗费时日，恐怕一时半晌难以实现。

可以说，低冲击开发模式为我们控制暴雨径流、防止城市内涝甚至农民房改造另辟蹊径，提供了一条行之有效的绿色之路。平心而论，低冲击开发技术应用起来并不难，就是使用渗水铺路砖，修建能够蓄水的花坛、小池塘和人工湿地以及替换渗水率大的土层，等等。不过，低冲击开发模式以及其他绿色技术的难点就在于其中所蕴含的生态思维。

一提到高新技术，一般头脑中的第一反应往往是高深莫测、玄妙无比的类似宇宙飞船上天那样的尖端技术。其实对于新区建设宜居城市来说，能够在城市开发的过程中，最大可能保持和提高自然生态，创建宜居环境，这种生态思维才是新区最应该追求的。

我国是城市形态在社会发展过程中出现最早的文明古国之一，几千年来的城市建设给我们留下了大量可持续的宜居经验。古人崇尚天人合一，敬畏自然，重视植树造林、水土保持，营造园林时一般顺应自然的山形水势而建，连看似简陋的茅草房实质上也是冬暖夏凉的生态建筑杰作。

发达国家经历了污染严重、资源消耗巨大的工业革命之后，已经走上了一条可持续的绿色发展之路。他们从我国古代以及其他国家的绿色生态实践和经验中吸取了宝贵的营养，开创了许多建设宜居城市的生态技术。我们如果再重复他们先污染、后治理的老路，显然是走不通的。据统计，如果中国人像美国人那样生活，人均消耗同样的自然资源，则需要消耗相当于六个地球的自然资源。我国人口众多、资源有限，现实和客观条件都不允许我们无节制地使用。但我们同样有追求高品质生活的权利，我们也需要高水平的宜居城市。因此，我们有必要学习我国古代的宜居经验以及发达国家最新的生态理念和环保技术，创建别具中国特色的绿色、宜居城市。

其实早在2009年，国家住房和城乡建设部仇保兴副部长就在多个场合反复强调推行低冲击开发模式对建设"绿色城市""生态城市""低碳城市"的积极意义和重要性。随后，北京、深圳和宁波均被列为首批低冲击开发示范区。在低冲击开发的实践过程中，深圳进行了很多有益的尝试。比如在绿色道路建设方面，光明新区在1.8平方公里范围内开展了23条市政道路的低冲击开发设计，路网规划、线型选择及竖向设计都充分尊重已有的地形、地势，尽量避免造成较大的生态环境破坏。又比如在固体废弃物综合利用上，下坪固体废弃物填埋场采用了世界上先进的人工防渗技术、填埋压实技术、渗滤液收集处理技术、沼气收集利用技术、生态环境管理技术等，实现了生活垃圾的无害化生态填埋，减排二氧化碳当量1000

吨以上。

作为试点，坪山新区也在低冲击开发模式上作了积极的探索，将这种先进的城市开发理念运用到坪山河沿岸29平方公里的综合整治和开发建设中去，以源头防控、强化治理、生态恢复为核心，充分利用人工手段和生态手段，通过水土涵养、雨水综合利用、严管排污、预留蓄水用地以及建造生态河道、湿地生态园等措施来提升河流水质和美化沿河景观，努力构建人、城、水三者和谐互融的宜居环境。

新区以污染减排和治污保洁为平台，不遗余力地推进低冲击开发与建设。2012年，在污染减排和治污保洁工作中，新区超额完成2012年新区总量控制目标，全年共完成化学需氧量新增削减量6286.59吨，氨氮新增削减量792.77吨，分别为年度任务的228.57%和149.04%。同时在广东省人大组织的跨界河流水质达标考核工作中圆满完成任务，成功实现了河流整治阶段性目标。2012年，深圳市下达新区治污保洁工程任务共40项，任务量位列全市第一。重点工程共5项，其中田坑水流域污水管网完善二期工程、坪山河流域污水管网完善二期工程以及绿道网建设等3项工程提前完成。新区在年度考核中得分为100分，是全市唯一一个获得治污保洁领导小组特别奖的区。

低冲击开发，可以说是人类对自然无比热爱的体现，也是人类渴望亲近自然的返璞归真，更是人类与自然和谐相处的长久之道。这种用低强度、低冲击的办法去建造一座城市的模式，在满足了生活功能的同时又把对自然的破坏降到了最低，把对自然资源的利用调到了最大。因此，从绿色低碳和可持续的角度出发，新区对"美丽坪山"和"宜居城区"的追求应该就是从这样的模式中建造起来的。

二、河与城

(一) 河与城共生

河与城

山石

城因水而灵,水绕城而动。

城的故事在河里静静流淌。

弯弯的小船,

在弯弯的月亮下轻轻摇曳。

一条清澈流动的河流,

唤起了藏在心底的童年记忆,

更唤起了对城的深深眷恋。

河流是城市诞生的摇篮,在城市形成和发展中,河流作为最关键的资源和环境载体,关系到城市生存,制约着城市发展,是影响城市风格和美化城市环境的重要因素。

放眼四海,凡是国际上著名的城市,总有一条著名的河流与之相随相伴。在欧洲,多瑙河孕育了两岸的城市群;在中国,长江、黄河、雅鲁藏布江等大江大河共同哺育了中华文明,黄浦江与东海滋润和催生了上海,珠江与南海的汇合与交融,催生了深圳,使之从一个小渔村迅速崛起成为一座国际大都市。

河流是城市发展的灵魂,在农业时代,河流为城市提供了稳定的水源和肥沃的土壤;在工业时代,河流成为水源地、动力源、交通通道、污染净化场所;而在现代,城市河流在城市生态建设、拓展城市发展空间方面起着不可替代的作用。

坪山新区境内有两条河流,一条是龙岗河,另一条是坪山河。

龙岗河有部分河段从新区内穿过，而坪山河贯穿新区全境，流域总面积约129.4平方公里，是深圳市不可多得的优质生态资源之一。新区在低碳生态城市规划和建设上的积极尝试，致力于打造一个共同、共生、共享的河流生态城市示范区，实现从刚性的防御体系，到人与自然和谐共生的有机关系，城市空间和自然环境相互交融与渗透。新编制的《坪山新区坪山河流域概念规划》致力于借助对坪山河流域综合治理的契机，注入与新区发展目标关联的公共服务功能场所，塑造城市生态环境和空间特色，研究重组土地更新发展单元，释放滨水土地价值，探索理性经营城市的可能性。

坪山河流域的整体定位为：创新产业集中地、世界休闲旅游目的地服务中心（北门户），传统产业转型、社区重组并重，实现以低冲击模式和循环经济理念支持下的快速城市化演进示范地区。

坪山河流域发展概念规划以坪山河为空间主线，研究流域关联地区的土地更新利用方式及其可注入的社会经济和文化附加值。坪山河自西向东贯穿坪山新区，涉及坪山新区大部分地区。此次规划主要为坪山河核心区域，是坪山新区主要的特征性地区，包括坪山河干流和部分支流流经的区域，面积约为22平方公里。

坪山河流域发展遵循以下原则：（1）复合生态建设原则。通过山水环境生态与城市社会生态相结合，构建绿色低碳城市核心特色文化。（2）公共生活特色原则。借水之利，滨水特色化布置城市公共服务设施，建立多元的城市公共生活场所。（3）因地制宜规划原则。依据目标结合山形、水势、地利和城势，调整用地规划和布局，增加土地新赋值。（4）功能有机组织原则。以山水"经络"为纲，组织与自然交融的城市功能；以城市三级公共服务中心体系为主线促进农村社区向都市社区演变。

在坪山河流域发展结构上，以坪山河为城市肌理，自下而上进行城市空间重构；通过城市特色的营造，体现城市价值。以坪山中心城区为核心，强化城市服务功能，构筑城市滨河公共服务带、公共空间走廊、景观生活轴线。通过坪山河空间资源整合，进行城市空间重构，形成中心城区的都市性高密度和其他地区开敞性并存的差异化发展模式。

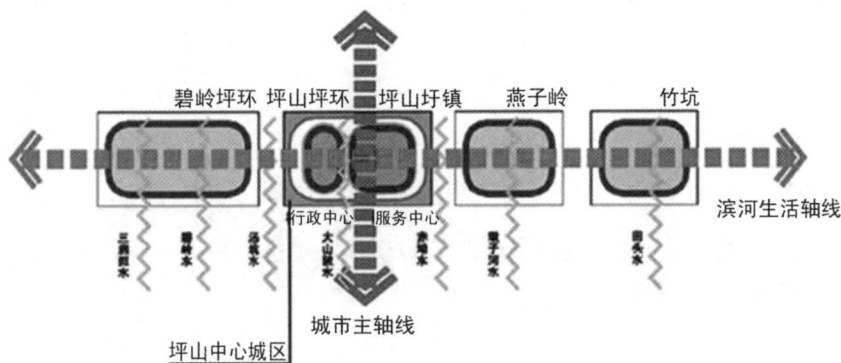

图8-9　坪山河流域城市结构

　　在新区成立前，龙岗河、坪山河河流水质长期处于劣Ⅴ类（主要是总磷和氨氮不达标）。2007年，这两条河流被列为广东省"环保限批"区域。新区成立后，把坪山河流域的综合整治作为新区打造低碳生态新城的重要突破口，统筹考虑城市建设、土地开发、产业布局、生态治理以及投融资建设等因素，有机地统一坪山河环境和流域周边的整体开发，编制了坪山河综合整治概念规划。我们对坪山河的综合整治进行了全方位、深入的研究，采取综合开发、低冲击开发模式，对"一河两岸"进行综合整治，力争打造一条代表深圳未来发展水平的滨水功能带和产业转型升级示范带。据统计，坪山河规划综合整治区域内共有企业307家，社区厂房总面积约111万平方米，2011年税收总收入不到1亿元，每平方公里产值0.82亿元，不到全市每平方公里产值的1/5。如果实施综合整治、"腾笼换鸟"，可腾挪出高端产业用地约258万平方米，公共服务用地196万平方米；按深圳市平均产业地均产值计算，可实现产值超过454亿元，是现有产值的25倍；产业税收超过22.7亿元，是现有税收的

23倍。

坪山河综合整治已被列入深圳市"十二五"规划重点工作，新区也与实力雄厚的投资企业签订了合作协议，正式启动坪山河流域的综合整治。截至目前，坪山河流域共治理河道25.34公里，投资4.46亿元；完成了原有3座污水处理厂二期扩容扩建工程，污水处理能力由7万吨/天提升至31万吨/天；新建污水管网总长238.68公里，共投资14.15亿元，坪山河干流截污干管已全部贯通，污水处理率为81%，河水水质明显改善。2012年10月，坪山河、龙岗河河流交接断面水质成功实现2012年度跨界河流整治目标，水质指标基本达到Ⅴ类水标准。

目前，新区正积极稳步地推进坪山河流域综合治理各项工作。一是以河流治理为核心，大力推进综合治理开发，实现干流支流水质达标，着力打造坪山河滨河景观带。二是依托水环境治理，坚持以城市发展推动产业转型及社会转型，综合运用土地整备、城市更新、综合开发、企业自改等多种开发模式，推进流域内的城市结构再造，打造山水相依的城市风貌。三是以产业发展带动流域综合治理，以综合治理推动产业转型升级，完善支持配套政策，加快产业置换、功能布局调整，把坪山河流域打造成全市产业转型升级示范区、智慧型产业基地和深圳文化创意产业的综合服务区。四是以流域综合治理带动社会结构转型，以生活方式、社区发展模式以及公共服务提供方式等"软环境"的重构推动综合治理开发，积极引导多元主体共同参与流域的开发建设，打造和谐幸福的先导城区。

"河长制"是新区在对河流进行治理过程中的一个创新之举。在新区编制的《坪山河流域综合治理及开发建设总体规划》中，积极探索和创新治河机制，将"河长制"引入到坪山河流域综合整治中，市委常委、常务副市长吕锐锋同志担任坪山河干流"河长"，由市有关部门以及新区有关单位的主要负责人担任支流的"河长"和河段的"片长"，进一步保障坪山河综合整治和开发工作高点起步、高位谋划、高效推进。

（二）他山之石

1. 伦敦泰晤士河治理

英国伦敦泰晤士河全长约400公里，横贯英国首都伦敦等10多个城市，流域面积1.3万平方公里。英国的政治家约翰·伯恩斯曾说，泰晤士河是世界上最优美的河流，"因为它是一部流动的历史"。在英国，泰晤士河流域占有举足轻重的地位，为伦敦提供三分之二以上的饮水和工业用水，水资源分配和水质尤显重要。

19世纪前，泰晤士河河水清澈，水中鱼虾成群，河面飞鸟翱翔。但随着工业革命的兴起，大量工厂沿河而建，两岸人口激增。大量工业废水和生活污水未经处理流入泰晤士河，水质严重恶化。加之沿岸堆积了大量垃圾污物，该河成为伦敦的一条排污明沟。当时，政府修建了拦截式地下排污系统，修建了与泰晤士河平行的下水道，这套系统对伦敦污染治理起到了抑制作用，但将市区的污染问题转移到了伦敦下游的河口处，因此他们又在这里修建了污水仓库以存储污水，等退潮时将污水排入河流。1887~1891年，排污口采用了化学沉淀法（石灰和铁盐），以减少污染物负荷量。这是污水处理的开始，不过，这种方法在当时用来根治污染物已经足够了。

进入20世纪，随着伦敦人口激增，泰晤士河水质快速恶化。到20世纪50年代末，泰晤士河水中的含氧量几乎等于零，鱼类几乎绝迹，美丽的泰晤士河变成了一条"死河"。英国政府在60年代再次治理该河。首先是通过立法，对直接向泰晤士河排放工业废水和生活污水作了严格的规定。政府还重建并延长了伦敦下水道，建设了450多座污水处理厂，形成了完整的城市污水处理系统，每天处理污水近43万立方米。目前，泰晤士河沿岸的生活污水都要先集中到污水处理厂，在那里经过沉淀、消毒等处理后才能排入泰晤士河。污水处理费用计入居民的自来水费中。

经过20多年时间的艰苦整治，耗资20亿英镑，如今伦敦的泰晤士河已由一条死河、臭河变成了世界上最洁净的城市水道之一，据调查，该河鱼类品种已恢复到一百余种，泰晤士河终于又焕发了生机。

2. 欧洲莱茵河的治理

莱茵河是欧洲最大河流之一，发源于瑞士的阿尔卑斯山，流经法国东部，纵贯德国南北，最后抵达荷兰入海，一共流经9个国家，流域生活着大约5000万人口。在20世纪工业化发展热潮中，莱茵河周边兴建起密集的工业区，尤以化工和冶金企业为主，河上航运也迅速增加。从1900年到1977年间，莱茵河里铬、铜、镍、锌等金属严重聚集，河水已经达到了有毒的程度。自20世纪50年代起，鱼类几乎在莱茵河上游和中游绝迹。作为下游国家，荷兰的饮用水和鲜花产业也因来自德国和法国的工业污染而损失严重。

1950年，法国、德国、卢森堡、荷兰和瑞士在瑞士巴塞尔建立了保护莱茵河国际委员会（ICPR），该委员会下设若干工作组，分别负责水质监测、恢复莱茵河流域生态系统、监控污染源等工作。但彼时距离第二次世界大战结束刚刚5年，边界开放程度、经济条件等与今天不可同日而语，合作的最初并不愉快，收效甚微。1986年11月，巴塞尔附近一家化工厂仓库着火，消防措施使约30吨化学原料注入了莱茵河，引发了一场让许多人至今记忆犹新的环境灾难，造成大量鱼类和有机生物死亡。

这起事故震惊公众，人们走上街头抗议，但也因此成为一个有力的历史契机，促成了1987年5月《莱茵河行动纲领》出台，各方开始以前所未有的力度治理污染。1993年和1995年，莱茵河发生洪灾，ICPR又将防治洪水纳入其行动议程。2001年，《莱茵河可持续发展2020规划》获得通过。

现在，ICPR是一个非常有效的政府间机构，意大利、奥地利、列支敦士登、瑞士、法国、卢森堡、德国、比利时、荷兰等9个国家通过ICPR协调莱茵河的治理和保护工作。ICPR由全会、秘书处以及技术机构组成，并通过各国部长级会议行使极高的政治权力，从而可以产生有政治约束力的决议。各国政府代表分成不同主题的工作小组，每年共举行约70次正式会议，探讨莱茵河水资源保护和可持续利用，而各种非正式的讨论和交流则基本上每天都在进行。

3．新加坡加冷河的治理

加冷河是流经新加坡中部和东南部外围城区的一条河流，全长约10公里。加冷河畔曾是作坊式工厂的聚集地，19世纪中叶以来，集中在此的经济活动有编织、瓷器制造、纺织品等手工业，还有造船、修船、机械工厂和废铁处理厂、锯木业、制冰业等。受工业活动的影响，加冷河一度遭到严重污染，一年四季恶臭四溢，成为一条典型的污水河。1977年，新加坡政府开始对加冷河进行污染治理。到了1987年，治理工作取得初步成效，加冷河重现清澈的河水。随后，新加坡政府对加冷河由单纯的污染治理逐步转向综合治理开发，相继实施了体育馆河畔消闲区、加冷河哥南亚逸段试验工程、加冷河碧山公园段等一系列项目。如今，加冷河不仅是一条风景优美的景观河，也是公众享受休闲生活的理想场所，并为新加坡打造宜居生活区和高质商业区提供了新空间。

1977年，时任新加坡总理李光耀提出了"十年清河，十年河清"的河流治理工程，提出"要把鱼儿引回来"的宏伟目标。在这一目标指引下，环境部开始实施"十年清河运动"，采取了一系列措施治理加冷河水体污染，包括修葺河道及美化河岸、统一铺设污水管道、强力清理整顿污染源。此外，政府还积极教育居民改变任意排污和倾倒垃圾等不良生活习惯，树立良好的卫生意识。在开发战略方面，突出在规划蓝图指引下实施综合开发，打造特色濒水住宅区，建设高品质商业区，完善配套服务设施。在开发功能方面，重视运动和休闲娱乐功能，积极开展水上运动项目，开发室内体育馆河畔消闲区，等等。在开发理念方面，注重水系与周边环境和社区的融合，启动了加冷河哥南亚逸段实验工程和加冷河碧山公园段工程，实施河岸生态修复，栽种植物净化雨水，建造休闲娱乐设施。

第九章　融资与融资模式创新: 打通城镇化发展的"动脉"

　　城镇化不仅是人口和产业集聚的过程，同时还是城市建设的过程。城市功能能否充分发挥，城市公共物品能否有效供应，城市公共服务水平如何进一步提高，以及城市宜居性能否进一步提升，都将很大程度上体现在城市基础设施和公共服务设施的建设水平上。作为城市活动和运行的基础，基础设施建设一般要适度先行。

　　按照世界城镇化发展一般经验，中国城镇化率仍有20%以上的提升空间，而如何为城镇化建设融资是一个重大挑战。有学者按过去新增基础设施建设投资和城镇化关系测算，如果城镇化率继续保持每年增长1个百分点，那么2015年城镇化率将达到55%，同时产生11.2万亿元的基建资金需求；到2020年城镇化率将达到60%，2012～2020年共会产生27.8万亿元的基建投资需求。同时根据国家发改委的测算，城镇化将在未来10年内拉动40万亿元的投资规模，因此，推动多渠道融资将成为推动新型城镇化进程的关键支点。

　　未来城镇化发展的融资需求巨大。据国家统计局数据，2013年我国城镇化率达到53.7%。而城镇化率每增加一个百分点就意味着有超过1000万的农村人口进城。据国务院发展研究中心测算，每增加一个城市人口需要投资9万元，即城镇化率每提高1个百分点，相关的投资就可能超过1万亿元。若仅靠政府当期财政收入和"土地财政"的传统模式推进城镇化,势必加重各级地方政府的资金压力,导致地方政府形成更加强烈的"卖地冲动",因此必须加快城镇化融资创新。

第一节　城市建设资金困境

长期以来,除了财税收入,我国城市建设的主要资金来源是土地出让收入,土地的"财政效应"十分明显。土地财政,是指我国在建立国有土地使用权有偿使用制度以后,地方政府依靠出让土地使用权的收入来维持地方财政支出,又叫第二财政。统计数据显示,全国土地出让金收入由1999年的514.33亿元增加到2011年的31500.0亿元,13年间增长了近60倍,规模巨大,增速惊人。据国务院发展研究中心的一份调研报告显示,在一些地方,土地直接税收及城市扩张带来的间接税收占地方预算内收入的40%,而土地出让金净收入占政府预算外收入的60%以上。

国土资源部公布的数据显示,2012年全国出让国有建设用地面积32.28万公顷,出让合同价款2.69万亿元。其中,招标、拍卖、挂牌出让土地面积29.30万公顷,出让合同价款2.55万亿元。2011年全国土地出让总价款为31500.0亿元,同比增加16.2%。2010年为27100亿元,同比增加70.3%。2009年出让总价款为15910.2亿元,同比增加63.4%。其中,房地产用地出让价款13391.8亿元,占出让总价款的84.2%。2009年,全国地方本级财政收入32581亿元,全国土地出让金收入占全国地方本级财政收入的比重为48.8%。2009年北京、上海、广州和杭州等四个城市的土地出让金占地方财政收入的比重分别达到了45.8%、41.1%、60.5%和202.7%。而地方政府过度追求土地出让金收入,往往会大量圈占农业用地,这将导致全国耕地资源的过度消耗，耕地面积将不断减少。当前，一些地方政府对"土地财政"的过度依赖势头似乎愈演愈烈，但凡事均有度，对"土地财政"的依赖也不例外，也需要限定在一定的范围内，"寅吃卯粮"的"土地财政"也是不可持续的，只会加剧全社会的金融风险。有学者认为，尽管土地财政支撑了中国近十年的高速发展，但其缺点也是不容回避的：透支了未来收益、损耗了消费能力、扭曲了资源配置。著名经济学家、北京大学光华管理学院名誉院长厉以宁教授也曾指出，"土地财政这条路是行不通的，已经走到尽头了。"

第二节　城市建设融资工具

城镇建设发展是一个长期、动态、持续的过程，在初始投资建设之后，基础设施还需要继续运行、维护和更新，因此城市建设及其融资需要具有可持续性。在2013年的两会上，国家发改委在提交全国人大审议的《关于2012年国民经济和社会发展计划执行情况与2013年国民经济和社会发展计划草案的报告》中，对于积极稳妥地推进城镇化方面提出了要"建立可持续的市政建设投融资体系"，各种可行的融资工具是构成这一体系的重要组成部分。

融资工具是证明债权债务关系并以此进行货币资金交易的凭证，用来进行货币资金或者金融资产的转让。融资工具是桥梁与载体，其实质是合约。从融资工具角度研究城市基础设施融资问题，就是要从"技术"的角度来看问题，是试图解决"如何做"的问题。

根据现金流、利润等情况，可以针对不同的基础设施进行大致划分（见表9-1），进而确定相应的融资工具。

表9-1 基础设施划分

	是否产生现金流	是否有经营利润	资金来源	性质	可供选择的融资工具
经营性城市基础设施	是	是	消费者	一般消费品	贷款、信托、基金、债券、股权、BOT、PPP、ABS、政府债券
准经营性城市基础设施	是	否	消费者、财政补贴	纯公共物品和私人消费品之间	次级债券、贷款、信托、基金、债券、股权、BOT、PPP、ABS、政府债券
非经营性城市基础设施	否	否	财政补贴	纯公共物品,生活不可或缺,有很大的社会效益和环境效益	贷款、市政债券

一、BOT模式

BOT（Build-Operate-Transfer），是指在基础设施建设过程中引入私人资本，以向社会提供公共服务的一种投资方式。具体涵义就是指政府通过与私营企业（包括外国企业）签订合同给予私营企业一定期限的特许专营权，准许其进行融资建设并经营特定的公用基础设施，企业可以通过向用户收费或出售产品的方式来清偿贷款，收回投资并取得利润。特许权期限届满后，该基础设施要无偿转交给政府。具体的运营方式如图9-1所示。

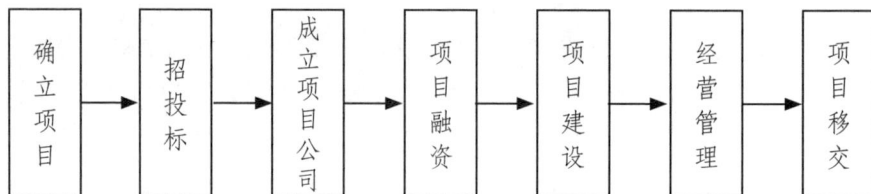

图9-1 BOT模式运营流程

BOT模式主要用于大型、具有可见性的现金流的基础设施项目，包括发电厂、机场、港口、收费公路等。它的最大优点在于可以有效地减轻政府财政负担和避免大量的项目风险，同时由于给出了明确的项目回报率，严格按照中标价实施，政府部门和私人企业协调容易，双方的利益纠纷少，有利于提高项目的运作效率。

同时也应该注意到，BOT模式并非是一个完美无缺的融资方式，在一定时期内让渡产权，就意味着失去了项目移交前运营过程中的可观的经济效益。如果投资方在运营期增关设卡，提高交易费用，往往会引起双方的纠纷以及社会经济发展的矛盾。

BOT项目最成功地运用是英法海峡隧道项目，该项目总投资103亿美元，项目公司由英国的海峡隧道集团、英国银行财团、英国承包商以及法国的France-Manehe公司、法国银行财团、法国承包商等10个单位组成。项目合同签于1987年，7年后项目完工。政府授予项目公司55年的特许期（含7年建设期），拥有经营隧道的权利，并规定55年后，即2042年由政府无偿收回隧道。

深圳的梧桐山隧道项目的建设也是采用BOT模式。1997年，由和黄集团旗下香港达佳集团注资梧桐山隧道公司投资建设，盐田港集团和香港达佳集团合资经营，双方各占50%股权。隧道公司享有梧桐山隧道30年的收费权，终止日期是2027年。2005年，深盐第二通道投入建设，2008年7月通车，实现全线免费。

目前整体而言，在我国BOT实际运行效果还不是很理想，一是由于BOT的运作较为复杂，涉及环节多，因而实施难度大；二则由于在承包期内，承包商（通常为外商）拥有项目的控制权，鉴于控制权问题较敏感，所以政府对BOT持谨慎态度。

二、TOT模式

TOT是BOT的一种衍生形式，是"转交—经营—转交"（Transfer-Operate-Transfer）的简称，它是指政府部门或国有企业将建成项目的一定期限的产权和经营权，有偿转让给投资人，由其进行运营管理；投资人在一个约定的时间内通过经营收回全部投资和得到合理的回报，并在合约期满之后，再交回给政府部门或原单位的一种融资方式。

从本质上来看，TOT融资模式其实就是政府将城市基础设施出租给投资者，同时投资者一次性将租金全部交齐的一种融资模式。对于政府而言，既能融到新项目开发建设所需要的资金，同时又省去了已建成项目经营管理方面的负担；对于投资者而言，由于新项目是已建好的，所以经营过程中就不会有太大的风险。尽管TOT模式盈利方面可能不如BOT模式，但是它省去了前期的建设开发费用，而且资金流更加紧凑。TOT方式不存在产权和股权的转让，而且受体制因素的制约很小，比较方便民营企业和外资进入基础设施建设领域。

TOT这种融资工具的具体运作过程如下：

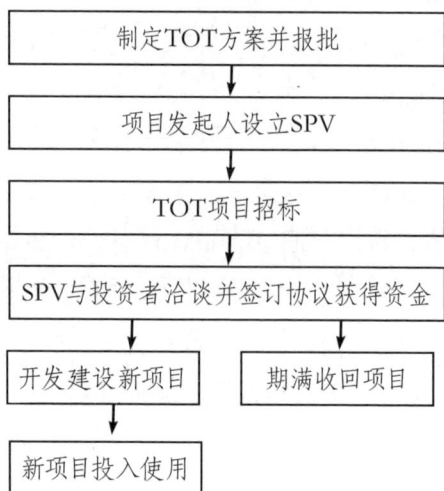

图9-2　TOT模式运营流程

2003年5月，我国首例污水处理厂TOT运作模式启动。根据合同，由深圳市龙岗区环保局将横岗污水处理厂移交给深圳市翰洋投资控股有限公司运营。该项目转让价为1.2亿元，特许经营年限20年，投资回报率为9.08%。

2011年，第26届世界大学生夏季运动会在深圳举行，大运会中心体育场的建设就是采用TOT模式。大运会主场馆由大运会组委会与华润集团签订合作协议共同建设，政府将开发建成后的场馆给予华润集团一定的运营年限，这期间的各项收益归华润集团，到了规定的合约期限，政府收回场馆的运营权。

TOT运作过程中有一点要特别加以注意，那就是国有资产的评估问题。转让资产如果估价过低，就会造成国有资产流失；估价过高则会影响投资方的积极性。妥善处理这一问题有赖于双方的共同努力，最好聘用有丰富资历、高信誉等级的资产评估公司进行评估定价，以减少前期的摩擦和不信任。

三、PPP模式

公私合作关系（PPP，Public-Private Partnership）是公共基础设施项目的一个资助模式。PPP有广义和狭义之分，广义的PPP包括上面所提到的BOT和TOT，而狭义的PPP则是一系列项目融资模式的总称。PPP的典型结构是政府部门或地方政府通过采购形式与中标单位组成的SPV签订特许合同，由特殊目的公司负责筹资、建设及经营。政府通常与提供贷款的金融机构达成一个直接协议，该协议使特殊目的公司能够比较顺利地获得金融机构的贷款。采用这种融资形式的实质是政府通过给予私营公司长期的特许经营权和收益权来换取基础设施加快建设及有效运营。

PPP的优势和功能大概可以概括为以下四种：融资功能、建设功能、经营功能、转让功能。具体来说，PPP以私人合作者运营和维护公共设施，能有效提高运营的质量和效率，同时私人企业也会引入先进的技术和管理经验。对于政府来说，既能节约成本减少负担，同时也能保持一定的控制权。

PPP融资方式相比BOT和TOT来说，所需资金更多，牵涉到的各方代表更复杂。PPP的具体运用目前还尚未有一个统一的模式，大概的处理思路应该如图9-3所示：

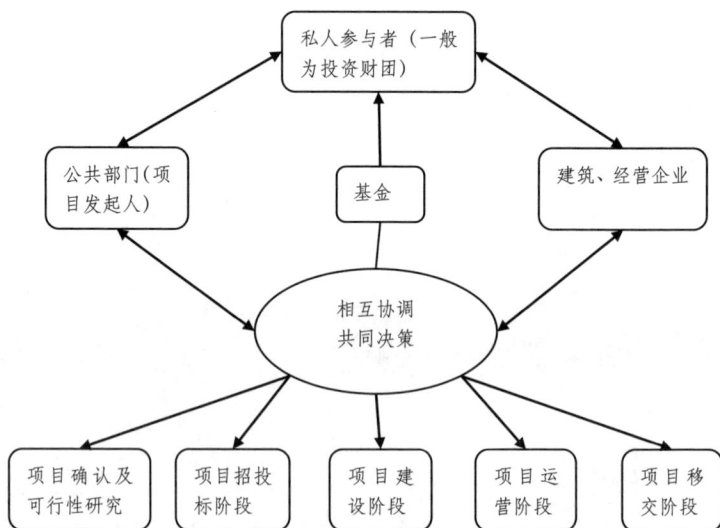

图9-3　PPP模式

PPP方式在我国最成功地运用是北京地铁四号线的建设和经营。根据北京地铁4号线初步设计概算，北京地铁4号线项目总投资约153亿元。按建设责任主体，将北京地铁4号线全部建设内容划分为A、B两部分：A部分主要为土建工程部分，投资额约为107亿元，占4号线项目总投资的70%，由4号线公司负责投资建设；B部分主要包括车辆、信号、自动售检票系统等机电设备，投资额约46亿元，占4号线项目总投资的30%，由社会投资者组建的北京地铁4号线特许经营公司（以下简称"特许公司"）负责投资建设。

地铁4号线项目竣工验收后，特许公司根据与4号线公司签订的《资产租赁协议》，取得A部分资产的使用权。特许公司负责地铁

4号线的运营管理、全部设施（包括A和B两部分）的维护和除洞体外的资产更新，以及站内的商业经营，通过地铁票款收入及站内商业经营收入回收投资。特许经营期结束后，特许公司将B部分项目设施完好、无偿地移交给市政府指定部门，将A部分项目设施归还给4号线公司。

PPP项目融资的成功有赖于合理的风险分担结构和有效的监管构架。政府部门在设计风险分担结构时要考虑项目方案的吸引力，一个合理的风险分担结构是一个项目方案是否具有吸引力的关键。同时，政府必须确定一种承诺机制，以保证企业资产的安全性，降低企业融资成本，并给企业提供投资的激励。

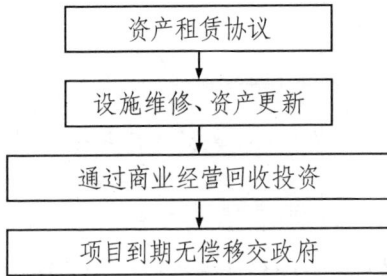

图9-4　PPP模式介入过程

四、ABS模式

ABS（Asset Backed Security）即资产支持证券，是指以一定资产作担保为基础而发行的债券或票据。具体到项目中，可以以土地使用权或其上的不动产作为担保。ABS的实质是将资产的未来收益以证券的形式预售的过程，其基本交易结构是资产的原始权益人从证券化的资产剥离出来，出售给一个特设机构，该机构以其获得这项资产的未来现金收益为担保，发行证券，以证券发行收入支付购买证券化资产的价款，以证券化资产产生的现金流向证券投资者支付本息。

ABS具体的发行方式如图9-5所示:

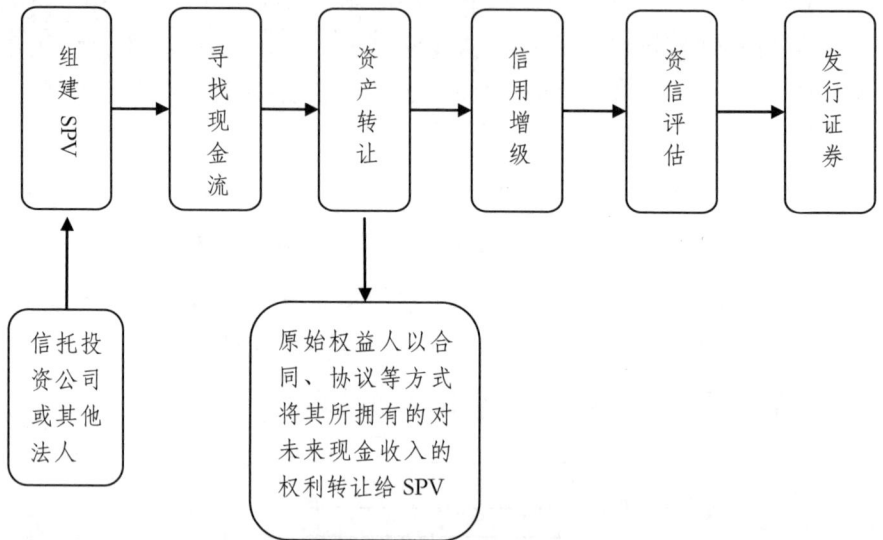

图9-5　ABS发行方式

　　ABS只适用于有比较可靠的现金流的项目，而城市公共基础设施收费的证券化正好符合ABS的要求，与BOT方式相比，ABS具有经济上的优势，其次ABS不会改变原始权益人的股东结构，不是收购股权。因此，ABS能在有效保护城市政府对基础设施所有权的基础上解决资金问题。ABS作为一种成功的金融创新，理应成为新融资方式的当然之选。通过ABS这种金融工具在城市基础设施建设中引入私人资本，就巧妙地绕过了关于市政公用设施的控制权界限问题的争论，这也正是ABS证券的规模在欧美得以快速增长的主要原因之一。

　　ABS目前在我国的成功运用案例是广州—深圳—珠海高速公路的证券化，广深珠高速公路的建设是香港和合控股有限公司与广东省交通厅合作的产物。为筹集广州—深圳高速公路的建设资金，项目的发展商香港和合控股有限公司通过在开曼群岛注册的三角洲公路有限公司在英属维尔京群岛设立广深高速公路控股有限公司，并由其在国际资本市场发行6亿美元的债券用于高速公路的建设。债券于1997年8月发行，分别为息票率9.87%期限7年和息票率10.25%期限10年的两档债券。和合公司持有高速公路50%的股权，并最终持有东段30年的特许经营权直至2007年。在特许经营权结束时，所有资产必须无条件移交给广东省政府。

五、信托

信托是指委托人基于对受托人的信任，将其财产权委托给受托人，由受托人按委托人的意愿以自己的名义，为受益人的利益或者特定目的进行管理或者处分的行为。

土地信托就是和土地相关的信托行为，按投资形式可以划分为资金信托和财产信托两种方式。资金信托是由投资人将其持有的资金委托给信托公司以贷款或权益投资的方式投资于土地整理、开发项目，并将所得的利润（或以约定的收益）按照投资份额进行分配的一种行为。财产信托是指土地储备机构作为委托人将其所储备的土地委托给信托公司，由信托公司作为受托人，发行信托受益凭证，负责信托土地开发的融资活动，并独立、委托或联合土地开发专业企业进行土地整理、开发，最后通过土地公开市场交易土地，分享土地一级市场开发的项目收益。财产信托形式的土地信托出现较少，资金信托形式的土地信托运用得较普遍，也更受到业界的关注。

在具体实施中，除了融资效率、流动性等方面考量，还要能有效防范过程中可能出现的各种风险，大致流程如图9-6所示：

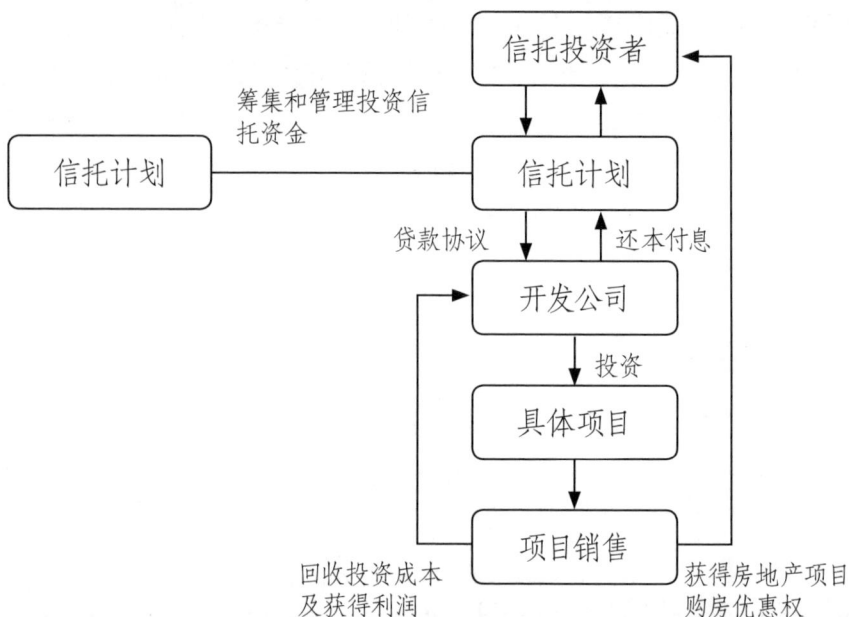

图9-6 信托融资模式

2001年，以《信托法》《信托投资公司管理办法》和《信托投资公司资金信托业务管理暂行办法》的颁布实施为标志，中国信托业基本结束了长达三年的"盘整"格局，跃出谷底，步入规范运行的轨道。2002年5月9日，中国人民银行颁发[2002]第5号令，根据《信托法》和《中国人民银行法》等法律和国务院有关规定再次对《信托投资公司管理办法》进行修订，其内容较原《信托投资公司管理办法》而言，对信托投资公司业务开展的可操作性方面进行了重大调整，使信托投资公司在发起设立投资基金、设立信托新业务品种的操作程序、受托经营各类债券承销等方面的业务开展空间有了实质性突破。

2002年，上海推出国内首个真正意义上的信托产品——上海外环隧道项目资金信托计划。上海外环隧道项目资金信托计划总量为人民币5.5亿元，5万元起卖，资金信托期为3年。虽然不得承诺信托计划的最低收益，但预计该信托计划可获得5%的年平均收益率。而当时正值股市低迷，加上媒体的报道，出现了上海人汹涌"建隧道"的现象。同年，信托公司开始介入土地储备融资，比如北京国投推出了"CBD土地开发项目资金计划"，以信托贷款的形式贷给朝阳区CBD（北京商务中心区）的土地分中心，融资15亿元，以解决北京CBD核心区的土地一级开发和基础设施建设项目的资金。近几年，哈尔滨等城市的储备机构纷纷推出信托计划融资，均获得了一定成效，有效地拓宽了土地储备的资金来源。

六、股票

通过资本市场为基础设施筹集资金是市场经济发达国家的成功经验，尤其是基础设施产业。基础设施产业的市场需求稳定，行业风险小，收益比较稳定，利润增长性好，具有很高的长期投资价值。

在深圳宝安国际机场的建设中，深圳宝安机场通过股票上市获得资金6亿元，后又通过扩股获得资金3亿元，基本解决了建设所需资金。从我国的情况来看，据不完全统计，1993年以来，经营城市基础设施建设的上市公司仅通过首次发行就已经在股票市场融资700多亿元。2002年以来已经有30多家上市公司开始投资或者加大对公用事业的投资。

根据我国对企业发行股票的规定，除了连续3年赢利外，还要求主营业务在60%以上，净资产收益率在10%以上，资产负债率不高于70%。根据以上这些条件，国内一些地方的城投公司目前上市还有很大难度，所以一定要优化资产结构，剥离出不良资产，补充优质资产。具体来说，可以把盈利性资产注入城投公司，将信息管道、自来水公司划拨到资产公司名下。只有这样，才能进一步达到扩大融资规模所要求的条件。

采用股票类发行实现融资，可以通过如下途径解决：

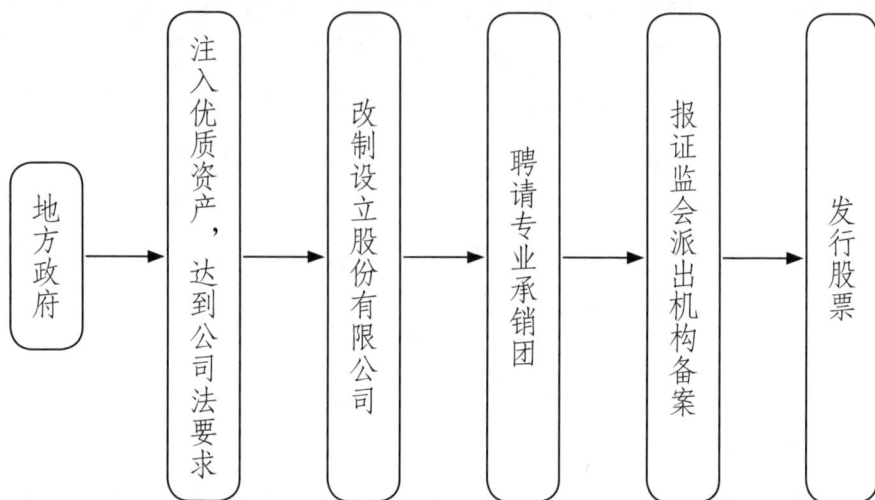

```
┌──────┐   ┌──────────────┐   ┌──────────┐   ┌──────────┐   ┌──────────────┐   ┌────────┐
│ 地方  │→ │ 注入优质资产，  │→ │ 改制设立股份 │→ │ 聘请专业承销团 │→ │ 报证监会派出机构 │→ │ 发行股票 │
│ 政府  │   │ 达到公司法要求  │   │ 有限公司    │   │          │   │ 备案         │   │        │
└──────┘   └──────────────┘   └──────────┘   └──────────┘   └──────────────┘   └────────┘
```

图9-7　股票介入模式

七、债券

市政债券是国外地方政府进行融资最主要的工具，但在我国地方政府却一直没有发行债券的权力。目前我国的市政建设债券走的是中国特色的发行道路——通过地方政府成立的投资建设公司发行债券进行融资。1999年济南市自来水公司发行了1.5亿元供水建设债券，为城市的供水调蓄水库工程筹资；同年，长沙市环线建设开发有限公司发行了1.8亿元的二环线工程建设债券。

但是，我国企业债券的发行有规模控制，通常对企业有3年以上盈利的要求，由于我国债券市场明显不如股票市场发达，对于地方政府而言，既要突破一些政策层面的约束，还要对风险进行约束监管。

对于地方政府来说，可以通过企业债券的形式来发行，具体流程如图9-8所示：

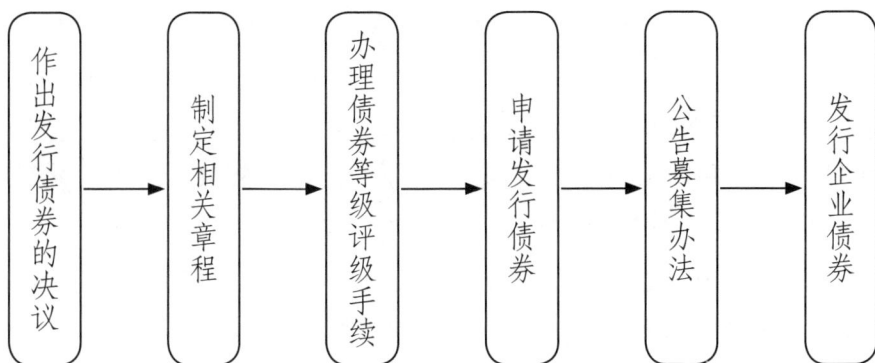

图9-8　债券介入模式

八、产业基金

产业基金是指向具有高增长潜力的未上市企业进行股权或准股权投资，并参与被投资企业的经营管理，以期所投资企业发育成熟后通过股权转让实现资本增值。产业基金分为公司型产业基金和契约型产业基金，公司型产业投资基金是以股份公司的形式存在，基金的每个投资者都是基金公司的股东。契约型产业投资基金不是以股份公司形式存在，投资者不是股东，而仅仅是信托契约的当事人和基金的受益者，无权参与管理决策。

与其他投资方式相比，产业基金主要投资于新兴的、有巨大增长潜力的企业。产业投资是一种风险共担、利润共享的投资模式。如果所投资企业成功，则可以获得高额回报，否则亦可能面临亏损，是典型的高风险高收益型的投资。

2005年年底，中国第一只真正意义上的中资产业基金——"渤海产业投资基金"获批，该基金计划总投资200亿元，主要面向优势企业、高新技术企业，旨在促进滨海新区开发建设和产业结构调整。2007年8月，国务院批准第二批试点的五家产业基金为上海金融产业投资基金、广东核电及新能源产业投资基金、山西能源基金、绵阳科技城产业基金、中新高科产业投资基金。2008年7

月，国务院特批第三批产业基金为华禹水务产业投资基金、天津船舶产业投资基金、城市基础设施产业投资基金、东北装备工业产业投资基金。2009年5月，中国第一个国家级航空产业基金——国家航空产业基金也已获批，总规模300亿元。截至2010年年底，经国家试点的产业基金已达11只，计划募集总规模约1700亿元。

国家政策面的逐渐放宽使得新兴的产业基金市场前景可观。2006年保险公司试点投资基础设施项目和通过私募方式投资产业基金；2007年券商直投基金开闸放水，2008年出台的《信托公司私人股权投资信托业务操作指引（征求意见稿）》表明了银监会支持和鼓励信托公司做私人股权投资，商业银行也尝试借道混业经营来进行直接股权投资或通过间接方式进行。可以肯定，目前我国各金融机构均看好PE业务在中国的发展，并积极以不同方式探索开展PE业务。

对于地方政府来说，发行产业基金可以作为基础设施建设和新兴产业发展的重要资金来源。这些具有很大成长空间的产业格局对投资者具有较大吸引力。产业基金的发行可以采用图9-9所示的模式：

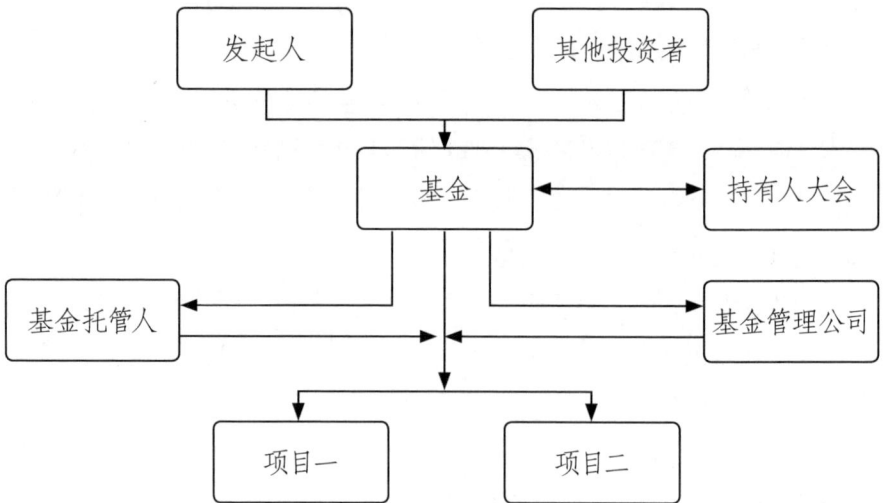

图9-9 产业基金介入模式

九、项目打包

项目打包模式主要是指在开发单位进行建设时，给予其一定的土地进行地产开发，开发后的地产项目能够补偿房地产企业开发过程中的资金缺口，这样既能调动开发商的积极性，也能确保项目的正常完成。

项目打包开发模式很适合道路交通方面的融资，目前这方面值得借鉴的主要有日本东京轨道交通模式、香港轨道交通建设模式。东京轨道交通模式的创新之处在于在铁路建设的同时，对周边的房地产进行开发，以此获取交通便捷后周围地块的涨价收益。香港轨道交通建设模式和东京基本相似，是在地铁上部开发房地产，建于1975年~1986年间的3条铁路线，香港地铁公司在上部总共开发了18处房地产项目，并且所有的地产项目均由地铁公司管理。

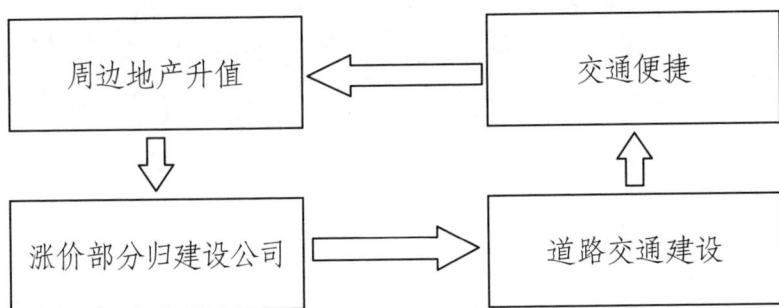

图9-10 香港轨道交通运营模式

十、专项资金

专项资金模式和上文提到的项目打包模式有着某些相同之处，但是其主体不一定是开发建设单位，也可以是政府专门机构。设立专项资金模式的原理也是通过基础设施的建设带动周围房地产市场，进而提高周边土地的价值，然后将这些土地进行储备，进而上市交易，土地增值所获得的收益纳入基础设施建设专项资金。

该模式可以以上海崇明岛的隧道交通建设为例来说明。上海崇明的隧道建设主要着重于收益的分配问题，具体做法就是在出让收益中按一定的比例提取出来上缴市财政，然后在区县政府之间进行再次分配，然后设立基础设施专项资金用于投融资，剩余部分资金专项用于后期的土地储备，因而是一个循环往复的过程。

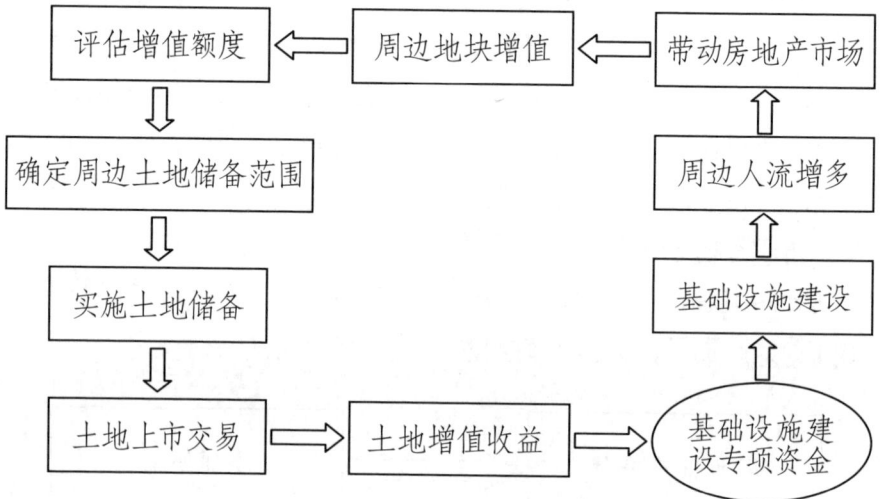

图9-11　专项资金运营模式

十一、外资

　　对外资的利用国内一直存在争论，一方面基础设施建设和新兴产业建设资金需求量大，确实存在融资困难的问题，另一方面又担心外资进入内地会流入股市和房地产市场，可能造成市场波动、通货膨胀乃至金融危机。《国务院关于进一步做好利用外资工作的若干意见》对外资利用有以下指导意见："扩大开放领域，鼓励外资投向高端制造业、高新技术产业、现代服务业、新能源和节能环保产业。""鼓励中外企业加强研发合作，支持符合条件的外商投资企业与内资企业、研究机构合作申请国家科技开发项目、创新能力建设项目等，申请设立由国家级技术中心认定。"

　　从1985年到2006年，国家财政基本建设支出从554.56亿元上升到4390.38亿元，但占国家财政支出的比例则从27.7%下降到了10.9%。在这种背景下，基础设施建设的投资任务将更多地需要由民间资本及外资来承担。对于地方政府来说，政府不能发行债券，同时又不能获得足够的贷款，这样使得一些事关民生的基础工程无法开工。适当地引入外资应该成为地方政府融资的一个新渠道。

深圳是我国第一个经济特区，靠近香港，而且在第八期全球金融中心指数的金融城市排行中位列第14位。目前深圳拥有外资金融机构38家，其中，营业性机构31家，代表处7家。这样良好的融资条件应该加以合理利用。例如，早期深圳的梧桐山隧道建设和盐田港口建设就是通过特殊经营和授权管理等方式引入香港和记黄埔集团参与开发建设。

利用外资的途径总体说来要从以下几个方面做起：

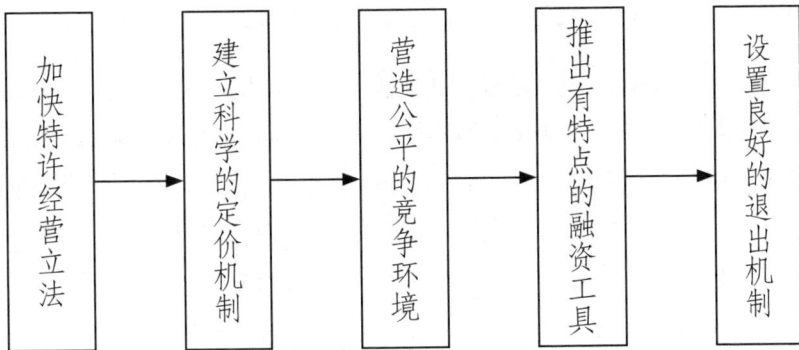

图9-12　外资利用途径

十二、土地出让金

目前我国土地开发的资金来源很广很分散，但是并没有一个统一的归纳，没有固定的形式，因此有必要设立专门的资金池负责运营打理。基金的来源应该主要包括以下几部分：政府财政预算、银行贷款、土地出让金、民间资本、国外资本。这里主要论述土地出

让金管理问题。专项基金的构成如图9-13所示:

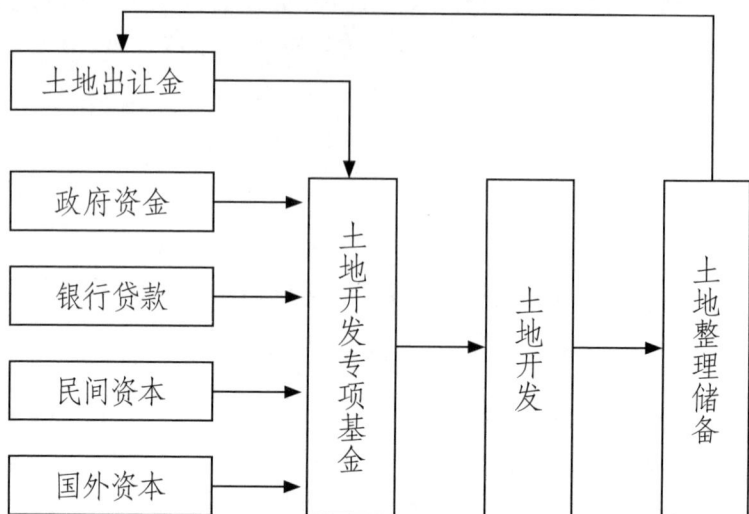

图9-13　土地出让金利用模式

关于土地出让金该如何使用的问题，根据土地出让金来源的不同，法律上作了两个不同的规定。依照《中华人民共和国土地管理法》第五十五条的规定，新增建设用地的土地有偿使用费"30%上缴中央财政，70%留给有关地方人民政府，都专项用于耕地开发"。对于存量的建设用地，《中华人民共和国城市房地产管理法》第十八条规定："土地使用权出让金应当全部上缴财政，列入预算，用于城市基础设施建设和土地开发。土地使用权出让金上缴和使用的具体办法由国务院规定。"

2006年国务院下发《关于加强土地调控有关问题的通知》，该通知规定："国有土地使用权出让总价款全额纳入地方预算，缴入地方国库，实行'收支两条线'管理。"同年，国务院还下发了《关于规范国有土地使用权出让收支管理的通知》，这个通知详细规定了土地出让金的使用范围，即：征地和拆迁补偿支出、土地开发支出、支农支出、城市建设支出和包括土地出让业务费、缴纳新增建设用地土地有偿使用费、计提国有土地收益基金、城镇廉租住房保障支出、支付破产或改制国有企业职工安置费支出等其他支出。

土地开发专项基金在美国已经取得了一定的发展，美国于1986年创建了永久土地基金。当时，政府为支持教育将72块土地分列出来专门用于科罗拉多大学的建设。规定该大学不仅可以直接使用这些土地，还可以通过从事土地经营获取相应的收益归自己支配利用。土地由州土地部门代管，其收益则由州财政转交科罗拉多大学，用于建立永久土地基金。

该土地基金的资金主要是从土地租金收入、基金投资利润、不动产销售收入，其他不动产租赁收入，以及来自土地附带的水权、矿权或油气权的收入中获取。土地基金由科罗拉多大学董事员责管理，可用于不动产的取得、投资和管理等，资金在一定期限内可以在大学辅助企业投资基金与土地基金之间流动。同时，各校区产生的不动产交易收入都要并入土地基金，带来收入的校区具有优先使用基金的权利。

深圳市1988年就建立了国土基金管理体制。资金来源包括地价款（土地出让金、土地开发及市政设施配套金）、土地使用费、土地增值费、违法用地及建筑的罚没收入以及由前者产生的利息及其他收益。设立国土基金的目的是将土地收入专项用于土地开发及城市基础设施建设，形成"取之于地，用之于地"的运作模式，防止被挪作他用。全市已收缴国土基金接近2000亿元，为深圳城市建设提供了重要的资金支持。深南大道、滨海大道、机场、深港西部通道、南坪快速等重要的交通基础设施的建设资金都来源于国土基金。

十三、社保基金

社保基金是一个被简化的概念，主要包括以下五种类型：社会保险基金、社会统筹基金、个人账户基金、企业年金、全国社会保障基金。社保基金不向个人开放，其使用事关国计民生，要遵循的基本原则就是在保证基金资产安全性流动性的前提下，实现基金资产的增值。

国家规定社保基金可以进入股市，但有比例的限制，主要是为了在确保增值的基础上保证人民的利益。国务院《全国社会保障基金投资管理暂行办法》中规定社保基金的投资范围限于银行存款、买卖国债和其他具有良好流动性的金融工具，包括上市流通的证券投资基金、股票、信用等级在投资级以上的企业债、金融债等有价债券。各部分所占比例规定如下：

表9-2　社保基金投资比例限定

银行存款+国债	银行存款	企业债+金融债	股票
>50%	>10%	<10%	<40%

尽管有如上规定，但是在经济过热的情况下社保基金还是不能很好地实现保值增值的功能。与此同时，我国城市基础设施建设以及保障房建设等项目却又因缺乏融资渠道而无法开工。如果能将这两者有效地结合起来，则势必会达到一种双赢的效果。

南京是我国首个将社保基金引入保障房建设领域的城市，2011年年初，江苏信托联合全国社保基金理事会，在国内创设首个社保基金保障房建设信托。该信托项目总规模30亿元，期限2年11个月，满足南京市东花岗和迈皋桥2个保障性住房项目融资需求，建筑总面积107万平方米，为南京市提供近1万套保障性住房。2011年我国社保基金规模将接近1万亿元，其中用于保障房建设的投资比例可达到500亿元。在全国各地保障房建设的大潮中，引入社保基金应该成为一种主要手段。

第三节　国内外城市开发建设融资经验借鉴

国内外园区和新城的发展经验，不管是成功的还是失败的，都是很好的学习和借鉴对象。这里选取了天津滨海新区、浦东新区、苏州工业园区、台湾地区和德国斯图加特、工业园区建设做得非常出色的新加坡以及产业创新发展的美国硅谷。

一、天津滨海新区

滨海新区的建设是一个各种法规制度综合配套一体的过程，但就融资方面而言，金融创新是滨海新区综合配套改革的重要内容，是滨海新区先行先试的重要任务，是滨海新区进一步加快开发开放的重要举措。滨海新区开展了多项金融改革创新，其中金融租赁成绩显著，目前滨海新区已成为全国金融租赁业的聚集地。融资租赁业务是金融与产业的结合，是促进实体经济发展的有效手段，有利于企业资本流动与周转，解决企业资金瓶颈，特别是可进一步化解中小企业融资难问题，是当今世界的朝阳产业。

融资租赁是近年来在发达国家流行的一种新型融资方式。在欧美等经济发达国家，融资租赁已成为发达国家在债权融资的资金市场上仅次于银行贷款的第二大主流融资方式，该业务主要涉及飞机、船舶、大型设备等三大类型。在融资租赁的业务链条中，出租人根据承租人对租赁物件的特定要求和对供货人的选择，出资向供货人购买租赁物件，并租给承租人使用，承租人则分期向出租人支付租金，在租赁期内租赁物件的所有权属于出租人所有，承租人拥有租赁物件的使用权。

租赁融资业务在滨海新区取得了良好的发展，截至2010年年底，天津市融资租赁企业总计24家，融资租赁合同余额已达到1700

亿元，约占全国总量的24.3%，相当于天津市金融机构贷款余额13774亿元的12.3%。其中滨海新区带动作用明显，目前注册在滨海新区的融资租赁企业达21家，注册资金近200亿元人民币，融资租赁合同余额超1500亿元，约占全国总量的21.4%。

二、上海浦东新区

浦东新区在建区之后一直依托上海优越的地理位置和经济环境得到了长足的发展，已经成为上海的金融中心区。

浦东的发展得益于敢于创新和打破制度的约束，大致来说可以分为以下四个方面："土地空转"、融资租赁、航运产业基金、物联网建设。

"土地空转"政策是指政府部门按照土地出让价向开发公司开出支票，作为对企业的资本投入，并成为该开发公司的国家股股东；开发公司将此支票背书后，作为土地出让金支付，交给土地管理部门，并签订土地使用权的出让合同；上海市土地管理部门出让土地使用权后，再将从开发公司得到的出让金（支票）收入全部上缴给财政部门。

与天津滨海新区相似，浦东新区也大范围采取融资租赁这种形式。浦东2010年出台了促进融资租赁业发展的相关意见及财政扶持办法，在浦东注册的各类融资租赁企业将享受浦东的金融机构和金融人才政策。上海综合保税区成为全国首个同步开展飞机、船舶单机单船租赁业务的综合性SPV（特殊目的机构/公司）项目运作平台，这也将极大地推动国内飞机船舶类融资租赁的发展。浦东新区已将融资租赁业务的功能创新和试点突破列为区政府着力推动的重点工作之一。

航运产业基金这种融资方式是浦东新区的一次大胆尝试，除了为浦东新区建设"双中心"（金融中心、航运中心）创造硬件先行外，还进一步解决诟病已久的软件问题。航运产业基金是产业投资基金的一种，通过向投资者募集资金，交由专业的基金管理人管理，将资金专项用于投资航运产业，并将航运租赁收入等收益作为对投资者投资回报的一种私募基金。

物联网产业建设也是浦东新区的重点项目，浦东新区正在规划10个物联网发展示范区，同时在大张江片区划出1000亩土地构建物联网产业基地，通过政府和社会筹资10亿元左右成立专门的产业发展基金，支持企业在浦东发展。

三、苏州工业园区

作为中国—新加坡政府的重要合作项目，苏州工业园区于1994年5月破土动工，经过13年建设，在成为具有国际竞争力的新科技工业园和打造"现代化、园林化、国际化"新城区的发展道路上取得了国内外公认的成就。其中，国家开发银行（以下简称国开行）的介入和在投融资方面的支持对园区建设发挥了十分重要的作用。国开行与政府的成功合作表现自园区开发伊始，双方就以"先规划后建设"为核心理念，斥巨资邀请世界著名设计公司，对园区进行了整体规划。在70平方公里的园区土地中，工业用地占35%，商住、教育用地占25%，道路绿化占26%，市政公共设施占12%，其他占2%。园区理事会规定，未来的开发要严格按照规划，做到有序、合理，保证未来园区的均衡、可持续发展。尽管制定了科学合理的建设规划，但由于当时缺乏一个完整的投融资体制和成熟的融资平台，园区的开发出现了很大的困难。一方面，要求新加坡方面持续提供大量资金并不现实；另一方面，中方财团财政融资和信贷融资不分，难以满足前期基础设施投资和项目收益平衡的基本需要。园区整体开发进程比较缓慢，70平方公里的规划面积，至2000年仅完成了8平方公里。

在亚洲金融危机发生之后，新加坡方面决定收缩在园区中的职责和投资，由中方全面承担园区的环境改造、基础设施建设、地面设施建设、招商引资等职责，新方则转向提供人员培训、管理等辅助职能，巨大的资金"瓶颈"摆在苏州工业园区的发展面前。这一时期，国开行全力支持苏州工业园区开发，中方则没有放弃开发园区发展的信念和努力，积极选择投资主体。也正是因为这些综合因素的作用，长期致力于支持国家基础设施、基础产业、支柱产业、高新技术产业发展和国家重大项目建设，兼顾政府政策目标和市场运行方式的国家开发银行成为了首选。国开行的进入，代表了中国政府对中新合作的努力，增强了各方对园区建设前景的信心，迅速破解了基础设施建设的资金"瓶颈"，有力地支持了园区的持续发展。从2000年开始，国开行先后向园区承诺了四期贷款，累计承诺额194.11亿元，累计发放额134.5亿元，占到园区基础设施建设累计投资的1/3，成为名副其实的园区开发建设的主力银行。

四、台湾都市更新计划

在我国台湾地区，为促进都市土地的开发利用，有计划地建设都市和改善都市的环境，台湾当局于1998年制订了《都市更新条例》。

值得注意的是，在《都市更新条例》中，第50条和第51条确立了在都市更新中引入信托机制，并授权"财政部"制订《都市更新投资信托公司设置监督及管理办法》和《都市更新投资信托基金募集运用及管理办法》。都市更新投资信托是台湾地区引进的第二种投资信托。

都市更新投资信托在本质上是投资信托，在很大程度上借鉴了美国的不动产投资信托。

都市更新投资信托是仿照证券投资信托而设计的，二者在结构上非常相似。尤其是，都市更新投资信托公司、信托机构及受益人之间的法律关系，与证券投资信托的法律关系大致相同。

如果以不动产证券化的方式来募集资金，在设立都市更新投资信托公司的同时，可通过发行都市更新投资信托受益凭证向广大投资者募集资金。

我国台湾地区都市更新投资信托的相关立法虽然具有良好的初衷，但却未能发挥预想的功能，至今还没有都市更新投资信托以及募集基金的案例。

五、新加坡裕廊工业园

新加坡的工业化发展从20世纪60年代的劳动密集型、技能密集型到80年代的资本密集型，90年代又通过发展培育研发、实验室科技以及知识型产业为主导的地方企业，进入技术密集型阶段。进入21世纪，新加坡大力发展生命科学、生物医药、金融以及媒体资讯业等附加值产业，如建设纬一科技园，并进一步深化石化产业，巩固其世界级化工中心的地位，产业结构已进入知识密集型阶段。

裕廊工业园是新加坡起步最早、发展最为成功的现代化工业园区。其开发模式一直是亚洲其他发展中国家借鉴和模仿的对象。裕廊位于新加坡岛西南部的海滨地带，距市区10多公里，面积为60平方公里。此地区原本为荒芜之地，大部分地貌是沼泽和丘陵，但是具有建设现代化工业区的良好自然地理条件：有水深近12米的天然良港，临近铁路、公路干线，裕廊河横贯区内。1961年，新加坡政府计划在裕廊划定6480公顷土地发展工业园区，并拨出1亿新元进行基础建设。1968年，园区内的厂房、港口、码头、铁路、公路、电力、供水等各种基础设施建设基本完成，同年6月，新加坡政府成立裕廊镇管理局（JTC），专门负责经营管理裕廊工业区和全国其他各工业区。在整个开发过程中，裕廊工业园区的资金筹集、土地运用、招商引资等均采用政府统一规划，专业化分工建设、管理和服务协调相配合的发展模式。园区的初期开发建设资金来自政府，后期资金的来源虽呈多样化趋向，但项目建设的初期投入资金仍然主要来源于政府。政府主要通过法律政策来安排土地的开发利用，由JTC统一控制全国工业用地，由新加坡经济发展局遍布世界的专业招商队伍统一负责招商。

至今裕廊集团已开发逾7000公顷的工业用地，提供了超过400万平方米的现成厂房设施。目前，裕廊集团共管理39个工业园和特殊工业园，其中包括4个晶片园和1个高科技显示园、2个商业园、裕廊化工中枢、生物医药园和物流园。这些园区共容纳了大约7000家本地公司和跨国企业，对GDP的直接贡献率为25%，雇佣了全国1/3以上的劳动力。

六、美国硅谷

金融创新是推动新工业和科技革命出现和发展的关键因素。作为一种高新技术与金融相结合的投融资模式，风险投资的出现及时地解决了高新技术产业发展所面临的资金瓶颈。

纵观世界各国高新技术产业与风险投资业的发展，不难发现，风险投资是高新技术产业化发展必备的经济条件之一，风险投资的发展在一定程度上决定着一国高新技术成果转化率的高低。

20世纪90年代，美国高新技术产业发展迅猛的主要原因就是美国坚持不断地自主创新，而使美国创新活动长盛不衰的动力就在于其新型的投资机制——风险投资。风险投资出现的直接结果就是大量资本纷纷投入到高新技术创新活动中，这有力地推动了美国高新技术产业的发展。英国前首相撒切尔夫人曾说过："欧洲在高新技术方面落后于美国并非由于科技水平，而是由于在风险投资方面落后美国十年。"

全球著名的硅谷就位于美国旧金山湾区，是全球风险投资最活跃、最成功的区域之一。有人说，硅谷乃至全美的经济之所以如此繁荣，风险投资公司功不可没。它们资助了大批新生的、具有科技领域领先地位的小公司，使其得以建立、生存和发展。不少这类小公司依赖风险投资试制产品，逐步成长为工业界举足轻重的大公司，比如英特尔、思科、Netscape、Genentech等。

美国硅谷的高科技企业成功率可达60%，而一般条件下高科技企业成功率仅为16%；在美国风险投资总额中，硅谷占43%，每年有近1000家风险投资支持的高科技企业在硅谷创业。长期从事硅谷特色研究的美国学者认为，事实证明："园区平台+风险投资"是硅谷拥有成功最显而易见的关键因素。

美国风险资本协会（NVCA）的一项调查显示，在美国，风险投资机构所投资的企业总数中有80%以上的是技术创新企业，其中有75%的企业其股权由风险投资资本掌握。美国创业投资协会主席RobertE.Grady曾说："过去的30年中，创业投资产业及其扶持的创业企业已经构成了美国经济中创造就业机会的引擎。"

七、德国斯图加特

斯图加特位于德国西南部的巴登—符腾堡州中部内卡河谷地，靠近黑森林。斯图加特不仅是该州的州首府，也是州级管辖区及斯图加特地区首府和该州的第一大城市。同时也是该州的政治中心：巴—符州议会、州政府和众多的州政府机关部门均设于此。

近几年来，当全球经济陷入金融危机之际，德国却成为少数几个依然坚挺、逆势增长的国家之一。2011年德国的经济增长率达到3%，是欧元区公认的火车头；出口超过100亿欧元，创历史新高；失业率降低至5.5%，降低到了1991年以来的最低点。另一方面，德国还拥有各类企业360多万家，其中超过90%是中小型企业。相当体量的实体经济以及为数众多且创新能力颇强的中小型企业，构成了德国抵御虚拟经济泡沫和产业空心化的坚实盾牌，也使得德国成为2008年以来的世界金融危机中表现最好的欧洲国家。

德国的斯图加特以奔驰、保时捷等汽车品牌著称，是世界闻名的高科技城、新能源汽车城和欧洲的经济中心。德国斯图加特模式启示我们，以著名成功领军企业为核心引擎建立一个集群式的科技城市，能实现跨越发展、特色发展、创新发展。

根据德国经济研究所（DIW）2010年发布的研究报告，斯图加特在工业研究与开发上在德国处于领先地位。德国从事工业研发的人员中，10%在斯图加特地区工作，处于第二位的慕尼黑有9%的员工。由此可见，斯图加特走的是集约型和技术型的发展道路，靠的是资金和知识，这也应该成为新区发展的一个重要借鉴。

第四节 城市建设可能的融资选择与建议

一、可能的选择

"十二五"规划期间及之后较长时间内，随着我国城镇化水平和质量进一步提高，进入城镇居住、工作、生活的人每年以近千万增加，对城市基础设施需求必然不断增加，传统的融资方式已难以满足我国目前城市基础设施建设的资金需求，少则几亿、几十亿元，多则几百亿上千亿元的资金从哪里来？2012年9月国务院出台的《关于加强城市基础设施建设的意见》（国发[2013]36号）中提出，要推进投融资体制和运营机制改革。"建立政府与市场合理分工的城市基础设施投融资体制。政府应集中财力建设非经营性基础设施项目，要通过特许经营、投资补助、政府购买服务等多种形式，吸引包括民间资本在内的社会资金，参与投资、建设和运营有合理回报或一定投资回收能力的可经营性城市基础设施项目，在市场准入和扶持政策方面对各类投资主体同等对待。"

从国际范围来看，为解决公共领域建设融资难题，发达国家也一直在积极探索创新城市建设资金融资渠道和方式，逐渐探索出了一些新模式。对于城镇化的融资问题，银行贷款是融资的一条渠道，但信贷并非城镇化建设的最优融资模式。中国人民银行行长周小川认为，城镇化融资问题可借鉴国际上的金融工具。城镇化过程中，尤其是基础设施、公用设施方面，除了银行贷款，还可以借鉴国际上的金融工具，比如市政债、公私合作（"PPP"模式）、资产证券化、公共事业投资基金，等等。

市政债券（Municipal Bonds）是指地方政府或其授权代理机构发行的有价证券，所筹集资金用于市政基础设施和社会公益性建设。当前，市政债券也是世界主要发达国家普遍采用的市政基础设施融资方式，不仅解决融资，而且避免金融风险过度集中在银行体系。目前世界53个主要国家中，有37个允许地方政府举债。发达国家发行市政债券，支持市政基础设施投资的比例达到79%，即使在同样以银行融资为主导的日本，其2008年的市政债券占GDP的比重也达到了12.5%。在美国，地方城市常用发行市政债券的方式提供城市建设的大量资金需求。2008年末，美国市政债券余额达2.6万亿美元，占当年GDP的18.2%。其市政债券分为一般责任债券和收益债券。一般责任债券用于没有固定收益的基础设施项目建设，以发行人的承诺、信用和税务能力为保证。收益债券是为项目或企事业单位融资而发行的债券，以发行人所经营项目的收入能力和财务自立能力作担保。据统计，美国市政债券发行人数量超过5万个，品种丰富，可选择性强。由于市政债券筹集资金是用于地方的公共服务支出，其偿债资金来源也主要来自地方政府对公众的税收（一般责任债券）或特定公共项目向公众收取的费用（收益债券）。所以，美国对市政债券的利息收入实施所得税减免政策。2011年10月20日，国家财政部发布《关于印发2011年地方政府自行发债试点办法的通知》，宣布经国务院批准，2011年上海市、浙江省、广东省、深圳市开展地方政府自行发债试点。这也标志着我国正式在地方政府发行市政债券上迈出了关键性的探索步伐。

通过公私合作（PPP，Public—Private—Partnership）模式为城市建设搭建融资渠道是不少发达国家城市的通行做法。公私合作，是指政府公共部门与民营部门合作过程中，让私人部门参与提供公共产品和服务，从而实现政府公共部门职能的管理模式。通过这种合作和管理，可以在不排除并适当满足私人部门的投资赢利目标的同时，为社会更有效率地提供公共产品和服务。自1992年以来，英国一直积极鼓励私人财力参与甚至主导公共投资计划，其核心是私人融资优先权。PPP项目不仅限于传统的交通和建筑领域，更广泛扩展至医疗、教育等其他公共服务领域。自实施PPP以来，英国至少完成667个签约项目，涉及金额560余亿英镑。

同时资产证券化（ABS，Asset-Backed Securitization）也是发达国家和地区采用的一种创新型的市政基础设施建设融资工具。资产证券化是指发起人将缺乏流动性但能在未来产生可预见的稳定现金流的资产或资产集合出售给特殊目的载体（SPV），由其通过一定的结构安排（分离和重组资产的收益和风险并增强资产的信用）转化成由资产产生的现金流担保的可自由流通的证券，然后将其销售给金融市场上的投资者。在这一过程中，SPV以证券销售收入偿付发起人的资产出售价款，以资产产生的现金流偿付投资者所持证券的权益。

在澳大利亚，城市建设中主要是依靠公用事业投资基金来实现融资。据不完全统计，到2008年10月全世界有63只城市基础设施投资基金，资金的规模加在一起总共达数百亿美元之多，年平均回报率在10%～14%之间。

同时为了防范地方债务风险，国外政府通常都会加强对城市融资行为和债务的监管力度，通常会设立专门机构管理地方城市政府融资行为。加拿大政府在省一级设立了区域城市财政委员会，代表一定区域内几个城市的区域利益。委员会负责评估区域内各个市政府的资信能力，以及审核市级政府的融资项目。各个城市必须向委员会缴纳一定数额的抵押金，融资项目一旦通过，委员会就要对其负责，如果区域内城市不能按期偿付到期资金，委员会管辖区域内的城市均要分摊损失。

二、面向新区的融资建议

新区在开发建设中也面临着巨大的资金需求和压力，仅仅依靠新区自身财力和市级财政转移支付投入往往是"杯水车薪"，难以及时充分满足新区道路交通、管网设施、公共配套等大量必要且迫切的前期投入实际需要。为此，新区与市发改委、市特区建设发展集团、市投资控股集团、国开行和实力雄厚的民间投资基金等投融资主体合作，充分发挥新区城投公司融资平台的作用，多渠道、多层次地引导政府资金和社会资本参与到新区土地整备、城市更新、片区综合开发等重点领域，形成投资主体多元化、投资方式多样化、资金来源多渠道的投融资新格局，为全市投融资体制改革不断探索积累新经验。

主要体现在：为确保新区重点项目顺利推进，新区通过城投公司，采取项目融资等方式，已与国开行、建设银行签订贷款合同；加强与市特区建设发展集团、投资控股集团等大型投融资企业合作，推动坪盐通道、有轨电车、污水支管网等一批项目的投融资和开发建设；经市政府同意，创新融资方式，新区文化综合体和坪山国际网球中心采取了"项目+捆绑土地"的新融资模式，引入社会资本投资建设，并将需由新区投资的道路、学校、社区服务中心等打包进入城市更新项目，由开发商建设，政府从地价收入中给予部分补贴。

然而，目前新区也存在一系列的融资困境，主要体现在以下几个方面：重点交通设施、产业园区、中心城区及老旧片区土地整备，坪山河流域综合治理开发、公共设施建设、保障房建设等领域。

（一）交通设施建设

长期以来，交通问题一直是困扰坪山新区发展的"老大难"问题。早先深圳东部发展交通基础设施十分薄弱，特别是新区的交通历史欠账多、底子薄，极大地影响了新区开发建设和发展。另外，由于缺乏对外的快速通道，市政道路的客货运交通拥挤、通行能力差，严重制约着新区经济和社会各项事业实现跨越式发展。如果对外交通问题不解决，新区经济社会发展就会面临很大掣肘。

道路、交通设施作为投资、发展的硬环境，是区域竞争力的重要体现。目前，原特区外的道路、交通设施与关内相比还有很大的差距，比如全市的断头路大部分集中在关外；公交覆盖率关内已近100%，而关外只有76%；规划道路建成率关内接近100%，而宝安为70%，龙岗、坪山只有40%，在行政资源配置和财政资源配置上向关外倾斜，是特区一体化的必然选择。新区成立4年多来，虽然投入了上百亿元的资金用于交通的建设，但由于交通问题欠账太多，现在道路的覆盖率低，整个新区的交通呈鱼刺状，道路之间没有完全循环起来。

随着特区一体化加快实施，原特区外广大市民和企业对于关外的交通建设和出行便利有了更大的期盼。而对于坪山新区来说，应充分利用特区内外一体化发展机遇，尽可能多地争取市政府投资和转移支付，加快新区对外交通的连接，完善东部工业组团路网建设，打通关键干线通道，缩短与周边地区特别是中心区的通勤时间，是当前新区亟须解决的重大问题，也是提高民生福利水平的根本要求。

（二）产业发展

根据新区的总体规划，坪山新区需要大力发展生物医药、生命健康、新能源汽车、电子信息、先进装备制造为重点的高新技术产业。此外，家具产业及自行车产业聚集基地建设进展顺利。这些都为新区未来发展注入源源的科技动力。但是如果不能解决产业发展资金需求，特别是战略性新兴产业的资金问题，新区未来的发展就不可避免要受到阻碍。破解产业持续发展的难题，关键要素之一是搭建产业创新发展资金平台，为新区产业发展和企业成长提供可持续有保障的融资支持。

（三）土地整备

土地整备工作是目前新区实施的"十大工程"之一。土地整备工作要实现以大项目带动新区的大开发、大建设、大发展，而大项目落地必须要有成片土地，这也是坪山新区的优势，因此，新区决定从土地整备工作入手，在新区综合发展规划的统一指引下，对辖区内的土地进行成规模、成建制的清理整合，为全市未来发展储备干净的土地资源、开辟崭新的发展空间，为实现市委市政府成立新区的战略意图创造条件。其中，资金筹措也是新区土地整备工作的一大难题，要综合运用多种融资手段，不断创新，努力突破制度障碍，更好地把土地整备工作进行下去。

（四）保障性住房建设

根据坪山新区"十二五"综合发展规划目标，"十二五"期间，坪山新区将完成建设保障性住房2.32万套、建筑面积158.5万平方米，存在着巨大的资金缺口。因此，要解决新区保障房的资金难题，也要不断拓宽融资渠道，创新融资手段。

在融资工具的使用方面，在总结前面所列融资模式特点的基础上，并考虑国内外先进的成熟经验以及坪山新区目前的资金缺口项目，可以归纳为表9-3。

表9-3 投融资工具的使用

融资工具	资金来源	可用范围
BOT	私人资本	道路交通等基础设施、公共设施
TOT	私人机构投资者	基础设施、公共设施
PPP	私人资本	道路交通等基础设施、公共设施
信托	专项社会资本	土地整备、土地开发、道路建设
股票	广泛的社会资本	保障房建设、土地整备、公共设施建设
债券 (市政债券)	广泛的社会资本	保障房建设、土地整备、公共设施建设
产业基金	专项社会资本	新能源产业及生物医药产业的基地开发
项目打包	承包方自身	高铁轻轨等高层次道路建设
专项基金	承包方或政府机构	道路交通或其他基础设施建设
外资	境外投资机构	在现行法律许可范围内都可使用
土地出让金	土地出让所得	土地整备及开发、公共设施建设、保障房
社保基金	社保部门	保障建设等

在具体融资建议方面，主要包括以下几点：

一是积极争取市政府加大对新区的财政转移支付力度。对于深圳市政府来说，既是促进区域协调均衡发展的需要，也是促进特区内外一体化发展，实现深圳市长远整体发展战略目标的迫切要求。坪山新区东靠惠州大亚湾、南连原生态的大鹏半岛、西邻盐田港、北接龙岗中心城，是深化深莞惠合作的重要战略节点。加强坪山新区的建设，对于深圳市在"十二五"期间转变经济发展方式、提高城市综合实力和辐射带动能力有着不可替代的作用。

二是积极引入社会资本参与新区开发建设。新区可以充分利用深圳金融市场较为发达，毗邻香港国际金融中心的优势，充分吸引国际国内社会民间资本参与新区的开发建设。例如，深圳金融行业对民间资本的吸纳程度向来居全国前列。深圳的小额信贷、村镇银行、私募、风投、担保等机构，绝大多数由民间资本组建而成。仅以小额信贷为例，深圳市小额贷款公司试点工作自2009年2月开始以来，截至2011年末，全市经批准开业的小额贷款公司35家，累计注册资本金40.7亿元，单体公司平均注册资本金为1.16亿元。自试点以来，35家小额贷款公司累计发放贷款36万多笔，为社会解决融资需求近300亿元。新区应充分利用这一有利融资环境和条件，积极引入社会资本参与新区的开发建设。

三是引入国有商业银行或政策性银行开展合作。这一方式比较常见，在我国多个地区都有应用，如广西、新疆、天津滨海新区、珠海横琴岛等地分别与国家开发银行合作，获得大额度授信贷款，用于加强本地区的基础设施建设和促进高端产业发展。西安的沣渭新区的发展也得到了当地中信银行的资助。

以新疆为例，新疆公路建设要实现跨越式发展离不开银行的支持。"十二五"期间，新疆公路基础设施建设投资将达到1500亿～2000亿元，其中有1100亿元需要通过银行贷款筹措，资金缺口相当大。新疆的基础设施建设急需得到金融机构的大力支持，新疆交通运输厅是国家开发银行在新疆最大的客户。在贷款规模上国开行向新疆倾斜，同时采取租赁、信托贷款、行内银团等方式积极筹措资金。这种发展模式对于双方都有着巨大的好处，带来了双赢。

除了国开行这样实力雄厚的政策性银行外，新区还可以考虑其他对深圳市投资环境熟悉的城市商业银行或股份制银行，以及与深圳市属投融资平台加强合作。选取银行和市属大型投融资平台作为合作伙伴，能最直接最有效地解决新区发展的资金缺口问题，可以在借鉴其他地区经验的基础上做出尝试。另外引入大型国企合作，对于新区而言也是一个有益的尝试。如果能将引入大型国企与新区园区开发建设结合起来，无疑也将能为解决目前的资金缺口问题增加一条新的渠道。

第十章 "以人为核心"：关于新型城市化的进一步思考

　　党的十八届三中全会明确指出，要完善城镇化健康发展体制机制，"坚持走中国特色新型城镇化道路，推进以人为核心的城镇化，推动大中小城市和小城镇协调发展、产业和城镇融合发展，促进城镇化和新农村建设协调推进。优化城市空间结构和管理格局，增强城市综合承载力"。这为下一步我们继续深入探索实践城镇化发展路径指明了方向。

　　2013年12月，在改革开放以来中央召开的第一次城镇化工作会议上，习近平总书记指出，"要以人为本，推进以人为核心的城镇化，提高城镇化人口素质和居民生活质量，把促进有能力在城镇稳定就业和生活的常住人口有序实现市民化作为首要任务"，十分鲜明地指出城镇化的核心是以人为本。

　　德国建筑师艾尔·德拉斯曾有一段精彩的话语："理想的城市，必须基于对人的尊重，对文化的景仰，对自然的敬畏，对心灵的体贴。"也正如广东省委常委、深圳市委书记王荣同志所强调的，要以城市发展引领各项事业，要通过一流的城市规划、建设和管理，形成一流的城市功能、品质、魅力。是的，要创造不一样的生活，这座城市首先要绿色发展、智慧发展、人本发展、特色发展、协调发展。走新型城市化道路，尤其要以人为本、品质为上，以文化为源、环境为重。生活的精彩就是源于对生活的尊重，对生命的尊重。这正是坪山新区探索新型城市化路径的基本出发点和最终落脚点。

第一节　"产"与"城"

"产"与"城"是城市化发展过程中始终相伴随的一对孪生姐妹。产业之于城市，犹如血脉之于肌体。没有"产"的"城"是一座失去活力的空城、睡城或死城。而远离于城的"产"终因缺乏城市综合功能的滋养而不断萎缩、没落。有一种观点认为：西方发达国家的城镇化是先有产业聚集，而后人口自然聚集；而中国目前的城镇化正相反，大家重点都落在人口聚集的相关问题上，产业似乎没有受到重视。当前在我国不少地区，由于工业化、城镇化与服务业的发展没有形成良性循环，产与城相互割裂，融合度差，一些地方搞城镇化只是盲目的"跑马圈地"，部分"新城""新区""开发区""工业园区"等有名无实。部分新城新区和一些中小城市、小城镇产业发展和集聚缺乏支持，产业发展吸纳就业的能力不高，城市发展缺乏有力的产业支撑而陷入"鬼城""死城"的不利困局。

产业是城市发展的基础，城市是产业发展的载体。产业的集聚为城市发展带来了人气和活力，同时城市通过产业带来的税收资金不断完善公共设施和服务，为产业的发展创造了更为优良的外部条件和环境。只有产业和城市协调互动，才能不断优化要素配置，提升发展效益，激发发展活力，焕发城市生机。传统的城市规划往往是将"产"与"城"分开安排。这样做，一方面是由于传统的工厂会产生很大污染，分开可以保证环境质量，另一方面是传统的城市规模、面积不是很大，通过自行车、公共汽车等，基本可以解决日常出行问题，因此"产""城"分离可以满足当时城市发展的需要。但是随着现代工业文明和城市文明的不断进步，现代产业高速发展，城市空间不断扩展，城市规模不断扩大，绿色低碳已成为世界先进城市发展的共同选择，走"产城融合"的新路成为一种趋势。

新加坡在"产城融合"方面就做得很有特色：在规划设计上，新加坡在建国初期就明确了要吸引跨国公司、打造总部经济的产业发展方向，并且围绕这一方向来设计城市的发展，从一开始就奠定了产城融合的基础。在开发建设上，新加坡的新市镇有效促进了产城融合。新市镇内除了高质量、高密度的住房，并为居民提供就近的公共配套服务外，周边还规划建设有低污染的工业区和办公区，在营造宜居环境的同时也帮助了当地居民就业。同时新加坡通过快速轨道交通连接其他区域，方便居民出行和加强不同区域之间的经济联系，形成了十分成功的"轨道交通+产业配套"的"产城融合"TOD发展模式。

通常来说，TOD模式是使公共交通的使用最大化的一种非汽车化的规划设计方式。其中的公共交通主要是指火车站、机场、地铁、轻轨等轨道交通及巴士干线，城市以公交站点为中心、以400～800米（5～10分钟步行路程）为半径建立中心广场或城市中心，其特点在于集工作、商业、文化、教育、居住等功能为一体的综合应用，使居民可以方便地选用自驾车、公交、自行车、步行等多种出行方式。TOD模式是以实现各个城市组团紧凑型开发的有机协调模式，是国际上具有代表性的城市社区开发模式，可将商业、住宅、办公楼、公园和公共建筑设置在步行可达的公交站点的范围内。目前被广泛利用在城市开发中，尤其是在新城的建设开发中。

TOD模式起源于美国，目前在国际、国内有很多成功的案例，比如丹麦的哥本哈根、瑞典的斯德哥尔摩、新加坡、中国的香港等。以新加坡为例，新加坡政府一共建设了23个新市镇，而轨道交通和产业配套是新加坡新市镇建设的两大关键词。几乎所有的新市镇都是以轨道交通站点为中心兴建的，商业设施、公共服务设施、办公楼、住宅依次以轻轨站为圆心向外延展开去。新加坡各新市镇与轨道交通是同步建设。新市镇的住宅建设好了，轨道交通也通车了，这样就可以在最短的时间内将人口引入到新市镇中去居住。

新加坡政府对新市镇的规划非常细致，每一个新市镇2.5平方公里见方，四周与快速路连接，包括5万户人家，约20万人口。在建造之前，政府有关部门就仔细推测出这20万人口所需要的公共设施的项目和数量，如公园、小学、车站、停车场等，然后配置在适当的位置，不会边做边想。每一个新市镇的规划都很相似：首先是紧紧围绕轨道交通站点周围的商业中心，其与轻轨互相支持保证各自的客流，并解决新市镇居民的休闲、娱乐、消费等各式各样的需求。商业中心通常有1到4个大型的旗舰百货公司，再搭配相当数量的小型商店，服务能力与20万的人口规划是相对应的。再往外围一些，就是办公区和无污染的工业区。其余地区，就是纯粹的住宅区。这样的规划，可以保证每一个新市镇都能提供一定的就业机会，这样居民就不必全部挤到市中心工作，也降低了道路的交通负荷。

TOD模式使各项城市功能高效融合。TOD模式强调多功能的空间交互，强调"以人为中心"的设计理念，追求多功能的设计和设施的高效利用，实现商业、办公、居住、休闲、娱乐等功能的一体化，以满足人的需求为目的。TOD模式实现了各种交通方式与轨道交通的零换乘，再加上轨道交通的准时性、高效率，这使得人们更愿意选择在车站周围工作、居住，从而大大提升了轨道交通的运营客流，而这些客流的增加又进一步推动了沿线商业的开发，开发的扩大进一步方便了轨道交通乘客，并会继续推动沿线的土地开发，从而进入一种良性循环状态。

当交通变得更加便利，城市居民开始将目光转向对空间和环境的需求上，倾向于空间相对较大，环境相对安静的区位。TOD遵循这一原理，充分利用公共交通站点带来的经济优势，吸引高科技服务型产业在其周边高密度开发，从而"自发"形成功能齐全、土地高效利用的成熟社区。TOD依托公共交通改变土地利用形态和居民的生活方式，进而引导新城空间结构的合理演变，轨道交通的出现无疑能带动新城更好地发展。

当前新区致力于打造一座"东部新城"，明智之举是应该坚持新加坡"园在城中、城在园中"的先进理念，在强化园区建设、塑造产业品牌、提升产业功能的同时，着力完善城市的相关配套服务功能，使产业发展更加依附于城市建设，使城市建设更好地服务于产业发展，全力打造产业发达、功能完备、设施现代、环境优美、出行方便、自然风光秀丽、人文气息浓郁、社区充满活力的混合型城区。

第二节 "大"与"小"

发展大城市好，还是发展中小城市好，这是我国城镇化发展战略制定和长期实践中的一个核心和焦点的争论问题。1980年全国城市规划工作会议正式把"控制大城市规模，合理发展中等城市，积极发展小城市"作为国家的城市发展总方针正式提出以后，争论的焦点就是中国城市发展的战略重点应该放在什么规模级的城市，是小城市、中等城市，还是大城市？

早在1984年费孝通先生发表了"小城镇大问题"的调研文章，提出小城镇发展应当是中国城市化的主要方向，这在学术界和城市建设领域引起了很大反响。"离土不离乡，进厂不进城""乡村剩余劳动力就地消化""小城镇是农村人口向城市转化过程中的蓄水池""发展小城镇是中国城市化发展的唯一道路",等等,成为一时的主潮流。但也有不少专家学者先后提出不同观点,如"迅猛发展的大城市是一个世界性趋势""大城市是国家的超级金库""控制大城市发展是违背客观经济规律和城市发展规律的人为办法","是脱离财政经济利益考虑的片面方针"。周干峙院士(1998)认为,在落后地区,大城市必然要首先发展,形成极核,然后带动中小城市发展。在这两种针锋相对的意见之间,另一种意见主张发展中等城市,认为中等城市兼有大城市和小城市的优点,而避免了它们的弱点。对于大、中、小城市利弊的争论虽然涉及社会效益和环境效益,但主要的分歧还是在城市经济效益上。

其实,大中小城市和城镇都有它们各自特定的、不可替代的作用,发展何种规模的城市与经济社会发展阶段有比较密切的关联。在经济社会发展初级阶段,由于社会的专业化分工水平有限,少量的大城市甚至中等城市就可以满足发展需要,而到了经济社会发展的较高阶段,随着社会的专业化分工水平深化和细化,就需要更多的大中城市来适应容纳。从这层意义上讲,任何主观选择某一级别的城市"发展"或"控制发展"都是与城镇体系理论和实践相违背的。城市不是越大越好,城市太大,不仅资源难以承受,也会降低效率。当然,城镇的选择和发展也不是毫无目的、不讲布局地随意安排,任由中小城市和小城镇盲目无序地发展,最为关键的是要大力均衡发展大中小城市和小城镇,形成相互配合、分工合理、优势互补、网络协作、融合发展的城镇群(带)效应。正如北京大学周一星教授(1988)所提出的观点:"不存在统一的能被普遍接受的最佳城市规模,城镇体系永远是由大中小各级城镇组成的,而各级城市都有发展的客观要求,所以城市化的模式应该是多元的、多层次的。"

我国目前处于快速城镇化的阶段,但在大城市、超大城市这些人口高度聚集的城市区域,呈现出资源紧张、环境污染、交通拥堵、住房拥挤、公共产品及服务相对短缺等问题，制约了城市发展的质量。单一城市的综合承载力是有限的，大城市中人口的各种需求和排污超过了城市载体所能供给和消化的能力，就会出现城市承载力超载的问题，城市发展呈现出"摊大饼"的趋势，这给资源环境、经济发展以及生产要素的利用效率都会带来负面影响，生活在这些大城市中的居民生活水平也会呈"倒U"字走势，即：在达到城市的适度规模前，人口的增加会促进城市经济的繁荣，但达到适度规模后，人口的进一步聚集会带来一系列环境和社会问题，造成居民生活质量下降。

为什么当前国内不少城市呈现出"摊大饼"的发展趋势呢？2006年，一些美国城市化专家在他们的《中国城市化的经验与背景》的研究报告中提出，问题的症结是：西方国家城市化的过程大体上是一种自发的过程，而中国的城市化是在政府的规划下进行；中国按照各个城市的行政级别高低来确定它们支配资源权力的大小；城市的级别愈高，支配资源的权力也愈大。一般说来，大城市的行政级别高，拥有的可支配资源也多，于是它们就把大量的资源投放在本市的建设上。城市的规模不够大，就扩大规模，于是就像"摊大饼"似的扩张开了。这就容易产生一些问题：一是这些大城市服务业聚集程度不够高，辐射力不够强；二是服务业和制造业混在一起，因而制造业的专业化程度也很低；三是由于把制造业放在大城市周边的一些开发区，跟农村地区相隔绝，对农村经济的带动作用比较弱。[①]20世纪20年代，英国建筑师R. 昂温鉴于伦敦中心区过密的人口、交通和建筑，在为伦敦地区制订咨询性规划时建言将伦敦的人口和就业岗位大规模地分散到附近的卫星城镇去，其实质是继续推进霍华德的"田园城市"思想。在1944年P. 艾伯克龙比（Abercrombie）主持编制的大伦敦规划中，为疏散人口，计划

---

① 吴敬琏. 吴敬琏经济文选[M]. 北京: 中国时代经济出版社, 2010: 157.

新型城市化的思考与实践—— 以坪山新区为例　／336

在伦敦外围建设8个城镇，最初也称为卫星城镇，以后通称为"新城"。

建立卫星城的主要目的是为了控制大城市人口过分膨胀，疏散部分工业和人口，同时也可以分流前往大城市的迁徙人口。卫星城的概念强化了与中心城市（又称母城）的附属关系，往往被视作中心城市某一功能外溢的承载地，由此出现了工业卫星城、科技卫星城甚至卧城等类型，成为中心城市的一部分。经过一段时间的实践，这些卫星城也带来一些问题，其根源正在于对中心城市的依赖。因此，卫星城开始强调其独立性。在这种卫星城中，生活居住与就业岗位之间便形成了相互协调的关系，具有了与大城市相近的设施配套，可以同时满足卫星城市民工作和居住的需要，从而形成一个功能健全的独立城区。

到目前，英国"卫星城"的发展大致经历了四个阶段。第一代卫星城即卧城，市民的工作和文化生活仍在主城；第二代卫星城则有一定数量的工厂企业和公共设施，市民可就近工作；第三代卫星城，基本独立于主城，城市功能较为齐全；而现阶段的第四代卫星城，则为多中心敞开式城市结构，用高速交通把卫星城和主城有机联系起来。

国际经验表明，发达国家中小城镇是承载城镇人口的主体：德国城镇化率是97%，其中70%的人口居住在小城镇；美国有50%以上的人居住在5万人口以下的小城镇。而根据我国2008年的统计数据，我国居住在小城镇的人口仅为2.6亿，占总人口的20%，占城镇人口的40%。考虑到我国国情、城镇化发展现状和区域均衡发展战略需要，我国在发挥大城市核心作用的同时，城镇化发展应重点关注中小城市和小城镇，而大城市发展的重点不是资源和人口要素的进一步聚集，而应该是创新性产业发展和功能性调整完善，推动产业升级转型，加强中小城市和小城镇有特色地发展。

从我国人口众多、资源承载力以及自然地理条件差异大、资源相对短缺、生态环境比较脆弱、城乡发展不平衡等基本国情出发，决定了我国的城镇化不能像部分国家那样，在城镇规模结构上单一发展大城市或小城镇，在城镇空间布局上片面集中于某些地区或发展某种模式，而只能从基本国情出发，遵循城镇化发展规律，积极稳妥地推进城镇化健康发展，走因地制宜、分类引导，走大中小城市和小城镇相互协调和多样化发展的城镇化道路。

正如2011年国家"十二五"规划纲要中所指出的，要积极稳妥推进城镇化，优化城市化发展布局和形态，按照"统筹规划、合理布局、功能完善、以大带小"的原则，遵循城市发展客观规律，以大城市为依托，以中小城市为重点，逐步形成辐射作用大的城市群，促进大中小城市和小城镇协调发展。

同时，发达国家城镇化过程中，城市群发挥引领作用的规律值得借鉴。城市群之间由现代化的交通连接，既不降低大城市的规模经济和集聚经济，又能防止单个城市过度扩张带来"城市病"，同时有利于形成大中小城市和小城镇协调发展的格局。相关专家透露，以城市群为主体，大中小城市和小城镇协调发展的城镇化布局方向正是国家发改委制定的中国城镇化发展规划的重要内容之一。

2010年年底，国务院印发的《全国主体功能区规划》（以下简称《规划》）中提到"着力构建'两横三纵'为主体的城镇化战略格局，即以陆桥通道、沿长江通道为两条横轴，以沿海、京哈京广、包昆通道为三条纵轴，以国家优化开发和重点开发的城镇化地区为重要支撑，以轴线上其他城镇化地区为重要组成部分的城镇化格局"。从《规划》当中可以看出：按照统筹规划、合理布局、完善功能、以大带小的原则，以大城市为依托，以中小城市为重点，形成辐射作用大的城市群。目前，我国东南沿海地区的环渤海、长三角、珠三角三个特大城市群已形成局面，现正逐步形成长江中游、成渝地区、中原地区等国家重点开发区域的新城市群，形成带动全国经济发展的增长极，增强对内对外辐射的能力。

2013年12月，中央城镇化工作会议指出，"要优化布局，根据资源环境承载能力构建科学合理的城镇化宏观布局，把城市群作为主体形态，促进大中小城市和小城镇合理分工、功能互补、协同发展。要坚持生态文明，着力推进绿色发展、循环发展、低碳发展，尽可能减少对自然的干扰和损害，节约集约利用土地、水、能源等资源。要传承文化，发展有历史记忆、地域特色、民族特点的美丽城镇。"可以肯定，大中小城市和城镇协调发展是未来新型城镇化的基本方向。

第三节　"市场"与"市长"

大致说来，中国的城镇化曾经走过两条路：一条是政府驱动或者政府策划的城镇化；第二条是市场力量驱动的城镇化——这种城镇化方式更加有效，它实际是企业发起，然后与当地需求互动，形成既有民间力量又有政府力量推动的新型城镇化。

后一种城镇化方式借助了企业的力量，或者说借助了市场的力量，借助了资本的力量，实现了在一个"一穷二白"的土地上形成一个新的"产业集聚、资本集中，包括各种配套"的城镇化，如改革开放以来兴起的深圳、东莞、中山、江门等珠三角城市以及苏州、无锡、宁波、温州等长三角城市。这些城市的发展最为重要的是依靠市场力量驱动，通过开放的环境和改革举措充分激发市场的创业活力，发展出口加工贸易，鼓励乡镇企业和民营经济发展，逐步形成专业分工严密、上下游紧密合作，既面向海外市场，又不断开拓国内市场的产业集聚区域。

新型城镇化究竟靠市场，还是靠市长？应该说，这之中既需要市场的"无形之手"，也需要政府的"有形之手"，"两只手"应该相互配合，共同发力，但要防止政府成为"闲不住的手"而乱干预、瞎指挥，甚至让"长官意志"成为主导城市发展的风向标，损害城市长期发展利益。较长时期以来，在传统的GDP导向的发展理念主导下，很多地方热衷于扩城拓市，小城市要变成大城市，大城市要变成特大城市，建设风格上青睐高楼大厦，追求全国第一、全球第一。政府主导的痕迹十分明显，直接影响到城市规划、发展规模和公共设施建设。

北京大学国家发展研究院周其仁教授认为，到目前为止，我国的城市化、城镇化的主要特征是政府主导。这是历史形成的，大概分两个阶段，改革开放之前是鼓励工业化、抑制城市化；之后政府主导政策转向了推进、鼓励、承认城镇化的发展。这样的结果是，我国城镇化率从20世纪80年代早期的不到19%，现在已经达到了51%~52%。但这样的城镇化是高度行政化的城镇化，这和城镇化发展的其他方面存在矛盾。最终无法解决城镇化过程中人口的转移和资源的合理配置等问题，从而会导致著名经济学家吴敬琏先生所言的"城市化的两个效率问题会相当严重"：第一个就是城市化本身的效率，大量的资金投入，大量的土地投入，但是按"人的城市化"来说，它的实现程度不是很高，所以效率很低，这样是不能持续的。中国靠大量投资、城市扩容为主要内容的低效率的城市化是无法获得长期可持续的发展。另外一个低效率就是因为政府主导用大量的土地投入和土地抵押的资金投入支撑的这个城市化，"摊大饼"发展，不断扩大城市规模，非专业化地集聚，以至于不断拉长生活与工作半径，导致所建立的城市营运效率很低，如堵车、污染，等等。

在新型城镇化成为国家发展战略时，现在国内不少地方希望在城镇化过程中能够拉动投资，拉动内需，成为应对当前经济下行的新引擎。这可能就会出现一些不顾客观规律，抱着固有的通过投资拉动经济增长的惯性思维，一窝蜂而上，用行政手段人为推进城镇化的情况。事实上已经有一些地方开始把城镇化的指标层层下达、层层加码。有的地方把重点放在扩大城市规模、新增城市人口方面，认为"城市的规模扩大了，开发强度增加了，大广场搞起来了，道路搞宽了，就是城镇化"。这也是著名经济学家吴敬琏先生所提出的"城市化需要解决政府功能问题"这一命题的原因。他认为，从世界各国的发展来看，城市是从"市"来的，但是中国的传统城市是从"城"来的，"城者，都也"，城就是政治中心，所以形成了政府主导城市发展的制度性依赖。他同时认为，政府主导的城市化就会造成许许多多的问题，需要把这些问题排列出来，厘清到底是哪些体制上的原因。在掌握了体制原因以后，就需要扫除这个体制性障碍，实行有效率的体制，只有解决了这些体制性的障碍，城市的综合运行效率才会提高。

因此，在新型城镇化发展过程中，政府应明确自身职责，科学界定政府和市场的关系，始终坚持"有所为、有所不为"的原则，让市场力量成为城镇化发展的内生增长动力，而政府主要应致力于城镇发展规划的制定和城镇公共服务体系的建立，为加快城镇化建设和提高城镇化质量创造条件。

当然，从过去体制延伸下来的政府主导的城镇化发展模式与科学合理的城镇化目标之间会有一定的冲突。所以在稳健地推进新型城镇化的大方针下，要对现有制度进行相应的变革。按照十八届三中全会精神，首先要充分发挥市场在城镇化中配置资源的决定性作用，在科学规划的指引下，减少对土地市场的过度行政管制，让价格机制在更大的区间、更大的范围、更多的类型当中发挥作用。二要构建完善的土地市场和金融市场，让价格机制充分发挥出来。三要减少政府主导，动员社会机制。倘若固有的体制机制不改，仍由政府搞"一言堂"，不注重社会力量参与和公众智慧的汲取，新型城镇化将很难吸收世界城镇化当中的经验教训并顺利持续深入进行下去。

第四节 "高密度"与"低密度"

从本质上讲，城镇化是人口、产业和社会活动在一定空间地域上的集聚集中，其实也就意味着密度较之以前提高。尤其是对于人口众多、土地空间相对稀缺的国家和地区而言，适度紧凑和高密度的城市空间利用策略几乎是共同的选择。北京大学周其仁教授认为，正是空间密度的提升，才反映了人口的集聚；也因为人口集聚，才汇集了需求而容纳得下更高水准的分工，从而推进生产率提升、推高收入，并对人口更高程度的聚集，产生难以抗拒的引力。以密度定义城市，才是城市化之核。没有因密度而激发分工、收入、生产率提升的城市，城市化何以发生？

20世纪60年代后，欧美国家郊区的无序蔓延和以现代交通及市场需要为本的城市更新都受到了严厉批评。一部分人认为：郊区化和大规模的城市更新摧毁了原有的城市生活，无论是郊区化还是城市更新最终受害的都是城市弱势群体，应当提倡一种集中、紧凑、多样的城市空间。从20世纪70年代开始，"紧凑"作为一个城市发展策略的关键词逐渐引起了政府和学界的高度关注。欧共体委员会（CEC）发布的城市环境绿皮书首先给出了一个模式概念：脱胎于"传统的欧洲城市，强调密度多用途、社会和文化的多样性"的城市；其目标在于避免因城市边界的不断延伸而逃避目前城市所面临的问题；在现存的边界内解决城市问题。学者Breheny（1997）对于紧凑城市进行了较为全面的概括：促进城市的重新发展，保护农田，限制农村地区的大量开发以及实现更高的城市密度；功能混合的用地布局，优先发展公共交通并在其节点处集中城市开发。

实现"紧凑城市"，要求最大限度地利用城市土地，尤其是那些空闲、荒废和被污染的土地，保护农村和城区中重要的开阔地。同时，最大限度地利用已有的基础设施，包括学校、公共交通、高速公路、下水道、废物处理和其他公用设施，以降低经济成本、环境成本和社会成本。在英国，"棕地"开发备受关注，有超过两万公顷的"棕地"被确认为可再开发的土地，约有7000公顷可立即使用。原本订立的"2008年约有60%的新建住宅在已开发的土地上建设或通过已有住宅转换"的目标已于2002年提前实现。英国伦敦东区Dockland片区，原本是成片的船坞和码头，到20世纪80年代，所有船坞已全部关闭。如今，这片新兴的区域正崛起为伦敦的新中央商务区。

自20世纪60年代以来，新加坡已在其中33个规划区开发了23个高密度新镇。约九成的人口住宅新镇中，公共住宅政府组屋（public housing）是新镇的主体，许多私人公寓、别墅也有机地组织在新镇体系的框架中。纵观新加坡新镇规划体系的由来，主要是参照西方居住区理论，并在实践中结合自身国情创造性地发展完善起来的。这些新镇经过全面的规划，为当地居民创造了良好的居住环境。新镇内除了高质量、高密度的住房外，还就近提供相应的基础配套设施，如学校、公园、诊所、体育设施、商场等。周边还规划建设有低污染的工业区，在保护环境的同时也帮助了当地居民就业。齐全的基础设施及便利的交通系统使当地居民实现了紧凑城市的高效、高质量的生活状态。

香港则采用了"兼顾充分发挥土地经济效益和注重自然环境的保护和培育"的密度管制思想，城市发展选择"高强度、高密度"的发展模式，同时为了维持一定的环境标准，通过密度的分区管制引导和规范高密度发展，并且针对不同地区的具体情况进行差异化管理。总体来看，香港港岛和九龙的整体发展密度为全港最高，与外围新城一样都遵循高密度的发展状态，不仅解决了居民的住房问题，也提高了基础设施的利用率，对保护郊区环境也有很大的帮助，而且土地发展速度的减缓有利于自然环境的保存和维护。香港在新城建设中充分考虑了这点，表现为大面积生态保育区与新城中心区的高密度高楼相结合。

同时，香港在各城区之间直接建立了良好的交通联系，并突出多中心居住体系的建设特点，把集中式高层高密度住宅建设和交通枢纽紧密结合，在提高新城人口密度的同时，形成城区紧凑、各链接区开放疏通的绿色城市环境。同时，香港在城市规划中采取发展公共交通而限制小汽车的双重策略，不仅保障了公共交通的通畅，也有助于城市绿色环境的营造，是紧凑型城市理念中可持续性的具体表现。

迄今为止，紧凑城市理论已不仅限于对土地的节约，实际上已经发展成为一种集约化城市发展的模式，包括对能源、时间等集约利用，以实现城市的可持续发展。紧凑城市的理念无疑值得坪山新区在城市建设和发展过程中学习借鉴：紧缩城市的活力及多样性将会为居民提供更高质量的生活；行程缩短、交通方式更具有可持续性，这会降低能源的消耗及污染程度；将开发遏制在城区范围之内有利于阻止农村土地的进一步流失。然而，仍然有一些城市或城市中的部分地区由于过度拥挤而给当地居民的生活质量带来了不利的影响。因此，正如有的研究者指出的，紧凑并不是一种具体的、特定的城市形态，而是一种城市发展策略，紧凑城市理念本身也并非一成不变，而是随着对城市进一步的认识而不断扩展和调整，它的实现、检验和修改应该经由时间作证。

大致而言，目前西方城市发展主要有两种模式：一种是以欧洲为代表的紧凑型模式，在有限的城市空间布局较高密度的产业和人口，节约城市建设用地，提高土地的配置效率。另一种是以美国为代表的松散型模式，人口密度偏低，但消耗的能源要比紧凑型模式多。中国的人口众多、国土资源有限，这决定了我们不能简单模仿低密度国家的城市规划，只能走紧凑型城市化的道路，科学布局城镇体系，适当提高城镇建设密度，而不能选择美国那种松散型的城市化模式。西欧城市的生活固然恬静、惬意，但对中国的多数城市来说却显得奢侈。近年来，连人少地多的澳大利亚、加拿大都在积极提高土地利用程度，将有限的人口迁往城市集中居住。

《中国发展报告2010》研究认为，考略到中国人口众多、土地资源相对稀缺、粮食安全问题、生态环境较为脆弱的实际和未来城镇化发展趋势，应明显提高城镇建成区的人口密度。把大幅度提高城市、县城和建制镇建成区人口密度作为推进城市化和城市发展的重要任务，使人口城市化与土地城市化的增长速度保持合理的比例。国家有关部门应该根据不同规模城市的实际情况，制定约束性的指标，显著提高全国城市建筑区的人口密度，县城和建制镇也应努力提高建成区人口密度，至少应做到人口密度不再下降。人口在200万以上的城市人口密度应该提高到每平方公里1.5万人，人口在50～200万的城市应提高到每平方公里1.2万人左右，人口在50万以下的城市应提高到每平方公里1万人左右。

从目前的统计数据上看，2012年，坪山新区每平方公里地区生产总值为2.04亿元，每平方公里税收为0.27亿元，分别为全市平均水平的32.1%（6.35亿元/平方公里）和36.2%（0.74亿元/平方公里）。与原特区内成熟区相比差距更为明显。主要原因在于坪山新区当前土地集约化利用水平仍然相对较低，拉低了土地产出效益。一方面，新区工业用地的企业产出水平和吸纳就业人数对新区经济发展和城市常住人口规模产生显著影响。由于新区商业用地比例相对较低，第三产业发展十分滞后，使得新区的城市人口密度和单位产出密度都远远低于深圳其他地区，在一定程度上影响了新区经济发展潜力。另一方面，新区土地利用模式影响新区交通状况，降低了出行效率。由于新区低密度的居住区开发使得公交运行极为困难和低效，居民们不得不依赖私人交通来满足日常活动的要求，也使得物流、信息流和资金流的交易成本增加，从而降低了城市绩效。因此，新区不仅要合理规划三种用地比例，而且要提高工业用地产出水平和吸纳就业能力，加大居住区人口密度，完善生产生活设施，加大发展第三产业，提高商业区产出水平，实现城市密度、城市布局和城市形态的有机统一，提高新型城市化发展质量。

另外从生活方式上分析，城市化意味着从简单生存到集体协作的变化。根据城镇化的这一特性，放在第一位的是要求人类在高密度的空间内，学会向彼此适应彼此共生的意识转变。至于政府所要制定的相关预防措施，需建立在"人类共生"的基础意识之上，否则制定出来的措施在实施的过程中，也将遇上执行的难题。城镇化的推进让"松散"的环境变得紧凑，由此，人类应该改变原来的生存习惯，并找到新的生存方式。相比低密度的环境，城市生活密度变高且涵盖集约化社会的所有特征，这对原先农村的田园风光生活是一种冲击。

就城市的宜居性而言，新区在新型城市化发展过程中，除了营造多元包容的社会环境外，还应尽可能多地融合自然属性，以便提升人们的适应能力，例如可以通过打造生态城市、智慧城市，用人类的创造力与适应力把道路的拥挤、环境的污染降低到合理的范围内，运用新型集约化的社会法则把负面影响降到最低。但这也只能减少"城市病"的出现，并不能完全避免"城市病"的发生。另外，从社会学的角度分析，在城市社会中，人们还应该学会如何和谐共生，最大限度减少摩擦和冲突，这也是未来必然面临的城市难题。

第五节 "伸开五指"与"握紧拳头"

如何合理确定和安排开发建设的空间、时序？如何充分保证有限的资源发挥最大的效益？如何更好地吸引社会资本的进入？这些都决定我们确实需要在开发模式选择上进行一番深入的思考和探索。就新区本身而言，我们面临着"四个严峻考验"：

一是如何高水平建设一座经得起历史检验的精品城市的考验。在城市建筑领域有一句名言："建筑是凝固的音乐，城市是历史的博物馆。"一座有个性、有魅力、能直面历史审视的城市，才有吸引力、生命力和竞争力。在我们的心目中，建设一座新城，就应该是"五十年不落后，一百年有看头"的高水准高质量高品位的城市精品。新区自成立之始，就清醒地认识到规划是城市发展的灵魂，事关城市发展的未来。所以在成立后的最初两年里，新区花大力气，下真功夫，组织高水平的规划团队编制了比较完善的规划体系，基本明确了新区的定位、方向、理念、空间布局、功能分区、产业依托等问题。但仅有这些还不够，还应在规划指引下，对城市特色、城市风貌、建筑风格、地标形象和各种关键要素的配置和平衡做出更精细的设计与安排。具体到每一块土地、每一栋建筑、每一条道路如何设计和安排，产业如何发展等都要进行系统的设计。

二是如何破解城市二次开发所面临矛盾的考验。大多数开发建设项目面对的不是一片"干净"的土地，而是夹杂着许多无序建设的地区。这决定了我们搞开发建设已经不是单一的土地再利用问题，而是统筹协调新城建设与旧城改造的综合策略问题；不是单一的"谁开发、谁受益"的问题，而是统筹协调政府、社区、居民、市场等各方力量和利益实现"共建共享共赢"的问题；不是单一的改变城市落后面貌的问题，而是包含空间重构、功能重构、利益重构和社会重构等内容的复杂深刻的城市综合转型问题。面对如此复杂的局面，如何去突破，如何去化解，如何去实现既定的工作目标，这些都是"真枪实弹"的考验。

三是如何为大开发大建设提供足够资源支撑的考验。首先是项目问题，规划能不能落得下去，规划的效果最终能不能充分体现出来，关键要看能不能引进和推出一批有分量的优质项目。虽然新区确定了"十二五"期间要全力推进的上百项重点项目，但总体来看新区仍然缺少一些带动力强、有区域影响的重大项目，这使我们的发展后劲面临考验。其次是空间问题，新区真正可建设空间有限，如何通过土地整备和城市更新拓展发展空间，已经成为新区大开发大建设最现实的重大考验。

四是资金问题，新区"十二五"期间重大项目计划总投资将达上千亿元，面对如此巨量的资金需求，如何寻找更多的社会资本参与新区的大开发大建设，同样考验着我们的智慧和能力。

新区坚持以新型城市化引领产业发展、现代生活，实施单元统筹，大力推进重点片区综合开发，促进城市面貌大提升。针对新区目前"城像村、村似城"的"半城市化"状态，新区坚持以综合发展规划为引领，积极探索推进城市的二次开发。借鉴新加坡划分55个"新市镇"的经验做法，把辖区规划为22个开发单元及若干个子单元，并明确了优先开发单元的建设时序，每个单元都统筹考虑了城市功能、产业、民生、生态等要素，力求通过一个个"单元开发"，最终拼成新区规划绘就的美好蓝图。目前，我们正着力打造中心区、坪山河流域、坑梓次中心、金沙、南布、沙湖等重点片区。

（1）着力把坪山中心区打造成为新区未来的CBD。为将坪山中心区打造成为新区乃至深圳未来发展的名片，我们面对复杂的城市二次开发现状，确定了"开发单元统筹+子单元从快开发"的开发建设模式，这一做法也获得了市政府的支持，明确全力支持推进有关成熟片区的实质性综合开发。目前，中心区片区内正在积极推进若干重大城市更新项目。

（2）把坪山河流域打造成"水环境治理+产业转型+低冲击开发+投融资""四位一体"的综合实践区。新区按照"四位一体"综合整治开发思路，组织编制了坪山河流域综合治理开发总体规划和未来三年行动计划。深圳市委常委、常务副市长吕锐锋同志担任坪山河"河长"，从市层面推动坪山河综合治理及开发建设。经过初步梳理，在坪山河流域30平方公里的综合治理区内，大约要实施项目近200个，固定资产投资334亿元。我们目前率先推进了3.85平方公里低碳生态启动区的开发建设，一批有带动性的项目相继启动建设。

第六节 "引才"与"融智"

有这样一句流行语：21世纪最贵的是什么？答案是人才。在知识经济和全球化时代，这一回答无疑是正确的，得人才者得先机，得人才者赢未来。

习近平总书记2013年7月份在武汉考察工作时指出，"一个国家只是经济体量大，还不能代表强。国家富强靠什么？靠自主创新，靠技术，靠人才，科技是国家强盛之基。"

过去，我们可以依靠低价的自然资源、廉价的劳动力、不计成本的环境等因素获得一个时期的发展。但世易时移，随着大的发展环境改变和新的发展趋势出现，这些传统"红利"已经呈现出不断衰减的趋势，顺势而为地向技术密集型、知识密集型、绿色低碳方向转型升级已经是迫在眉睫，时不我待。与时俱进地不断开发利用"知识红利""创新红利"和"改革红利"，创造新经济时代的知识型财富已经成为时代发展的主旋律。人才已经成为各方高度重视并激烈争夺的第一资源。正如比尔·盖茨说的："如果拿走公司最优秀的20名员工的话，那么微软也只能是一家很普通的IT公司了。"

美国是世界上公认的人才大国和人才强国，是全球优秀人才最集中的国家。美国人才强大的原因首先归功于它的人才培养与教育。美国是公认的教育大国与教育强国。根据2004年美国政府人口普查局公布的数字，2002年全美总人口2.88369亿人，其中初等教育在校生3840万人，中等教育在校生1510万人，高等教育在校生

1560万人。在25岁以上人口中中等教育毕业生占84.1%，大学本科及研究生毕业生占26.7%，在美国全体就业者中大约有180万名博士，占劳动力总数的1%左右。这些数字均名列发达国家最前列。

吸引外国留学生一直是美国高等教育的基本政策。外国学生在美国高校毕业后，多数留在美国继续深造或工作，其中有一半人定居美国，这些人很多成为美国科技界的中坚骨干力量。据统计，1992～1995年有68%的非美国出生的博士留在美国工作与深造，2000～2003年这一比例上升到74%，其中学成留美比例最高的国家为中国和印度，而日本、韩国、法国、意大利、西班牙等国的学生在美学成后则大多返国。

美国也是世界上最大的移民国家，技术移民历来就是美国人才队伍最重要的来源之一。据统计，2003年美国外来移民总数达到3520万人，占美国总人口的11.7%，每年大约有160万移民进入美国，其中技术移民的比重逐年上升，全世界40%的技术移民流向美国。

在全球最具竞争力的国家行列中，新加坡也一直稳居前三名。从最早的向外输出制造业产品，到后来输出高科技，到作为亚洲的金融中心向外输出金融，再到现在向外输出发展理念和思想，被称为东盟"大脑"和"军师"的新加坡不动声色地完成着从低端产品输出到高端产品、服务和理念思想输出的蜕变。人才立国和精英治国就是"弹丸之地"新加坡能够创造这一系列奇迹的秘诀之所在。

李光耀先生也曾说过："人民行动党长寿的一个关键因素是不断地自我更新，把年轻有为、品格良好和有干劲的青年男女引进到党内。只要他们是维护新加坡利益者，不计他们的政治观点和哲学观点。"新加坡总理李显龙先生在2012年的一次演讲中重申："人民行动党要贯彻任人唯贤的制度，让每个国民都有机会成功，打造一个既团结又包容的社会。"一个政党发展如此，一个国家和地区的经济社会发展也应是如此。

在2012年11月举行的深圳国际化城市建设研讨会上，国家创新与发展战略研究会副会长吴建民先生就人才有一番妙语。他说："环顾全球，经济发展有三股流：人流、物流、财流。这三股流中最重要的是人流。人来了，才能带动物流和财流。"是的，财因人聚，物因人动，唯有人和人才，才真正具有创造优质高效的物流和财流的能动性和创新力。

人才的重要性自不待言，新区打造"人才新高地"也不是一句空话，那么在大开发建设的关键时期，如何才能吸引更多更好的各类人才呢？在全球化招才引智的时代，闭门拒才当然要不得，坐等人才同样也不可取，必须要以更加开放的胸襟，敞开大门，主动出击，做好服务，营造环境，真正地做到感情留人、事业留人、待遇留人。这无疑需要改革破除一切有碍人才成长发展的老观念和旧制度，激发各类人才的创造活力，使一切有利于新区发展的创造愿望得到尊重、创造活动得到支持、创造才能得到发挥、创造成果得到肯定，从而在新区上下形成有利于激励人才成长和干事创业的良好氛围。

引才为先，用才为重。人才固然重要，但最关键是要善待人才，用好人才，让各类人才留得下，干得好，受尊重。唐太宗李世民有过一句名言，叫"用人如器，各取所长。用得其宜，则才著；用其非宜，则才晦"。每个人都有自己的长处和不足，要用人所长，要真正做到"以人为本、人尽其才、才尽其用""用其所长，避其所短"，使各类人才的专长在新区都能够得到最大限度的发挥和展现。

在精英团队建设方面：首先，新区通过研究制定优惠的人才引进政策和措施，积极在国内外广泛招揽知名人士、一流人才，引进一批包括规划顾问、市政工程师、高级规划师、园林规划师，以及信息化、招商引资等方面的专业人才，充实到有关部门，或者组成专门的智囊咨询机构；其次，新区要扎实推动干部"原地转型"，建设学习型机关，围绕工作业务，举办形式多样的培训，通过开设青年干部职工培训班、后备干部培训班、社区干部职工培训班、境外学习培训班等，加大干部职工轮训力度，全面提升干部队伍的学历及专业技术水平；再次，新区要建立科学的用人机制，变"相马"为"赛马"，着力发现、培养和使用一批精英人才，使新区成为开拓创新英才的聚集地。同时，新区要进一步健全激励问责机制，对于干得好的同志，要在政治上提拔，精神上表彰，福利上保障；对于"庸、懒、散"的干部，要加大问责力度，倡导一种"能者上、庸者下"的良好氛围。

第七节 "改革红利"与"创新活力"

改革创新和开放是贯穿党的十八大报告全文的基本脉络。党的十八大报告中强调"必须以更大的政治勇气和智慧，不失时机深化重要领域改革"。习近平总书记在视察广东深圳时指出，现在我国改革已经进入攻坚期和深水区，进一步深化改革，必须更加注重改革的系统性、整体性、协同性，统筹推进重要领域和关键环节的改革。

党的十八届三中全会就我国全面深化改革做了全局性、战略性、系统性的部署，并指出："改革开放是党在新的时代条件下带领全国各族人民进行的新的伟大革命，是当代中国最鲜明的特色。""当前，我国发展进入新阶段，改革进入攻坚期和深水区。必须以强烈的历史使命感，最大限度集中全党全社会智慧，最大限度调动一切积极因素，敢于啃硬骨头，敢于涉险滩，以更大决心冲破思想观念的束缚、突破利益固化的藩篱，推动中国特色社会主义制度自我完善和发展。"

"改革创新精神是深圳的根和魂。"20世纪70年代末吹起的改革开放春风成就了深圳的崛起。"经济的特区""改革的窗口"，一个个耀眼的光环让深圳吸引着全中国乃至世界的目光。当时，全国出现一种现象，被戏称为"孔雀东南飞"——一个个揣着"掘金梦"的拓荒者从四面八方涌入这座东南沿海小镇，人口、技术、智力迅速在深圳汇集，城市化的基本要素已具备，扛着改革的大旗，享受着改革的红利，深圳以"三天一层楼"的深圳速度从一个默默无闻的小渔村一跃成为人口过千万的大都市，创造了中国经济发展史和世界城市发展史上的奇迹。

作为改革开放的"试验田"，深圳从不缺乏改革的激情和勇气，30多年的发展，深圳除了在经济上积累了雄厚实力外，更重要的是创造了深圳"十大观念"等具有时代感召力的改革精神财富，形成了改革开放的体制优势、自主创新的先发优势、深港澳台更加紧密合作的区位优势，有能力、有条件实现经济社会发展再上新台阶。2012年12月，习近平总书记将其外出视察的第一站放在了深圳，要求深圳改革不停步，开放不止步，努力成为发展中国特色社会主义的排头兵，深化改革开放的先行地，探索科学发展的实验区，率先全面建成小康社会，率先基本实现社会主义现代化。"三个定位""两个率先"的要求，表达了党和中央对深圳的希望和重托，也为新起点下如何推动特区发展再上新台阶指明了方向。深圳沸腾了，以"弘扬改革创新精神，树立优良作风"为核心内容的学习讨论在全市迅速铺开，市委市政府要求全市上下弘扬改革创新精神，提速增效，坚持改革开放、坚持创新发展、坚持改善民生、坚持转变作风，继往开来、实干兴业，加快建设现代化国际化先进城市，努力当好推动科学发展促进社会和谐的"排头兵"、中国特色社会主义的"示范市"、全面建成小康社会的"先锋城"，努力为中华民族伟大复兴作出经济特区应有的贡献。

作为深圳的综合配套改革试验区，坪山新区当前不仅开发建设任务繁重，而且改革攻坚任务也十分艰巨，许多关键性的体制机制和政策障碍已经躲不开、绕不过，关键环节、重点领域深化改革势在必行，在开发建设实践中已经形成了"倒逼机制"。我们深切地体会到，不改革，新区的开发建设就进行不下去；不改革，我们将举步维艰、寸步难行。城市设施与功能匮乏不全、大量土地与建筑历史遗留问题、法治化国际化营商环境欠缺、政府行政配置资源权力过大、企业的市场主体地位仍未真正形成、社会管理领域依然薄弱，等等，这些问题在很大程度上掣肘着新区进一步的发展，不改革将没有任何出路。

"改革有困难，不改革会更困难"，"宁愿要不完美的改革，也不要不改革的危机"，新区把2013年定为新区的"改革创新年"，把改革创新作为2013年工作的头号命题，就是要把改革创新精神贯彻到工作的各个领域、各个环节，让改革创新的血液在新区每个人的身上流淌。通过改革创新理顺关系、化解矛盾、凝聚力量，打破不合理的制度安排和既有利益格局羁绊，以充分有效释放新的发展活力，实现更大的发展收益。可以说，改革依然是中国最大的红利，我们"改革的空间和潜力仍然十分巨大。"

未来要立足新区发展，继续加大改革力度。新区要成立改革办来统筹推进各项改革，强化改革的领导和责任制。对一些重点改革项目进行严格的考核、评估、检查，确保改革创新落到实处。要制定改革创新激励措施，设立改革创新奖，将改革创新与干部选拔任用、评先评优挂钩。同时要突出改革重点：

一是要把突破城市发展中的体制机制障碍作为改革的重点，大力推进城市开发建设领域的改革。积极推进土地管理制度改革，以实现城市综合开发和社区转型发展为目标，统筹土地整备、城市更新等开发模式，探索"单元统筹、片区开发、协同联动、封闭运行"思路下的开发建设模式，努力当好全市土地管理制度改革的突击队和排头兵；积极推进投融资体制改革，充分发挥新区城投公司投融资平台的作用，建立多主体合作的投融资平台，创新社会投资服务机制，多渠道引导社会资本参与城市片区开发建设；加快推进低碳生态示范区建设，以坪山河综合整治为主线，通过城市发展单元规划推进城市综合开发，着力打造一批低碳生态的城市亮点；加快推进"智慧坪山"建设，以全国首批国家智慧城市试点为契机，以信息化为核心，改革城市管理、社会建设、经济发展、民生服务和生态文化建设方式，创新信息化建设组织、管理、运行模式，构建"基于统一平台的集约政府"和"基于开放数据的开放社会"，努力把新区打造成具有国际化领先水平的特色智慧新城区。

二是要把优化政府与市场、社会的关系作为改革的重点，大力推进政府职能转变。加快审批制度改革，加快建设服务型政府，全面完成行政审批事项流程再造，将99%的区级审批事项转为以咨询、核准、校对为主的行政服务事项，对保留下来的行政审批事项，实行网上审批；对服务事项再造流程，向社会公布服务流程及工作规范；深化干部人事制度改革，探索多渠道的干部选拔任用工作机制，不断加大竞争性选拔干部力度，进一步提高选人用人公信度；深入推行绩效管理制度，探索建立适应不同单位不同岗位的绩效考核制度，积极构建有效的政府激励机制，最大限度提高干部职工的效率和执行力；探索建立反腐倡廉长效机制，建立健全惩防体系，进一步加强廉政风险点排查，建设廉洁城市先锋区。

三是要把社会建设成为改革创新的重点，大力推进社会管理领域改革创新。探索多元化的公共服务供给模式，鼓励和引导社会资本参与公共服务供给；探索建立基本公共服务均等化实现机制，努力建立面向实有管理人口的基本公共服务体系；推进社区社会组织孵化基地建设，建立辐射新区的社区社会组织孵化网络，重点培育文体类、事务类、慈善类、维权类和服务类五大领域的社会组织；加大对社工人才扶持力度，打造社会工作专业服务示范点，推动社会工作专业化、职业化、本土化建设；积极推进和率先探索社会建设新模式，不断培育具有示范意义和推广价值的社会建设"新盆景"，努力成为全市社会建设"风景林工程"的排头兵。

四是要把完善基层管理体制作为改革的重点，大力推进基层基础领域改革创新。按照"民意引领、民智参与、民生共享"的原则积极稳妥地推进社区基层治理改革探索，实行"政企分开""政事分开""政资分开"，理顺政府、社会、集体经济组织、社区和居民之间的关系；推动基层党建工作区域化向纵深发展，加强基层党组织战斗堡垒作用，探索各种"党群共建"新模式，使新区的决策部署能得到基层群众的广泛理解和支持，为新区的开发建设打下坚实的群众基础；加大社区集体股份公司改革力度，增加社区经济运行规范性和透明度，不断增强社区集体经济发展活力与效益。

第十一章　结语与展望

2013年11月，党的十八届三中全会胜利召开，向世界发布了"中国改革新宣言"，向全国人民发出了全面深化改革，共同努力奋斗实现中华民族伟大复兴的中国梦"总动员"。

十八届三中全会明确指出："坚持走中国特色新型城镇化道路，推进以人为核心的城镇化，推动大中小城市和小城镇协调发展、产业和城镇融合发展，促进城镇化和新农村建设协调推进。优化城市空间结构和管理格局，增强城市综合承载力。"这为全国各地探索实践新型城镇化道路指明了方向。

习近平总书记指出："中国梦归根到底是人民的梦，必须紧紧依靠人民来实现，必须不断为人民造福""我们的人民热爱生活，期盼有更好的教育、更稳定的工作、更满意的收入、更可靠的社会保障、更高水平的医疗卫生服务、更舒适的居住条件、更优美的环境，期盼着孩子们能成长得更好、工作得更好、生活得更好。人民对美好生活的向往，就是我们的奋斗目标。"这无疑是中国特色新型城镇化梦想的核心要义。

紧紧围绕深圳市委市政府赋予新区的"两区一极"（科学发展示范区、综合配套改革先行区、深圳新的区域发展极）的战略定位，在四年多的努力探索实践过程中，我们深刻体会到，探索新型城市化路径，有效破解"半城市化"问题，首先是要树立科学理性、符合客观规律的城市发展理念，始终坚持追求人本发展、绿色发展、智慧发展、特色发展和协调发展。关键是要不断深化经济、政府、社会、土地、文化和生态环境等层面的综合配套改革，加快产业转型升级，让市场在配置资源中发挥决定性作用；切实转变政府职能，建设法治和服务型政府；高度重视发展机会均等、发展成果共享，加强社会治理体系建设，促进基本公共服务均等化；加强文化建设，持续提升新区人文素质；夯实人才队伍，不断营造广聚人才的良好环境；树立生态环保理念，走绿色低碳、生态环保发展之路；切实加强党的建设和基层治理，充分发挥基层党组织的核心引领和战斗堡垒作用。

2013年12月，改革开放以来第一次召开的中央城镇化工作会议指出："要以人为本，推进以人为核心的城镇化，提高城镇人口素质和居民生活质量，把促进有能力在城镇稳定就业和生活的常住人口有序实现市民化作为首要任务。"这次会议明确了新型城镇化的指导思想、主要目标、基本原则和重点任务，论述了当前城镇化工作的着力点和推进城镇化的具体部署。这也更加坚定了坪山新区人未来继续深化探索新型城市化道路的信念和决心。

我们也深知，作为一个新区，我们的视野、知识、能力和经验都还十分有限，未来我们将始终坚持开放汲取的学习心态，积极借鉴国内外城镇化发展的先进理念和经验，博采众长，注重实效，与新区人民一道努力探索实践以人为核心的新型城市化路径，也努力为全国的新型城镇化探索实践提供一个有坪山特色的地方观察样本。

"九层之台，起于垒土；千里之行，始于足下。"业已在城镇居住生活和即将进入城镇居住生活的人们充满自信的笑容、善意的举动，昭示着中国新型城镇化发展的前景与希望。共同奋斗、共同建设，共同创造、共同分享，只要抓铁有痕、踏石留印，一步一个脚印，一张蓝图干到底，美好的梦想必能成为生动的现实，一座座美丽闪光的现代城镇和美丽乡村必将构成璀璨夺目的"中国梦"星空。

我们深信，在党中央的正确领导和科学引领下，只要始终不渝地坚持全面深化改革，坚持不断扩大开放，中国特色新型城镇化道路——这样一条经由时代和人民选择，通往实现国家繁荣富强、民族伟大复兴和人民安居乐业的"中国梦"的发展道路，必将会走得越来越宽广，越来越坚实！

参考文献

[1] WEBER A F. The Growth of Cities in the Nineteenth Century: A Study in Statistics [M]. Washington: ACLS History E-Book Project., 2008.

[2] COMMISSION OF THE EUROPEAN COMMUNITIES. Green paper on the urban environment[R]. Brussels: EEC, 1990.

[3] MUMFORD L. The Cultrue of Cities[M]. New York: Harcourt Brace, 1938.

[4] BREHENY M. Urban compaction: feasible and acceptable?[J]. Cities, 1997（4）.

[5] ABERCROMBIE P. Greater London Plan 1944[R]. London: His. Majesty's Stationary office, 1945.

[6] 阿诺德·柏林特. 环境美学[M]. 张敏, 等译. 长沙: 湖南科学技术出版社, 2006.

[7] 埃比尼泽·霍华德. 明日的田园城市[M]. 金经元, 译. 北京: 商务印书馆, 1898.

[8] 巴里·诺顿. 中国经济: 转型与增长[M]. 安佳, 译. 上海: 上海人民出版社, 2010.

[9] 贝淡宁, 等. 城市的精神[M]. 吴万伟, 译. 重庆: 重庆出版社, 2012.

[10] 彼得·纽曼, 等. 弹性城市, 应对石油紧缺与气候变化[M]. 王量量, 等译. 北京: 中国建筑工业出版社, 2012.

[11] 戴维·奥斯本, 特德·盖布勒. 改革政府[M]. 周敦仁, 译. 上海: 上海译文出版社, 2006.

[12] 道格·桑德斯. 落脚城市: 最后的人类大迁移与我们的未来[M]. 陈信宏, 译. 上海: 上海译文出版社, 2012.

[13] 费孝通. 小城镇大问题[M]. 南京: 江苏人民出版社, 1984.

[14] 费孝通. 乡土中国[M]. 上海: 上海世纪出版社, 2007.

[15] 国家统计局国民经济综合统计司. 新中国六十年统计资料汇编[M]. 北京: 中国统计出版社, 2010.

[16] 郝寿义, 安虎森. 区域经济学[M]. 北京: 经济科学出版社, 2004.

[17] 何汇江. 城市贫困群体的社会分裂与融合[J]. 人文杂志. 2004 (3).

[18] 简·雅克布斯. 城市经济[M]. 项婷婷, 译. 北京: 中信出版社, 2007.

[19] 杰克·舒尔茨. 美国的兴旺之城[M]. 谢永琴, 译. 北京: 中国建筑工业出版社, 2008.

[20] 杰布·布鲁格曼. 城变: 城市如何改变世界[M]. 董云峰, 译. 北京: 中国人民大学出版社, 2011.

[21] 库朗热. 古代城邦: 古希腊罗马祭祀权利和政制研究[M]. 谭立铸, 译. 上海: 华东师范大学出版社, 2006.

[22] 勒·柯布西耶. 明日之城市[M]. 李浩, 译. 北京: 中国建筑工业出版社, 2009.

[23] 雷蒙·威廉斯. 乡村与城市[M]. 韩子满, 等译. 北京: 商务印书馆, 2013.

[24] 蕾切尔·卡逊. 寂静的春天[M]. 吕瑞兰, 等译. 长春: 吉林人民出版社, 1999.

[25] 费尔德曼. 农民工的社会支持网络[M]. 李树茁, 杜海峰, 杨绪松, 靳小怡, 译. 北京: 社会科学文献出版社, 2008.

[26] 厉以宁. 厉以宁改革论集[M]. 北京: 中国发展出版社, 2008.

[27] 厉以宁. 中国经济双重转型之路[M]. 北京: 中国人民大学出版社, 2013.

[28] 李培林. 当代中国城市化及其影响[M]. 北京: 社会科学文献出版社, 2013.

[29] 廖桂贤. 遇见好城市: 让你健康有魅力的城市设计[M]. 杭州: 浙江大学出版社, 2011.

[30] 林毅夫, 等. 中国的奇迹: 发展战略与经济改革[M]. 上海: 上海三联书店, 上海人民出版社, 1995.

[31] 林毅夫. 解读中国经济[M]. 北京: 北京大学出版社, 2012.

[32] 林毅夫. 繁荣的求索——发展中经济如何崛起[M]. 张建华, 译. 北京: 北京大学出版社, 2012.

[33] 刘易斯·芒福德. 城市发展史——起源、演变和背景[M]. 宋俊岭, 等译. 北京: 中国建筑工业出版社, 2005.

[34] 刘易斯·芒福德. 刘易斯·芒福德著作精粹[M]. 宋俊岭, 等译. 北京: 中国建筑工业出版社, 2010.

[35] 罗伯特·M. 福格尔森. 下城: 1880—1950年间的兴衰[M]. 周尚意, 等译. 上海: 上海人民出版社, 2010.

[36] 马里奥·波利斯. 富城市穷城市[M]. 方菁, 译. 北京: 新华出版社, 2011.

[37] 马丁. 美国联邦城市更新计划1949—1962年[M]. 安德森, 吴浩军, 译. 北京: 中国建筑工业出版社, 2012.

[38] 帕特里克·格迪斯. 进化中的城市[M]. 李浩, 等译. 北京: 中国建筑工业出版社, 2012.

[39] 尚娟. 中国特色城镇化道路[M]. 北京: 科学出版社, 2013.

[40] 上海市发展改革研究院. 超越GDP的新理念新模式: 中国2010年上海世博会后续效应研究[M]. 上海: 上海人民出版社, 格致出版社, 2011.

[41] 仇保兴. 笃行借鉴与变革——国内外城市化主要经验教训与中国城市规划变革[M]. 北京: 中国建筑工业出版社, 2012.

[42] 佟新. 人口社会学[M]. 北京: 北京大学出版社, 2000.

[43] 屠启宇. 国际城市发展报告2012[M]. 北京: 社科院社科文献出版社, 2012.

[44] 王旭, 罗思东. 美国新城市化时期的地方政府: 区域统筹与地方自治的博弈[M]. 厦门: 厦门大学出版社, 2010.

[45] 吴敬琏. 吴敬琏经济文选[M]. 北京: 中国时代经济出版社, 2010.

[46] 吴敬琏. 当代中国经济改革进程[M]. 上海: 上海远东出版社, 2010.

[47] 徐新, 等. 紧凑城市: 宜居、多样和可持续的城市发展[M]. 上海: 格致出版社、上海人民出版社, 2010.

[48] 亚当·斯密. 国富论[M]. 杨敬年, 译. 西安: 陕西人民出版社, 2006.

[49] 姚士谋, 冯长春, 王成新, 年福华, 管驰明, 陈春. 中国城镇及其资源基础[M]. 北京: 科学出版社, 2010.

[50] 扬·盖尔. 人性化的城市[M]. 欧阳文, 等译. 北京: 中国建筑工业出版社, 2010.

[51] 杨健, 等. 国际化都市之路[M]. 北京: 经济科学出版社, 2011.

[52] 伊塔洛·卡尔维诺. 看不见的城市[M]. 陆志宙编, 张密, 译. 南京: 译林出版社, 2012.

[53] 叶剑平, 张有会. 一样的土地, 不一样的生活[M]. 北京: 中国人民大学出版社,

2010.

[54] 袁晓江. 深圳建设国际化城市研究[M]. 北京: 人民出版社, 2004.

[55] 赵峥. 中国城市化与金融支持[M]. 北京: 商务印书馆, 2011.

[56] 郑永年. 保护社会[M]. 杭州: 浙江出版联合集团, 浙江人民出版社, 2011.

[57] 中国发展研究基金会. 中国发展报告2010: 促进人的发展的中国新型城市化战略[M]. 北京: 人民出版社, 2011.

[58] 中国共产党第十八次全国代表大会文件汇编[M]. 北京: 人民出版社, 2012.

[59] 周干峙. 城市化和可持续发展[J]. 城市规划, 1998 (3).

[60] 周其仁. 城乡中国[M]. 北京: 中信出版社, 2013.

[61] 周一星. 城市地理学[M]. 北京: 商务印书馆, 2007.

[62] 住房和城乡建设部课题组. "十二五"中国城镇化发展战略研究报告[M]. 北京: 中国建筑工业出版社, 2011.

[63] 厉以宁, 孟晓苏, 李源潮, 李克强. 走向繁荣的战略选择(第一版)[M]. 北京: 经济日报出版社, 1991 (2013年再版).

后 记

  本书的出版是在全国上下深入贯彻党的十八届三中全会精神，全面深化改革，大力推进新型城镇化发展的大背景下，汇集了深圳市坪山新区对走"深化改革、质量引领、创新驱动"的新型城市化道路四年多的实践探索和初步理论思考，展示了新区广大干部群众为一座产城融合、生态优美、人文深厚、宜居宜业的东部新城之梦而奋斗的全景式图谱。

  在2013年12月召开的深圳市委五届十八次会议上，广东省委常委、市委书记王荣同志指出，要按照"三个定位、两个率先"总目标，以全面深化改革统领全局工作，把改革创新贯穿于经济社会发展各个领域各个环节，牢牢把握"三化一平台"（市场化、法治化、国际化和前海开发开放）的主攻方向来牵引和带动全局改革，率先在重点领域和关键环节改革上取得重大突破。同时要求深圳作为高度城市化的地区，应当有更高的目标、更高的要求，力求以高水平城市发展引领各项事业发展，打造城市发展的"升级版"。许勤市长在2014年政府工作报告中指出，要落实中央城镇化工作会议精神，坚持以人为本、优化布局、完善功能、协调发展，提高城市建设质量和精细化管理水平，推进有质量的城市化。

  深圳市委宣传部紧扣时代脉搏，瞄准全面深化改革的大潮，高瞻远瞩，提前谋划，于2013年启动了"深圳改革创新丛书"编撰工作，坪山新区有幸入选首批出版计划，为展示新区全体创业者的探索实践心得和理论思考初步成果提供了一个宝贵和难得的机会。

凡事预则立，不预则废。改革和发展需要思考谋划和顶层设计，离不开创新理论的指导和推动。深圳作为改革开放时代的先行者，理应在新一轮深化改革开放的大潮中勇立潮头，再创新业绩，无愧于全面深化改革排头兵的称号；而新区作为深圳综合配套改革先行先试的地区，也有义务和使命传递出来自一线和基层实践的理论思考的声音。市委书记王荣同志在2014年深圳市"两会"上，参加分组讨论时殷切寄望新区要"改革促发展，新区走新路"。强调新区当前的使命更多还不是看GDP，而是要看在城市开发建设和经济社会发展过程中是否走出了新路子，创造了新经验，充分体现"五位一体"的科学发展。

世界城镇化趋势、历史视野、经验教训、前瞻性规划、土地二次开发、产业转型升级、基本公共服务均等化、文化立区、绿色低碳、投融资创新等等，无不闪耀着新区广大干部群众干事创业的坚毅和智慧，也为新区的新型城市化观察者和研究者们提供了鲜活的一手材料，让他们能够画出一张新区实现其光荣和梦想的路线图，同时为兄弟区域提供借鉴和对照的范本。

一座城市如何突破资源和人口形成的发展瓶颈，如何从半城市化中突围，如何确保全体居民共享发展成果，又如何实现政府治理能力现代化，实现"一样的土地、不一样的生活"的梦想，是值得全体市民和城市治理者深思的问题。可喜的是，新区通过四年多的实践努力给出了初步回答，那就是一切以人为本，围绕改善民生做文章，让老百姓住在现代化高品质的都市里，还能望得到山、看得见水、品得出文化，记得住乡愁。

新区始终瞄准现代化国际化先进城市标杆，昭示了新区人民远大的理想。在一个"半城市化"现状基础上建成一座现代化美丽新城，新区人民目光长远而深邃，展现了巨大热情，并为之投入了非同凡响的精力。一座城市的气质，是居住其中的人民气质的集体结晶。新区的原住民和新移民，怀着共同建设美好家园的理想，不断塑造着新区的气质，即在绵延不绝的本土文化基础上，把这片土地打造成一个包容、进取、充满无限活力和魅力的美丽东部新城。

既然选择了远方，便只顾风雨兼程。不要惋惜昨天的错过，重要的是成就现在，开创未来。新区所辖区域曾经在前三十年的改革开放进程中一度沉寂，但在近几年中一跃而为创业宜居的热土，经济社会发展风生水起，一座可资观察的新型城市化地方样本渐显雏形。

本书在深圳市社会科学院张骁儒院长、王世巍副院长、黄发玉副院长等院领导的统筹安排，以及政法研究所李朝晖研究员和秦芹老师的具体对接指导下，坪山新区研究编撰组的同志们由坪山新区发展研究中心主任吴正红博士牵头，肖炜、陈静、邓维等参加立足于新区成立四年多以来艰苦创业和深入实践，提炼升华了新区在新型城市化方面的种种开创性思索和实践。当然，我们也深知该书只是一个初步的研究尝试，粗浅、不当甚至谬误之处一定不少，恳请大家批评指正。同时也向本书所引用的文献和观点的各位作者和海天出版社的各位编辑老师表示衷心的感谢。

百尺竿头，更进一步。新区探索新型城市化道路的征途才刚刚起步，一个更加美好的蓝图正等待着新区全体人民共同去描绘。这本书也只是一个开端，未来同样等候着新区的实践者和研究者们共同去探索、思考和凝结。

改革大潮，浩浩荡荡，新知新识，与日俱新。这为一座崭新的城市崛起之路提供思想和理论引引的光芒，新区的实践者和研究者们已经站在一个绝佳的起跑线上了。